大学通识教育教材

《庄子》品鉴

《ZHUANGZI》PINJIAN

孙明君 著

中国教育出版传媒集团

高等教育出版社·北京

图书在版编目(CIP)数据

《庄子》品鉴 / 孙明君著. — 北京：高等教育
出版社，2023.9
ISBN 978 - 7 - 04 - 061164 - 9

Ⅰ.①庄…　Ⅱ.①孙…　Ⅲ.①《庄子》-研究-高等
学校-教材　Ⅳ.①B223.55

中国国家版本馆 CIP 数据核字(2023)第 173684 号

策划编辑　张晶晶　　责任编辑　张晶晶　吴培栋　　封面设计　张文豪　　责任印制　高忠富

出版发行	高等教育出版社	网　址	http://www.hep.edu.cn	
社　址	北京市西城区德外大街 4 号		http://www.hep.com.cn	
邮政编码	100120	网上订购	http://www.hepmall.com.cn	
印　刷	上海当纳利印刷有限公司		http://www.hepmall.com	
开　本	787mm×1092mm　1/16		http://www.hepmall.cn	
印　张	13.75			
字　数	206 千字	版　次	2023 年 9 月第 1 版	
购书热线	010-58581118	印　次	2023 年 9 月第 1 次印刷	
咨询电话	400-810-0598	定　价	35.00 元	

本书如有缺页、倒页、脱页等质量问题，请到所购图书销售部门联系调换

版权所有　侵权必究
物 料 号　61164-00

目　录

二 维 码 目 录

导　言

拓展阅读
庄子的全德
境界

一、庄子其人

庄子的生平在史籍中记载很少。大家常常引用的是《史记·老子韩非列传》中的这一段文字：

> 庄子者，蒙人也，名周。周尝为蒙漆园吏，与梁惠王、齐宣王同时。其学无所不窥，然其要本归于老子之言。故其著书十余万言，大抵率寓言也。作《渔父》《盗跖》《胠箧》以诋訾孔子之徒，以明老子之术。《畏累虚》《亢桑子》之属，皆空语无事实。然善属书离辞，指事类情，用剽剥儒、墨，虽当世宿学不能自解免也。其言洸洋自恣以适己，故自王公大人不能器之。

> 楚威王闻庄周贤，使使厚币迎之，许以为相。庄周笑谓楚使者曰："千金，重利；卿相，尊位也。子独不见郊祭之牺牛乎？养食之数岁，衣以文绣，以入大庙。当是之时，虽欲为孤豚，岂可得乎？子亟去，无污我。我宁游戏污渎之中自快，无为有国者所羁，终身不仕，以快吾志焉。"

001

庄子是蒙人，蒙地具体在哪里，自古有不同说法：有说在今河南商丘，有说在今安徽蒙城，也有说在山东东明、冠县、菏泽等地。上述说法中，以河南商丘说影响最大。庄子曾担任过"漆园吏"。漆园是种植漆树的园子还是一个古地名，也有争议。关于庄子的生卒年代，有以下不同说法：公元前369年—前286年（马叙伦说），前328年—前286年（范文澜说），前375年—前300年（梁启超说），前375年—前295年（闻一多说）等。今天的学术界一般认为庄子与孟子生活在同一时代，也就是战国中期。关于庄子的出身，大家多把庄子看作平民知识分子，也有学者推测庄子是楚国贵族的后裔，可能是在楚国吴起变法时期被迫迁移到楚国的北陲，最后流落到宋国。从《庄子》的篇章内容看，这种推测自有一定的道理，但毕竟只是一种合理想象，难以成为定论。

儒家思想与道家思想对历代知识分子影响最大，孔孟是儒家思想的代表，老庄是道家思想的代表。庄子坚定地站在道家立场上，对儒墨进行批驳，故司马迁曰"其要本归于老子之言"，"诋訾孔子之徒，以明老子之术"，"剽剥儒、墨"。在《庄子》中，孔子是出现最多的历史人物，他从不同的方面受到了庄子的"诋訾"和"剽剥"；老子则是《庄子》中的正面人物，受到了庄子的推崇。庄子是老子思想的传人，但具体来说，老子和庄子在思想上也有不同之处。

司马迁在谈及《庄子》的风格时，曾给出"故其著书十余万言，大抵率寓言也"，"皆空语无事实"，"其言洸洋自恣以适己"的评价。《庄子》的文风与众不同，鲁迅也评论说："汪洋辟阖，仪态万方，晚周诸子之作，莫能先也。"这与庄子采用了"三言"的写作方式密切相关。寓言是《庄子》中最常用的方式，《庄子·寓言》自道："寓言十九。"

关于"楚威王闻庄周贤，使使厚币迎之"的故事，也出现在《庄子·秋水》中，司马迁在读了《秋水》之后相信这个故事的真实性，所以把它写进了《史记》里。庄子拒聘楚相，以漆园傲吏的形象屹立在中国历史上。

二、《庄子》其书

《庄子》的成书年代当在战国中后期。今本《庄子》的篇目不是《庄子》原本。《汉书·艺文志》著录《庄子》五十二篇，但我们看到的郭象注中仅有三十三篇。这是郭象或前人进行了整理与删除后形成的。郭象的注将《庄子》分为内篇、外篇、杂篇三部分。其中内篇七篇、外篇十五篇、杂篇十一篇。《史记》把《渔父》《盗跖》《胠箧》《畏累虚》《亢桑子》等都看成庄子自作。余嘉锡说："今《胠箧》在外篇，《渔父》《盗跖》《庚桑楚》在杂篇，而太史公皆以为庄子所自作。然则史公所见之本，必无内外杂篇之别可知也。刘向定著之时，始分别编次。""凡一书之内，自分内外者，多出于刘

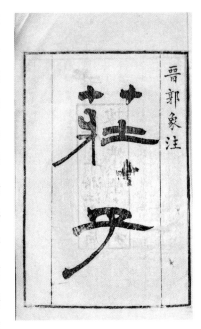

向，其外篇大抵较为肤浅，或并疑为依托者也。"陆德明曰："庄生弘才命世，辞趣华深，正言若反，故莫能畅其弘致；后人增足，渐失其真。"成玄英曰："内篇明于理本，外篇语其事迹，杂篇明于理事。内篇虽明理本，不无事迹；外篇虽明事迹，甚有妙理。"这就是说，在刘向裁定《庄子》篇目之前，《庄子》并无内外杂篇之分，但各篇章之间思想、用词的差别还是很明显的。从宋代开始，一般读者认为内篇就是庄子本人所作，代表了庄子的核心思想，内篇构成了一个完整而自足的理论体系，外篇和杂篇则是庄子后学之作。今天所见的《庄子》内七篇题目都是三个字，外篇杂篇的题目则多是两个字，且多取各篇篇首两字为题，显然，内篇的篇目旨在标明主题，而外篇、杂篇的篇目多与本章主题没有直接关系。近代出土秦汉竹简中的《庄子》残篇，可以证明今本《庄子》三十三篇均出自先秦古书。

　　在先秦时期还没有任何一本书像《庄子》这样辛辣机智地讽刺孔子和儒家信徒。但是，也有人认为庄子和孔子并非水火不容，甚至庄子是在暗中帮助孔子。苏轼在《庄子祠堂记》中提出：庄子对孔子是"实予而文不予，阳挤而阴助之"，只有《盗跖》和《渔父》"若真诋孔子者"。《让王》《说剑》又"皆浅陋不入于道"。因此他认为《盗跖》《渔父》《让王》《说剑》四篇皆是伪作。苏

轼的这一观点在学术史上影响较大，但也有人不认同他的看法。章学诚说："《庄子》'让王''渔父'之篇，苏氏谓之伪托；非伪托也，为庄氏之学者所附益尔。"

三、庄子的人生体验："白驹过隙"与"天地之美"

庄子眼里的人生是短促的、梦幻的、痛苦的。如《知北游》写人生短促，云："人生天地之间，若白驹之过隙，忽然而已。"东汉末年，《古诗十九首》其三把这一句诗化为："人生天地间，忽如远行客。"最有名的是《齐物论》中庄周梦蝶的寓言，写人生如梦，云："昔者庄周梦为胡蝶，栩栩然胡蝶也。自喻适志与！不知周也。俄然觉，则蘧蘧然周也。不知周之梦为胡蝶与，胡蝶之梦为周与？"《齐物论》又曰："方其梦也，不知其梦也。梦之中又占其梦焉，觉而后知其梦也。且有大觉而后知此其大梦也，而愚者自以为觉，窃窃然知之。君乎，牧乎，固哉！丘也与女，皆梦也；予谓女梦，亦梦也。"我们以为不是在做梦，其实还是在梦中。《齐物论》还写了人生痛苦，云："一受其成形，不忘以待尽。与物相刃相靡，其行尽如驰而莫之能止，不亦悲乎！终身役役而不见其成功，苶然疲役而不知其所归，可不哀邪！人谓之不死，奚益！其形化，其心与之然，可不谓大哀乎？人之生也，固若是芒乎？其我独芒，而人亦有不芒者乎？"庄子连用了"不亦悲乎""可不哀邪""可不谓大哀乎"三个感叹句，对人生发出了沉重的叹息。千古而下，令人慨然！

虽然庄子如此深刻地体会到了生命短促，人生如梦，但我们并不能把庄子看成一个悲观厌世者。庄子有自己的理想人格，他的理想人格表现为"神人""至人""真人"。《逍遥游》曰："若夫乘天地之正，而御六气之辩，以游无穷者，彼且恶乎待哉！故曰：至人无己，神人无功，圣人无名。"《逍遥游》还描绘了神人的形象："藐姑射之山，有神人居焉，肌肤若冰雪，绰约若处子。不食五谷，吸风饮露，乘云气，御飞龙，而游乎四海之外。其神凝，使物不疵疠而年谷熟。"《齐物论》则描绘了至人的形象："至人神矣！大泽焚而不能热，河汉沍而不能寒，疾雷破山、飘风振海而不能惊。若然者，乘云气，骑日月，而游乎四海之外。死生无变于己，而况利害之端乎！"《大宗师》描绘了真人的形象:"且有真人而后有真知。何谓真人？古之真人,不逆寡,不雄成,不谟士。若然者,过而弗悔,当而不自得也。若然者,登高不栗,入水不濡,入火不热。是知之能登假于道者也若此。"这些"神人""至人""真人"的说法,被后世的道教信徒视为对神仙形象的写真;不过从哲学的角度看,他们更可能是庄子思想中道德要求和道德理想的最高体现者。

　　如果说,上述"神人""至人""真人"对于常人来说只是一种可望而不可即的精神偶像,那么为了让常人能够体会到"道"的境界,庄子又在书中告诉了我们他的一些体道之法。《齐物论》曰:"南郭子綦隐机而坐,仰天而嘘,苔焉似丧其耦。颜成子游立侍乎前,曰:'何居乎？形固可使如槁木,而心固可使如死灰乎？今之隐机者,非昔之隐机者也。'子綦曰:'偃,不亦善乎,而问之也！今者吾丧我,汝知之乎?'""吾丧我"是一种常人经过修炼就可能进入的精神境界。《人间世》曰:"回曰:'敢问心斋。'仲尼曰:'若一志,无听之以耳而听之以心,无听之以心而听之以气！听止于耳,心止于符。气也者,虚而待物者也。唯道集虚,虚者,心斋也。'"《大宗师》曰:"颜回曰:'回益矣。'仲尼曰:'何谓也?'曰:'回忘仁义矣。'曰:'可矣,犹未也。'他日复见,曰:'回益矣。'曰:'何谓也?'曰:'回忘礼乐矣!'曰:'可矣,犹未也。'他日复见,曰:'回益矣!'曰:'何谓也?'曰:'回坐忘矣。'仲尼蹴然曰:'何谓坐忘?'颜回曰:'堕肢体,黜聪明,离形去知,同于大通,此谓坐忘。'仲尼曰:'同则无好也,化则无常也。而果其贤乎！丘也请从而后也。'""心斋"和"坐忘"乃是两种进入"吾丧我"境界的方法。庄子所谓的"心斋""坐忘",就是要人虚而待物,顺物自然。在心斋和坐忘之前有一个"我",这个"我"抵制外曲,自我意识强烈。通过心斋坐忘之法可以破解"我"对自身主体性的执着,从而进入到"吾丧我"的境界,这是一个由有心到无心的过程。心斋当然不同于我们今天的自由,现代社会的自由以人的自我实现为宗旨,而心斋重在对生命主体意识的消解。它可以使人暂时离开矛盾的漩涡,进入到敞亮澄明的无我之境。

　　清胡文英《庄子独见》曰:"庄子眼极冷,心肠最热。眼冷,故是非不管;心肠热,故感慨万端。虽知无用,而未能忘情,到底是热肠挂住;虽不能忘情,而终不下手,到底是冷眼看穿。"表面看起来,庄子冷眼旁观着人间世,在他的心底则对人间世充满了大爱。日本学者福永光司结合自己的体验说:"《庄子》是一本慰藉心灵的书。……《庄子》是教会我在悲惨中微笑的书。……《庄子》是一本赋予我不屈不挠之心的书。"

在《庄子》中,我们会读到庄子对天地万物的深情。《知北游》曰:"天地有大美而不言,四时有明法而不议,万物有成理而不说。圣人者,原天地之美而达万物之理。"又曰:"山林欤,皋壤欤,使我欣欣然而乐与! 乐未毕也,哀又继之。哀乐之来,吾不能御,其去弗能止。"在意识到人生短促、生命无常之后,庄子并没有走向宗教,庄子思想始终扎根人间世,庄子热爱自然,也热爱生命。

四、人与自然之关系:"天与人不相胜也"

我们今天所说的人与自然的关系也就是中国古代的天人关系。天人关系是中国古代的哲学命题,古人云"学不究天人,不足以为学",岂虚言哉?

在先秦诸子中,道家最重视天人关系。《老子》曰:"人法地、地法天、天法道、道法自然。"这里的"自然"不是大自然,而是自然而然的意思。今天我们所说的"自然"一词相当于《老子》《庄子》中的天和地。按照老子的思想,人要效法天地,自然而然地生活。《大宗师》曰:"故其好之也一,其弗好之也一。其一也一,其不一也一。其一与天为徒,其不一与人为徒,天与人不相胜也,是之谓真人。"在中国哲学史上,庄子第一次明确提出了天人关系,天人关系是庄子哲学的理论基石。庄子借真人发论,说明了天人合一的重要性。庄子还提出了"天与人不相胜也"的著名论断。《达生》曰:"天地者,万物之父母也。"在庄子眼里,自然是万物的父母,也是人类的父母。人与自然本来就应该是一个和谐共处的整体。

到了战国时期,庄子学派观察到人与自然的关系日渐恶化。《胠箧》曰:"夫上悖日月之明,下烁山川之精,中堕四时之施,惴软之虫,肖翘之物,莫不失其性。甚矣,夫好知之乱天下也,自三代以下者是已。舍夫种种之民,而悦夫役役之佞,释夫恬淡无为,而悦夫喣喣之意,喣喣已乱天下矣!"在历史上,庄子学派反对使用机械,《天地》曰:"子贡南游于楚,反于晋,过汉阴,见一丈人方将为圃畦,凿隧而入井,抱瓮而出灌,搰搰然用力甚多而见功寡。子贡曰:'有械于此,一日浸百畦,用力甚寡而见功多,夫子不欲乎?'为圃者仰而视之曰:'奈何?'曰:'凿木为机,后重前轻,挈水若抽,数如泆汤,其名为槔。'为圃者忿然作色而笑曰:'吾闻之吾师,有机械者必有机事,有机事者必有机心。机心存于胸中则纯白不备。纯白不备则神生不定,神生不定者,道之所不载也。吾非不知,羞而不为也。'子贡瞒然惭,俯而不对。"按照庄子学派的观点,人类一旦"好知"就会走向科学技术,有了科学技术就会扰乱自然的运行,就会破坏自然的秩序。一个人有了"机事"就会形成"机心",有了"机心"的人会打破自己精神世界的平衡。

庄子学派对"好知"的恐惧,其中当然有错误的成分,不过也有值得后世借鉴的内容。恩格斯在《自然辩证法》中指出:"我们不要过分陶醉于我们对自然界的胜利,对于每一次这样的胜利,自然界都对我们进行了报复。每一次胜利,起初确实取得了我们预期的结果,但是在往后和再往后却发生了完全不同的,出乎预料的影响,常常把最初的结果又消除了。"人与自然是生命共同体,人类必须尊重自然、保护自然。在建设现代文明的今天,庄子的天人思想依然值得现代人借鉴。

五、人与社会之关系:"无用之用"的相对性

《荀子·解蔽》曰:"庄子蔽于天而不知人。"从儒家的视角看,荀子的批评恰如其分。相较老庄思想,儒家思想始终以积极进取的面貌示人。孔子一生克己复礼,以天下归仁为己任,成为后世士人效法的楷模。《论语·泰伯》载曾子之语曰:"士不可以不弘毅,任重而道远。仁以为己任,不亦重乎?死而后已,不亦远乎?"《孟子·滕文公下》曰:"富贵不能淫,贫贱不能移,威武不能屈,此之为大丈夫。"范仲淹《岳阳楼记》曰:"先天下之忧而忧,后天下之乐而乐",张载《横渠语录》曰:"为天地立心,为生民立命,为往圣继绝学,为万世开太平。"回顾中国古代历史,历朝历代有理想有抱负的仁人志士们,无不以上述儒家思想为标准严格要求自己。

与儒家不同,道家提出了另外一种处世方式。《人间世》既表述了庄子所主张的处人与自处的人生态度,也揭示出庄子处世的哲学观点。庄子要求人们摒弃名利之心,保持心境的空明,被王夫之称赞为:"此篇为涉乱世以自全而全人之妙术,君子深有取焉。"在庄子眼中,事君之难,是涉世的第一难题。在漫长的专制时代,一个士人想要建功立业就不能不走上仕途,就不能不面对统治者。庄子主张在身与心之间以心为本,在多与一之间以一为本,在有心与无心之间以无心为本。君臣相处之难,也表现为人道之患与阴阳之患。庄子主张"忘身",所谓的"乘物以游心,托不得已以养中",也就是顺其自然。人臣与储君相处之时,会面临国与身的两难境地:"与之为无方,则危吾国;与之为有方,则危吾身。"庄子提出了顺物无己的思想,即在顺应他人的前提下引导对方,"达之,入于无疵"。庄子认为,处世必须以顺应物情为要。庄子曰:"人皆知有用之用,而莫知无用之用。""无用之用"正是"虚以待物"的体现。"无用之用"决定了庄子"无为"的人生态度,但也充满了辩证思维,有用和无用是客观的,但也是相对的,而且在特定环境里还会出现转化。

从历史上来看,儒家思想和道家思想,的确是两种完全不同的思想形态,但两者并非水火不容,更多的时候是以互补的形式共存于世的。《易传》曰:"一阴一阳之谓道。"儒家思想和道家思想如同事物的阴阳两面,共同构建了中国古代文化的思想体系。《孟子》曰:"穷则独善其身,达则兼济天下。"此处的独善其身就与道家思想并不逆违。在处世哲学上,古人往往从儒家思想中汲取自强不息,厚德载物的精神,但也常常把道家思想作为必要的补充。面对逆境和挫折之时,道家的逍遥意识在某种程度上有助于古人消解焦虑、战胜自我,从而走出人生的困境。这种互补的关系值得今天的我们借鉴。

六、人与自己之关系:"用心若镜""与物为春"

庄子逍遥境界中的无己、无功、无名,齐物之法中的心斋、坐忘,都涉及人己之关系。庄子德论中"用心若镜""与物为春"的安命之法,更应该成为处理人己关系的准则。

"用心若镜"出现在《应帝王》中，《应帝王》曰："至人之用心若镜，不将不迎，应而不藏，故能胜物而不伤。"《德充符》曰："人莫鉴于流水而鉴于止水，唯止能止众止。"又曰："'何谓德不形？'曰：'平者，水停之盛也。其可以为法也，内保之而外不荡也。德者，成和之修也。德不形者，物不能离也。'"镜子是被动的，它无法选择

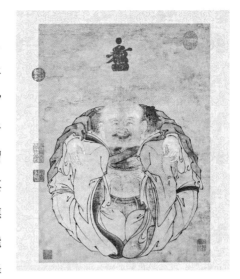

走向自己的物体。世界上的一切物体都可能显现在镜子中，大到风云变幻，山川河流，小到人物花草，鸟兽鱼虫。面对来者镜子只是客观地反映，面对去者镜子不会挽留。静止的水面也具有和镜子同样的功能。"用心若镜"也就是"心如止水"。"与物为春"出现在《德充符》中，《德充符》曰："仲尼曰：'死生、存亡，穷达、贫富，贤与不肖、毁誉，饥渴、寒暑，是事之变，命之行也；日夜相代乎前，而知不能规乎其始者也。故不足以滑和，不可入于灵府。使之和豫，通而不失于兑；使日夜无郤而与物为春，是接而生时于心者也。是之谓才全。'"庄子认为，生命的出生与死亡、四季的运行轮转是自然界的客观规律，作为个体的人，无法改变它；个人的贫穷与富贵、社会声誉的上扬与下降，取决于很多因素，有时候并不是通过个体的努力就能够改变的。庄子把这些不能依靠自我意志改变的东西统称为"命"。面对这样的"命"，庄子的主张是并不是消极地去承受，而是要"使之和豫""与物为春"，用春天般温暖的情怀去接纳和对待"命"。从这个意义上看，庄子思想并不完全是消极的。"用心若镜"说的是如何让我们的内心去应对外在世界的冲击，"与物为春"说的是如何让我们的内心去面对冰封的外在世界。"用心若镜"由外入内，"与物为春"由内向外。一内一外两个方面的统一构成了庄子的处世哲学。

简单而论，庄子对人生冷眼旁观但并不厌世，他对生命的体会思考前无

古人,力透纸背;在人与自然的关系上,庄子对人们发出了善意的提醒;在人与社会的关系上,庄子思想与儒家思想形成了互补关系,可以让人们在处理人与社会的关系时张弛有度;在人与自己的关系上,庄子的德论思想甚为深刻。当然,在发掘庄子思想中历史闪光点的同时,我们也必须警惕其中的那些消极成分,例如庄子过分追求个人的精神自由,从而在一定程度上忽视了集体精神等,这是在当代认识庄子思想过程中必须直面的问题。

直至今日,仍有一些人把历史上的老庄思想看作消极思想的代名词,还有些人认为老庄思想只是属于两千多年前的精致古董,和现代人的生活没有什么关系。这两种看法都值得商榷。德国哲学家雅思贝尔斯把公元前500年前后的这一时段称为人类文明的"轴心时代"。在这个时代,古老的东方出现了《老子》《论语》《孟子》《庄子》等先秦典籍,它们都属于中华优秀传统文化的重要组成部分。这些经典固然有其历史的局限性,但对于当代社会而言,它们都具有深远的历史价值和重要的现实意义,值得后世的我们继续研究。

七、关于本书体例的说明

本书的正文部分由《庄子》内篇中的《逍遥游》《齐物论》《养生主》《人间世》《德充符》《大宗师》《应帝王》七篇文章再加上《外篇》中的《秋水》组成。学界多认为《庄子》的思想主要体现在内篇当中。外篇中的《秋水》也不容忽视,有人说《秋水》在文学上达到了《逍遥游》的高度,在哲学上达到了《齐物论》的高度。本书原文引自郭庆藩撰、王孝鱼点校《庄子集释》(中华书局,2013年版),考虑到初学者的需要,对每一篇加上了简单的注释。在原文及注释的基础上,对所选八篇原文,又设置了义理诠释和艺术探微两部分进行品鉴。品鉴文字在吸取前人研究的基础上,融入撰者个人的一些体悟。

第一章 逍遥游

原文及注释

一

北冥有鱼,其名为鲲[1]。鲲之大,不知其几千里也。化而为鸟,其名为鹏。鹏之背,不知其几千里也;怒而飞[2],其翼若垂天之云[3]。是鸟也,海运则将徙于南冥[4]。南冥者,天池也。

【注释】

[1] 北冥：即北海。冥：通"溟"，海。
鲲：本是一种小鱼。这里指大鱼。

[2] 怒：奋力。

[3] 垂天之云：天边的云。垂：
通"陲"，边际。

[4] 海运：海水翻腾。

《齐谐》者，志怪者也[1]。《谐》之言曰："鹏之徙于南冥也，水击三千里，抟扶摇而上者九万里[2]，去以六月息者也[3]。"野马也[4]，尘埃也，生物之以息相吹也[5]。天之苍苍，其正色邪？其远而无所至极邪？其视下也，亦若是则已矣。

【注释】

[1]《齐谐》：书名，齐国记载诙谐奇
事的书。或云人名。志怪：记
述奇异之事的书。

[2] 抟(tuán)：环绕。扶摇：海中

飓风。

[3] 息：休息。一说气息，风。

[4] 野马：指浮游的水气。

[5] 息：气息。

且夫水之积也不厚，则其负大舟也无力。覆杯水于坳堂之上[1]，则芥为之舟[2]；置杯焉则胶，水浅而舟大也。风之积也不厚，则其负大翼也无力。故九万里，则风斯在下矣，而后乃今培风[3]；背负青天而莫之夭阏者[4]，而后乃今将图南。

【注释】

[1] 坳(ào)堂：室内的低凹处。

[2] 芥：小草。

[3] 培：凭借。

[4] 夭阏(è)：阻碍。

蜩与学鸠笑之曰[1]："我决起而飞[2]，抢榆枋[3]，时则不至而控于地而已矣，奚以之九万里而南为？"适莽苍者，三湌而反，腹犹果然；适百里者，宿舂粮[4]；适千里者，三月聚粮。之二虫又何知！

【注释】

[1] 蜩(tiáo)：蝉。学鸠：小斑鸠。

[2] 决(xuè)起：奋起。

[3] 抢(qiāng)：撞。榆枋：榆树和檀树。

[4] 春(chōng)粮：为过一宿提前储备粮食。春：把东西放在石臼等器皿中捣烂。

　　小知不及大知，小年不及大年。奚以知其然也？朝菌不知晦朔[1]，蟪蛄不知春秋[2]，此小年也。楚之南有冥灵者[3]，以五百岁为春，五百岁为秋；上古有大椿者[4]，以八千岁为春，八千岁为秋，此大年也。而彭祖乃今以久特闻[5]，众人匹之，不亦悲乎！

【注释】

[1] 朝菌：一种朝生暮死的菌类。

[2] 蟪蛄(huì gǔ)：寒蝉。

[3] 冥灵：神话中的树木名。

[4] 椿：一种落叶乔木。

[5] 彭祖：先秦道家传说中的人物，以长寿著称。

　　汤之问棘也是已[1]。穷发之北[2]有冥海者，天池也。有鱼焉，其广数千里，未有知其修者[3]，其名为鲲。有鸟焉，其名为鹏，背若太山，翼若垂天之云，抟扶摇羊角而上者九万里，绝云气，负青天，然后图南，且适南冥也[4]。斥鴳笑之曰[5]："彼且奚适也？我腾跃而上，不过数仞而下[6]，翱翔蓬蒿之间，此亦飞之至也。而彼且奚适也？"此小大之辩也[7]。

【注释】

[1] 汤之问棘：商汤向夏革提问。汤：商汤，商朝开国之君。棘：夏革，商汤朝的大夫。

[2] 穷发：指寸草不生之地。

[3] 修：长。

[4] 南冥：即南海，与北冥相对。

[5] 斥鴳(yàn)：生活在水塘中的小鸟。

[6] 仞：古代计量单位，一仞等于周制八尺或七尺。

[7] 辩：通"辨"，分别。

　　故夫知效一官，行比一乡，德合一君，而征一国者[1]，其自视也亦若此矣。而宋荣子犹然笑之[2]。且举世而誉之而不加劝[3]，举世而非之而不加沮[4]，定乎内外之分，辩乎荣辱之境，斯已矣。彼其于世未数数然也[5]。虽然，犹有未树也。夫列子御风而行，泠然善也[6]，旬有五日而后反。彼于致福者，未数数然也。此虽免乎行，犹有所待者也。

【注释】

[1] 效：胜任。比：适合。合：符合。而：能。征：取信。

[2] 宋荣子：宋国人，又称宋鈃或宋牼。战国时期著名哲学家，宋尹学派创始人及代表人物。犹然笑之：嗤笑的样子。

[3] 劝：努力。

[4] 沮：沮丧。

[5] 数数(shuò)然也：急促追求功名的样子。

[6] 列子：姓列名御寇，战国时期道家代表人物。御风而行：乘风而行。泠然(líng)：轻妙的样子。

若夫乘天地之正，而御六气之辩，以游无穷者，彼且恶乎待哉[1]！故曰：至人无己，神人无功，圣人无名。

【注释】

[1] 恶(wū)乎：还有什么。

二

尧让天下于许由[1]，曰："日月出矣而爝火不息[2]，其于光也，不亦难乎！时雨降矣而犹浸灌，其于泽也，不亦劳乎[3]！夫子立而天下治，而我犹尸之[4]，吾自视缺然[5]。请致天下。"

许由曰："子治天下，天下既已治也。而我犹代子，吾将为名乎？名者，实之宾也。吾将为宾乎？鹪鹩巢于深林[6]，不过一枝；偃鼠饮河，不过满腹。归休乎君，予无所用天下为！庖人虽不治庖[7]，尸祝不越樽俎而代之矣[8]。"

【注释】

[1] 尧：传说中上古帝王名。许由：尧时的隐士。

[2] 爝火：火炬。不息：不熄灭。

[3] 泽：润泽。劳：劳而无功。

[4] 尸：主持大事。

[5] 自视缺然：自己感觉有所欠缺。

[6] 鹪鹩(jiāo liáo)：小鸟名。

[7] 庖(páo)人：厨师。

[8] 尸祝：祭祀时的主祭人。俎(zǔ)：盛肉的器具。

肩吾问于连叔曰[1]："吾闻言于接舆，大而无当[2]，往而不返。吾惊怖其言，犹河汉而无极也；大有径庭，不近人情焉。"

连叔曰："其言谓何哉？"曰："藐姑射之山，有神人居焉，肌肤若冰雪，绰约若处子[3]。不食五谷，吸风饮露，乘云气，御飞龙，而游乎四海之外。其神凝，使物不疵疠而年谷熟[4]。吾以是狂而不信也。"

连叔曰："然。瞽者无以与乎文章之观[5]，聋者无以与乎钟鼓之声。岂唯形骸有聋盲哉？夫知亦有之。是其言也，犹时女也。之人也，之德也，将旁礴万物以为一[6]。世蕲乎乱[7]，孰弊弊焉以天下为事[8]！之人也，物莫之伤，大浸稽天而不溺[9]，大旱金石流、土山焦而不热。是其尘垢秕糠[10]，将犹陶铸尧舜者也[11]，孰肯以物为事！宋人资章甫而适诸越[12]，越人断发文身，无所用。尧治天下之民，平海内之政，往见四子藐姑射之山[13]，汾水之阳，窅然丧其天下焉[14]。"

【注释】

[1] 肩吾、连叔：庄子虚构的人物。

[2] 接舆：楚国狂士，与孔子同时。无当(dàng)：不切实际。

[3] 藐姑射(yè)：传说中的神山。绰(chuò)约：姿态柔美的样子。处子：处女。

[4] 疵疠(cī lì)：疫病，引申为灾害。

[5] 瞽(gǔ)：眼瞎的人。

[6] 旁礴(páng bó)：混同。

[7] 世蕲乎乱：世人祈求他治理天下。蕲(qí)：通"祈"，祈求。

乱：治。

[8] 孰：谁，指神人。弊弊焉：操劳的样子。

[9] 大浸：大水。稽天：到天上。

[10] 秕（bǐ）糠：秕子和糠，都是粗劣的粮食，这里比喻道论粗浅的人。

[11] 陶铸：烧制瓦器，熔铸金属，这

里指造就。

[12] 资：贩卖。章甫：一种殷代的礼帽。

[13] 四子：一说指藐姑射之山的四位神仙。

[14] 窅（yǎo）然：怅然若失的样子。窅：通"杳"，沉寂。丧：遗弃。

三

　　惠子谓庄子曰[1]："魏王贻我大瓠之种[2]，我树之成而实五石。以盛水浆，其坚不能自举也。剖之以为瓢，则瓠落无所容[3]。非不呺然大也，吾为其无用而掊之[4]。"庄子曰："夫子固拙于用大矣。宋人有善为不龟手之药者[5]，世世以洴澼絖为事[6]。客闻之，请买其方以百金。聚族而谋曰：'我世世为洴澼絖，不过数金；今一朝而鬻技百金[7]，请与之。'客得之，以说吴王[8]。越有难，吴王使之将，冬与越人水战，大败越人，裂地而封之。能不龟手，一也；或以封，或不免于洴澼絖，则所用之异也。今子有五石之瓠，何不虑以为大樽而浮乎江湖，而忧其瓠落无所容？则夫子犹有蓬之心也夫[9]！"

【注释】

[1] 惠子：惠施，宋国人，战国时期名家的代表人物。

[2] 魏王：魏惠王，又称梁惠王。战国时期魏国国君。贻（yí）：赠送。瓠（hù）：大葫芦。

[3] 瓠落：空廓的样子。

[4] 呺（xiāo）然：虚大的样子。掊

（pǒu）：打碎。

[5] 龟（jūn）手：皲手，手足冻裂。

[6] 洴澼（píng pì）：漂洗。絖（kuàng）：棉絮。

[7] 鬻（yù）：出售。

[8] 说（shuì）：游说。

[9] 蓬之心：指内心被外物遮蔽。

惠子谓庄子曰:"吾有大树,人谓之樗[1]。其大本拥肿而不中绳墨,其小枝卷曲而不中规矩。立之途,匠者不顾。今子之言,大而无用,众所同去也。"

庄子曰:"子独不见狸狌乎[2]?卑身而伏,以候敖者[3];东西跳梁[4],不辟高下;中于机辟,死于罔罟[5]。今夫斄牛[6],其大若垂天之云。此能为大矣,而不能执鼠。今子有大树,患其无用,何不树之于无何有之乡,广莫之野,彷徨乎无为其侧,逍遥乎寝卧其下。不夭斤斧,物无害者,无所可用,安所困苦哉!"

【注释】

[1] 樗(chū):臭椿。一种劣质的木材。

[2] 狸狌(lí shēng):狸野猫。狌:黄鼠狼。

[3] 敖(áo)者:出游的动物。

[4] 跳梁(liáng):即跳踉,跳跃。

[5] 罔罟(gǔ):罔,同"网"。罟:网的统称。

[6] 斄(lí)牛:牦牛。

 义理诠释

一、逍遥游

据后人推测,《庄子》内七篇的标题当是汉人刘向所加。《汉书·艺文志》记载刘向整理了诸子之作,《庄子》当在其中。从现有史料看,刘向具备为《庄子》内篇添加标题的条件。不论究竟出自谁的手笔,为《庄子》内篇添加标题者都非常高明,以至于在后世读者的心中,"逍遥游"三字与《逍遥游》这篇文章水乳交融,无法割裂。

后人对于"逍遥游"三字的解读并不相同。成玄英疏曰:"所言逍遥游者,古今解释不同。今泛举纲纪,略为三释。所言三者:第一,顾桐柏云:'逍者,销也;遥者,远也。销尽有为累,远见无为理。以斯而游,故曰逍遥。'第二,支道林云:'物物而不物于物,故逍然不我待;玄感不疾而速,故遥然靡所不为。以斯而游天下,故曰逍遥游。'第三,穆夜云:'逍遥者,盖是放狂自得

之名也。至德内充,无时不适;忘怀应物,何往不通! 以斯而游天下,故曰逍遥游。'"①古人的解读虽然五花八门,但大体上集中在无为自然、顺物忘怀方面。

近代以来,学人通常把"逍遥"解读为"自由"。章太炎《国学概论》说:"逍遥游者,自由也;齐物论者,平等也。"②有人认为"逍遥"无法完全等同于"自由",于是在"自由"的前面加上一定的限定词,将它定义为"精神的绝对自由"。在西方话语体系中,所谓的自由是指人与社会的关系,是人在政治及社会领域中,能够自我支配言行而不会为他人所左右的状态。按照西方政治哲学的观念,自由是公民天生的权利,是社会赋予所有人的价值。这种观念与庄子思想大相径庭。《庄子》的"逍遥"是"义取闲放不拘,怡适自得"③。《逍遥游》云:"若夫乘天地之正,而御六气之辩,以游无穷者,彼且恶乎待哉!""逍遥游"中所谓的"游",是指游于天地之中,游于六气之中,最根本的是游于大道之中。

"逍遥游"是庄子构想的一种体道者沉浸、悠游在大道当中的怡适自得的精神状态。这种状态虽然和西方世界的"自由"较为接近,但并不完全等于自由。

二、小大之辨

《逍遥游》中具有小大之辨。关于大,庄子以鲲鹏为代表,三次向读者描绘了鲲鹏的形象,第一次是庄子自说:"北冥有鱼,其名为鲲。鲲之大,不知其几千里也。化而为鸟,其名为鹏。鹏之背,不知其几千里也;怒而飞,其翼若垂天之云。是鸟也,海运则将徙于南冥。南冥者,天池也。"第二次是庄子引用《齐谐》之言:"鹏之徙于南冥也,水击三千里,抟扶摇而上者九万里,去以六月息者也。"第三次是商汤与夏革的对话:"穷发之北,有冥海者,天池也。有鱼焉,其广数千里,未有知其修者,其名为鲲。有鸟焉,其名为鹏,背

---

① 郭庆藩.庄子集释[M].王孝鱼,点校.北京:中华书局,2018:8.
② 章太炎.国学概论[M].北京:中华书局,2008:43.
③ 郭庆藩.庄子集释[M].王孝鱼,点校.北京:中华书局,2018:2.

若太山,翼若垂天之云,抟扶摇羊角而上者九万里,绝云气,负青天,然后图南,且适南冥也。"关于小,文中描绘了一群小鸟。庄子两次写出了小鸟对鲲鹏的嘲笑。第一次,"蜩与学鸠笑之曰:'我决起而飞,抢榆枋,时则不至而控于地而已矣,奚以之九万里而南为?'"第二次,"斥鷃笑之曰:'彼且奚适也?我腾跃而上,不过数仞而下,翱翔蓬蒿之间,此亦飞之至也。而彼且奚适也?'"《逍遥游》对这种嘲笑的评价是:"之二虫又何知? 小知不及大知,小年不及大年。"庄子明确肯定了鲲鹏之大,否定了小鸟之无知。这样的小大之辨不仅发生在鲲鹏与蜩、学鸠、斥鷃身上,还发生在不知晦朔的朝菌、不知春秋的蟪蛄与以千岁为春秋的冥灵以及以一万六千岁为春秋的上古大椿身上。大小之别,昭然若揭。

郭象在《庄子注》中将"之二虫"理解为鲲鹏和小鸟。他说:"二虫,谓鹏蜩也。对大于小,所以均异趣也。"①据刘孝标《世说新语·文学》注引,向秀、郭象观点一致。向秀、郭象《逍遥义》说:"夫大鹏之上九万,尺鷃之起榆枋,小大虽差,各任其性,苟当其分,逍遥一也。然物之芸芸,同资有待,得其所待,然后逍遥耳。唯圣人与物冥而循大变,为能无待而常通,岂独自通而已! 又从有待者,不失其所待,不失则同于大通矣。"②在相当长的时期内,魏晋士人对这段话的谈论无法超出向秀和郭象的义理范围。直至东晋僧人支遁提出了自己的新见解,才让士人群体的认识有了突破。刘孝标《世说新语·文学》注引支遁《逍遥论》曰:"夫逍遥者,明至人之心也。庄生建言大道,而寄指鹏鷃。鹏以营生之路旷,故失适于体外;鷃以在近而笑远,有矜伐于心内。至人乘天正而高兴,游无穷于放浪,物物而不物于物,则遥然不我得;玄感不为,不疾而速,则道然靡不适,此所以为逍遥也。"③在支遁眼里,斥鷃并没有达到逍遥游境界,鲲鹏也没有达到逍遥游境界,只有至人才达到了逍遥游之境。比较向秀、郭象的观点与支遁的观点,后者无疑更符合庄子的整体思想。因为庄子强调的是"无待",鲲鹏必须凭借风才能飞翔。《逍遥游》曰:

① 郭庆藩.庄子集释[M].王孝鱼,点校.北京:中华书局,2018:11.
② 刘孝标.世说新语校释[M].上海:上海古籍出版社,2011:427-428.
③ 刘孝标.世说新语校释[M].上海:上海古籍出版社,2011:428.

"风之积也不厚,则其负大翼也无力。故九万里,则风斯在下矣,而后乃今培风;背负青天而莫之夭阏者,而后乃今将图南。"当然,支遁的观点并没有就此一统江湖,向、郭的观点也没有自此泯灭。比如元人程端礼《古意》诗云:"大鹏飞南溟,抟风九万里。斥鷃无所适,翱翔蓬蒿里。为大既云乐,小者亦自喜。"还是承袭了向、郭之说。向、郭之说作为一家之言,自有其存在的价值。

纵览《庄子》全书,《逍遥游》中论及大小之辨,《齐物论》《秋水》等篇中又否定大小之别。《齐物论》曰:"天下莫大于秋豪之末,而太山为小;莫寿于殇子,而彭祖为夭。"《秋水》曰:"以差观之,因其所大而大之,则万物莫不大;因其所小而小之,则万物莫不小;知天地之为稊米也,知豪末之为丘山也,则差数睹矣。"应该说《齐物论》《秋水》以道观之的思想更符合庄子的整体思想,如此看来,《逍遥游》中的大小之辨似乎不符合庄子思想。既然不符合庄子思想,为什么庄子还要做小大之辨呢? 这是因为《庄子》中既有庄语也有非庄语。非庄语就是用三言(寓言、重言、卮言)的方式去表达庄子自己的思想。《逍遥游》中"至人无己,神人无功,圣人无名"的中心思想属于庄语范畴,小大之辨则是庄子为了揭示逍遥境界,采用三言手法进行表现的手段,并不代表庄子本来的观点。

三、至人无己,神人无功,圣人无名

至人、神人、圣人都是庄子的理想人格。庄子既然列出了这三种名号,那么他们之间是否有一定区别呢? 有人认为,庄子笔下的三种名号指向同一种理想人格。成玄英疏曰:"至言其体,神言其用,圣言其名。故就体语至,就用语神,就名语圣,其实一也。"但是从体道的角度来看,三者并不能并驾齐驱。李大防曰:"此篇以'至人无己'一句为主旨,既无己,自无待,更何有乎功名? 故'神人无功''圣人无名'二句,亦是宾。'无己'二字,为庄子心学之第一义,故于篇首揭明之。"[①]无己、无功、无名三者之间的关系,类似于《大宗师》中"坐忘"进阶的对话方式。如果你达到了无名境界,可矣,犹未

---

① 方勇.庄子纂要[M].北京:学苑出版社,2012:11.

也；如果你达到了无功境界，可矣，犹未也；如果你达到了无己境界，可矣，无以复加矣。从无名到无功，从无功到无己，逍遥的境界在不断地提升。纵观《庄子》内篇，至人与神人之间的区别不甚明显，甚至可以对换。《逍遥游》写藐姑射之山的神人，"乘云气，御飞龙，而游乎四海之外"。《齐物论》中写"至人神矣！……乘云气，骑日月，而游乎四海之外"。二者的神通是大体一致的。至于圣人，虽已得道，但还没有看到具有乘云气以游乎四海之外的本领。如此看来，圣人似乎是比至人和神人低了一个档次的。

四、大而无用

宣颖说："'至人无己'三句，后面整用三大截发明之，其次第与前倒转，自无名，而无功，而无己，归于所重，以为一篇之结尾也。"[①]"许由以名为宾而不居，以上证圣人无名意也。"[②]"姑射神人，虽唐虞之事业不足为多。以上证神人无功意也。"[③]"无何有之乡……此世目为无用而独适于清虚者也。以上证至人无己意也。"[④]如果说前两段可以与"圣人无名""神人无功"对应，那么最后一段则与"至人无己"没有什么直接的联系。如果非要追求对应，第二段结尾的"尧治天下之民，平海内之政，往见四子藐姑射之山，汾水之阳，窅然丧其天下焉"可以作为"证至人无己意"的论据。整篇《逍遥游》应该到此结束了。

剩下的一段，由庄子与惠子的两次对话构成，这两次对话主要讨论了庄子思想的有用无用，似乎游离于《逍遥游》主题之外。第一次对话中，惠子谓庄子曰："魏王贻我大瓠之种，我树之成而实五石。以盛水浆，其坚不能自举也。剖之以为瓢，则瓠落无所容。非不呺然大也，我为其无用而掊之。"第二次对话中，惠子谓庄子曰："吾有大树，人谓之樗。其大本拥肿而不中绳墨，其小枝卷曲而不中规矩。立之途，匠者不顾。今子之言，大而无用，众所同

---

① 宣颖.南华经解[M].广州：广东人民出版社，2008：3.
② 宣颖.南华经解[M].广州：广东人民出版社，2008：7.
③ 宣颖.南华经解[M].广州：广东人民出版社，2008：8.
④ 宣颖.南华经解[M].广州：广东人民出版社，2008：9.

去也。"在这两次对话中,惠子说大瓠、大树无用,其实都是在讽刺庄子的思想大而无用,庄子两次反驳惠子,为自己的思想进行了辩护。庄子针对惠子之言,指出有五石之瓠"何不虑以为大樽而浮乎江湖"?有无用之树"何不树之于无何有之乡,广莫之野,彷徨乎无为其侧,逍遥乎寝卧其下"?庄子在回应惠子时巧妙地描绘了自己无为逍遥的思想:为大樽而浮乎江湖,彷徨无为其侧,逍遥乎寝卧其下,着眼点在强调无为之用才是大用。

艺术探微

《逍遥游》不仅是庄子哲学的总纲,同时也体现了《庄子》文学的总体特色。《庄子·天下》在评价《庄子》一书的艺术特征时说:"其书虽瑰玮而连犿无伤也,其辞虽参差而諔诡可观。"[①]历代多有文士对《庄子》的写作手法击节叹赏。郭象《庄子序》评曰:"其言宏绰,其旨玄妙。"[②]刘熙载《艺概·文概》评曰:"意出尘外,怪生笔端。"[③]《逍遥游》作为《庄子》内篇中的第一篇,受到读者青睐。方人杰《庄子读本》曰:"此一篇是一书大意,此一题是一篇大意,而庄子全身之纲领也。"[④]宣颖《南华经解·逍遥游》三次惊叹:"真古今横绝之文也。"[⑤]《逍遥游》不仅是庄子哲学的总纲,表现了庄子哲学的最高精神境界,同时也体现了《庄子》文学的总体特色。

一、"三言"手法的运用

林云铭《庄子因》曰:"篇中忽而叙事,忽而引证,忽而譬喻,忽而议论。以为断而非断,以为续而非续,以为复而非复,只见云气空濛,往返纸上,顷刻之间,顿成异观。"[⑥]刘熙载《艺概·文概》曰:"《庄子》文法断续之妙,如《逍

---

① 郭庆藩.庄子集释[M].王孝鱼,点校.北京:中华书局,2018:963.
② 郭庆藩.庄子集释[M].王孝鱼,点校.北京:中华书局,2018:3.
③ 刘熙载.艺概注稿[M].袁津琥,校注.北京:中华书局,2009:43.
④ 方勇,陆永品.庄子诠评[M].成都:巴蜀书社,1998:29.
⑤ 宣颖.南华经解[M].广州:广东人民出版社,2008:2-3.
⑥ 林云铭.庄子因[M].张京华,点校.上海:华东师范大学出版社,2011:10.

遥游》,忽说鹏,忽说蜩与学鸠、斥鹦,是为断,下乃接之曰'此小大之辩也',则上文之断处皆续也。而下文宋荣子、许由、接舆、惠子诸断处,亦无不续矣。"①这种把叙事、引证、比喻、议论结合起来的写作方法,形成了云气空濛、烟波万状的灵动缥缈之美。而这一特征的形成与《庄子》寓言、重言和卮言"三言"手法的运用密不可分。

　　"三言"的概念最早在《庄子·寓言》篇被提出:"寓言十九,重言十七,卮言日出,和以天倪。"②《庄子·天下》篇又说:"以天下为沉浊,不可与庄语,以卮言为曼衍,以重言为真,以寓言为广。"③历代读者大多关注到了"三言"之间的差异性,却在一定程度上忽视了"三言"之间的相似性。王夫之《庄子解》曰:"寓言重言与非寓非重者,一也,皆卮言也,皆天倪也。"④他把寓言与重言皆看成卮言,看似抹去了"三言"之间的区别,实则点出了"三言"的特质。刘熙载《艺概·文概》曰:"庄子文看似胡说乱说,骨里却尽有分数。"⑤从语言最终呈现出的内容看,庄子的"三言"都属于"谬悠之说,荒唐之言,无端崖之辞"⑥;不同的是,寓言是用故事情节去"胡说乱说",重言是借名人耆艾在"胡说乱说",卮言是寓言重言之外的"胡说乱说"。这些"胡说乱说"并不是普通意义上的胡言乱语。它们在"骨里却尽有分数",这个"分数"就是庄子思想。庄子思想在《逍遥游》中表现为"无己"之"逍遥"。从这个角度看,所谓"三言"就是在"和以天倪"的前提下,采用的三种语言表述形式。王夫之的论述自有可采之处。

　　《庄子》"三言"中对读者影响最大的是寓言。《逍遥游》中最有名的寓言是鲲鹏怒飞,在义理诠释中我们提到,庄子把这个故事连续讲了三遍。庄子的意思是,既然《齐谐》中有记载,商汤也说过,就证明我不是在"胡说乱说"。实际上,《齐谐》也是寓言中出现的典籍,商汤之语则是寓言中的重言,这一

---

①　刘熙载.艺概注稿[M].袁津琥,校注.北京:中华书局,2009:40.
②　郭庆藩.庄子集释[M].王孝鱼,点校.北京:中华书局,2018:830.
③　郭庆藩.庄子集释[M].王孝鱼,点校.北京:中华书局,2018:962.
④　王夫之.庄子解[M].北京:中华书局,2009:322.
⑤　刘熙载.艺概注稿[M].袁津琥,校注.北京:中华书局,2009:43.
⑥　郭庆藩.庄子集释[M].王孝鱼,点校.北京:中华书局,2018:962.

切仍属于"胡说乱说"的范围。

寓言与重言手法的运用形成了《庄子》独特的艺术效果。刘熙载《艺概·文概》曰:"《庄子》寓真于诞,寓实于玄,于此见寓言之妙。"①"文之神妙,莫过于能飞。《庄子》之言鹏曰'怒而飞',今观其文,无端而来,无端而去,殆得'飞'之机者,乌知非鹏之学为周耶!"②刘凤苞《南华雪心编》曰:"借鲲鹏变化,破空而来,为'逍遥游'三字立竿见影,摆脱一切理障语,烟波万状,几莫测其端倪,所谓洸洋自恣以适己也。……缥缈空灵,则推南华为独步也。其中逐段逐层,皆有逍遥境界,如游武夷九曲,万壑千岩,应接不暇。"③逍遥游,是庄子美妙神奇的思想;《逍遥游》,是文采飞扬的美文。当思想与文采在庄子的笔下相遇,就有了这篇汪洋自恣的千古名作。除了鲲鹏之外,庄子也写到了蜩与学鸠、斥鷃等小动物,写到了冥灵、大椿等植物,写到了宋荣子、列子、许由、接舆等历史人物,庄子对这些动物、植物和历史人物都采用了寓言式的描写。在寓言和重言之外,庄子还采用卮言发表自己的议论。例如:"且夫水之积也不厚,则其负大舟也无力。……风之积也不厚,则其负大翼也无力。""之二虫又何知?小知不及大知,小年不及大年。""故夫知效一官,行比一乡,德合一君,而征一国者,其自视也,亦若此矣。"相较儒、墨学者一本正经的论述方式,以卮言说理更为《逍遥游》增添了几分灵动。

二、迂回递进的结构

我们再来看《逍遥游》的结构艺术。《逍遥游》曰:"若夫乘天地之正,而御六气之辩,以游无穷者,彼且恶乎待哉!故曰:至人无己,神人无功,圣人无名。"这段话是在用"庄语"表述《逍遥游》的核心思想。通常情况下,一篇文章的核心思想,或放在开头,或放在结尾。但《逍遥游》的核心思想却被庄子安放在文章的中间,并用前后若干篇寓言进行铺垫。

在《逍遥游》的核心思想被提出之前,文中动物、植物和人物依次亮相,

① 刘熙载.艺概注稿[M].袁津琥,校注.北京:中华书局,2009:40.
② 刘熙载.艺概注稿[M].袁津琥,校注.北京:中华书局,2009:41.
③ 刘凤苞.南华雪心编[M].北京:中华书局,2013:1.

各自演绎了变化莫测的情节。首先进入读者眼帘的是鲲鹏展翅的形象。"鲲之大,不知其几千里也。……鹏之背,不知其几千里也","水击三千里,抟扶摇而上者九万里","绝云气,负青天,然后图南。"庄子将鲲鹏与蜩、学鸠、斥鷃进行比较,将朝菌、蟪蛄与冥灵、大椿进行比较,将大大小小的官场人物与宋荣子、列子进行比较。在完成三个层级的递进之后,庄子才亮出了"至人无己"的底牌。《庄子·逍遥游》借连叔之口曰:"瞽者无以与乎文章之观,聋者无以与乎钟鼓之声。岂惟形骸有聋盲哉,夫知亦有之。"《庄子·秋水》借北海若之口曰:"井蛙不可以语于海者,拘于虚也;夏虫不可以语于冰者,笃于时也;曲士不可以语于道者,束于教也。"正因为直接表明"至人无己"的观点,会让曲士们像故事中的肩吾一样无法相信,庄子只好采用迂回递进之法,试图借寓言开阔曲士之眼界,启迪曲士之心智。刘凤苞《南华雪心编》曰:"此段文势,一节进似一节,山迎水送,到头乃见真源。'知效一官'四语,一气呵成,化尽排偶之迹。……'宋荣子'句飘然而起,轻轻撇去上文。以下递进数层,愈转愈深,归到'乘正御气以游无穷',则可谓逍遥之至也。遂用'至人'三句,结住上文,笔力雄大无匹。"[1]"至人无己"一句有两种解读,一种认为三者平齐,至人、神人和圣人皆无己、无功又无名;一种认为至人的地位高于神人和圣人,神人、圣人是至人的陪衬。刘凤苞《南华雪心编》曰:"神、圣之称,以无功、无名为极则,而使人共见为神、圣,不若至人之相忘于无己也。故神、圣在至人之下,无己而功名不足言已。"[2]两说比较,后说为优,"无己"已是人格的最高境界,自然也就没有功名之说,代表"无己"的"至人"理应是三者之首。

宣颖《南华经解》曰:"(《逍遥游》)前极参差变化,后独三截分应,澹荡住笔而余音袅然,真浸淫不测之文!"[3]又曰:"庄生之意何为哉?读至篇末方知之。'至人无己'三句,后面整用三大截发明之。其次第与前倒转,自无名而

---

① 刘凤苞.南华雪心编[M].北京:中华书局,2013:10.
② 刘凤苞.南华雪心编[M].北京:中华书局,2013:10.
③ 宣颖.南华经解[M].广州:广东人民出版社,2008:9.

无功而无己,归于所重,以为一篇之结尾也。"①"尧让天下于许由"一段中,许由曰:"子治天下,天下既已治也,而我犹代子,吾将为名乎? 名者,实之宾也,吾将为宾乎?"因为有"名者,实之宾也",所以可以看作是对"圣人无名"的回应;"肩吾问于连叔"一段中,连叔曰:"之人也,之德也,将磅礴万物以为一。世蕲乎乱,孰弊弊焉以天下为事? 之人也,物莫之伤,大浸稽天而不溺,大旱金石流土山焦而不热。是其尘垢秕糠,将犹陶铸尧舜者也。孰肯以物为事?"因为与功业有关,故看作回应了"神人无功"也说得通,这就是宣颖的"次第倒转"说;但如果用庄子与惠子的对话证"至人无己"意,则稍显勉强。所以,刘凤苞虽然也主张"此上三段,分应'至人'三句,文法倒转,一节进似一节。"②但他评析的第三段并不是庄惠对话,而是指向了"尧治天下之民"一段。

《逍遥游》中,庄子首先写鲲鹏等动物、大椿等植物、列子等人物,然后展示出逍遥之境,最后写尧许对话、肩吾连叔对话、庄惠对话。逍遥之境是全文的重点,庄子在采用了一轮又一轮的比喻使文章层次逐步向上攀登之后,终于达到了"无己"这一顶点。后面两段是对"无功""无名"的回应,庄惠对话则是庄子对逍遥境界无所可用的回应,是庄子对精神自由理论的守护。

三、鲜明丰富的角色形象

《逍遥游》中的形象既有人物,也有动植物。其中最耀眼的人物当属藐姑射之山的神人。肩吾曰:"藐姑射之山,有神人居焉,肌肤若冰雪,绰约若处子,不食五谷,吸风饮露,乘云气,御飞龙,而游乎四海之外。其神凝,使物不疵疠而年谷熟。吾是以狂而不信也。"神仙是中国文化中的重要元素,《庄子》一书第一次对神仙形象进行了细致的描绘。庄子笔下冰清玉洁,光彩照人的神仙,成为道教徒眼中仙人的真实形象以及文人墨客心中饱满的文学元素。"尧让天下于许由"一段写活了帝尧和许由两个人物,帝尧曰:"日月出矣,而爝火不息,其与光也,不亦难乎? 时雨降矣,而犹浸灌,其于泽也,不

① 宣颖.南华经解[M].广州:广东人民出版社,2008:3.
② 刘凤苞.南华雪心编[M].北京:中华书局,2013:15.

亦劳乎？夫子立而天下治，而我犹尸之，吾自视缺然。请致天下。"许由曰："子治天下，天下既已治也，而我犹代子，吾将为名乎？名者，实之宾也，吾将为宾乎？鹪鹩巢于深林，不过一枝；偃鼠饮河，不过满腹。归休乎君，予无所用天下为。庖人虽不治庖，尸祝不越樽俎而代之矣。"《庄子》中的帝尧是一位礼贤下士的道家明君，他把隐士比喻为日月时雨，把自己贬为爝火浸灌，他视君位如敝屣，随时想要交付有为之人。许由是一位得道的高士，他用鹪鹩巢林、偃鼠饮河的故事来说明自己的生活信念，视权势如腥臭之物。庄子借尧、许对话表现了自己面对功名富贵时的人生态度。

被庄子视为宝贝的逍遥理论，在惠子眼里没有任何实用价值。惠子先后用"大瓠之种""大樗之树"进行讽刺，甚至直接说"今子之言，大而无用"。惠子对庄子不留情面，指斥庄子学说甚为无用，庄子为自己学说的辩护则不遗余力。庄子曰："夫子固拙于用大矣。……今子有五石之瓠，何不虑以为大樽，而浮于江湖。而忧其瓠落无所容，则夫子犹有蓬之心也夫？"庄子又曰："今子有大树，患其无用，何不树之于无何有之乡，广莫之野，彷徨乎无为其侧，逍遥乎寝卧其下。不夭斤斧，物无害者。无所可用，安所困苦哉！"庄子指斥惠子有"蓬之心"，不懂无用之用的道理。通过这两段真实的对话，可以看到庄、惠两人的个性特征和思辨水平。

林云铭《庄子因》评曰："总点出大，'大'字是一篇之纲。分点出背之大。……分点出翼之大。……三千里言其远，九万里言其高，六月息言其久，见其一大则无不大之意。"[①]刘凤苞曰："起手特揭出一'大'字，乃是通篇眼目。大则能化，鲲化为鹏，引起至人、神人、圣人，皆具大知本领，变化无穷。至大瓠大树，几于大而无用，而能以无用为有用，游行自适，又安往而不见为逍遥哉！"[②]不论是大鲲大鹏，还是大瓠大树，都是从大处着笔，开创了中国文学史上的大境界。《逍遥游》也善于写"小"。"蜩与学鸠笑之曰：'我决起而飞，枪榆枋，时则不至，而控于地而已矣。奚以之九万里而南为？'""斥

---

①　林云铭.庄子因[M].张京华,点校.上海：华东师范大学出版社,2011：1.
②　刘凤苞.南华雪心编[M].北京：中华书局,2013：1.

鹦笑之曰:'彼且奚适也?我腾跃而上,不过数仞而下,翱翔蓬蒿之间,此亦飞之至也。而彼且奚适也?'"两段文字用两次"笑"写活了三种不为人关注的小鸟。小鸟的心理正是世间小人物的心理。小鸟的笑充分表现了小人物的小格局,他们无法理解大,也不想理解大,他们满足于现状,没有超越自己的愿望。通过对鲲鹏和小鸟对比描写的赏析,我们可以看出庄子善于在大与小的对照中完成对不同形象的塑造。

四、清新生动的字句

前人已经反复指出,《逍遥游》字句清新生动,富有表现力。吴世尚《庄子解》曰:"庄子之文不惟意远理足,力厚味腴,其句中字眼亦无不高新警变。"[1]他列举了其中一些名句,例如:"怒而飞""生物以息相吹""而后乃今培风""背负青天而莫之夭厄""腹犹果然""众人匹之""穷发之北""泠然善也""而御六气之辩""而我犹尸之""请致天下""吾将为宾乎""归休乎君""绰约若处子""其神凝""夫智亦有之""是其尘垢秕糠,将犹陶铸尧舜""杳然丧其天下""瓠落无所容""何不虑以为大樽""犹有蓬之心""立之途,匠者不顾""以候敖者""不夭斤斧"等。《逍遥游》中的遣词造句,处处值得我们反复学习体会,以下我们再分享一些被前贤点评过的名句:

《逍遥游》曰:"南冥者,天池也。《齐谐》者,志怪者也。"胡文英《庄子独见》评曰:"此四语欲合欲离,意连词断,游丝结絮,故能两不着地粘住。常境作解。"[2]《逍遥游》曰:"野马也,尘埃也,生物之以息相吹也。"陆西星《南华经副墨》评曰:"吹、息二字颇奇特。言生物,无大无小,无巨无细,唯此气机吹嘘鼓舞,乘以出入,有莫知其然而然者,到此分明摹写一段造化之妙。"[3]《逍遥游》曰:"且夫水之积也不厚,则其负大舟也无力。覆杯水于坳堂之上,则芥为之舟,置杯焉则胶,水浅而舟大也。风之积也不厚,则其负大翼也无力。"宣颖《南华经解》评曰:"以水喻风,固是妙于言风,以杯水喻水,先

① 方勇.庄子纂要[M].北京:学苑出版社,2012:125.
② 胡文英.庄子独见[M].上海:华东师范大学出版社,2011:1.
③ 陆西星.南华真经副墨[M].北京:中华书局,2010:3.

为妙于言水,以舟喻翼,固是妙于言翼,以芥喻舟,先为妙于言舟,皆触手成隽之文。"①《逍遥游》曰:"宋人资章甫适诸越,越人断发文身,无所用之。"宣颖评曰:"妙喻,以文为戏。"②《逍遥游》曰:"宋人有善为不龟手之药者,世世以洴澼絖为事。客闻之,请买其方百金。聚族而谋曰:我世世为洴澼絖,不过数金,今一朝而鬻技百金,请与之。客得之以说吴王。越有难,吴王使之将,冬与越人水战,大败越人,裂地而封之。"林仲懿《南华本义》评曰:"写窭人听说百金,举家张皇,只怕走了售主,神情声口如画。"③由此可见,《逍遥游》长于炼字炼句,高新警变,其词汇富有高度的表现力。

陆西星《南华真经副墨》曰:"意中生意,言外立言。纩中线引,草里蛇眠。云破月映,藕断丝连。作是观者,许读此篇。"④宣颖《南华经解》曰:"文复生文,喻中夹喻,如春云生起,层委叠属,遂为垂天大观,真古今横绝之文也。"⑤作者似乎有意要把内篇中常用之艺术手法集中起来,展现在全书的第一篇,于是,我们在《逍遥游》中品尝到了内篇采用的许多艺术手法。《逍遥游》采用了形象思维的写作方法,把想象与现实结合起来,把动物界、植物界与人类社会结合起来,把叙事、议论、比喻结合起来,形成了新颖奇特、汪洋恣肆的艺术风格。不论是对人物形象的塑造,还是对动物世界的临摹,都带有庄子强烈的个人色彩。《逍遥游》具有独特的结构艺术,其字句清新脱俗、生动活泼。

 思考题

1.《逍遥游》中连续三次描写鲲鹏故事的目的是什么?

2.《逍遥游》中的至人、神人、圣人三者有没有区别?

3. 我们应该怎样理解庄子提出的逍遥境界?

4. 惠子为什么认为庄子之说无用? 庄子是如何反驳惠子的言论的?

---

① 宣颖.南华经解[M].广州:广东人民出版社,2008:4.

② 宣颖.南华经解[M].广州:广东人民出版社,2008:7.

③ 方勇.庄子纂要[M].北京:学苑出版社,2012:102.

④ 陆西星.南华真经副墨[M].北京:中华书局,2010:13.

⑤ 宣颖.南华经解[M].广州:广东人民出版社,2008:2.

第二章　齐 物 论

拓展阅读
齐物：进入
逍遥境界
之门

原文及注释

一

南郭子綦隐机而坐[1]，仰天而嘘[2]，苔焉似丧其耦[3]。颜成子游立侍乎前，曰："何居乎[4]？形固可使如槁木，而心固可使如死灰乎？今之隐机者，非昔之隐机者也。"

子綦曰："偃，不亦善乎，而问之也！今者吾丧我，汝知之乎？女闻人籁而未闻地籁[5]，女闻地籁而未闻天籁夫！"

子游曰："敢问其方。"子綦曰："夫大块噫气[6]，其名为风。是唯无作，作则万窍怒呺，而独不闻之翏翏乎[7]？山林之畏佳[8]，大木百围之窍穴，似鼻，似口，似耳，似枅[9]，似圈，似臼，似洼者，似污者；激者，謞者[10]，叱者[11]，吸

者,叫者,譹者[12],宎者[13],咬者[14],前者唱于而随者唱喁[15],泠风则小和[16],飘风则大和,厉风济则众窍为虚。而独不见之调调、之刀刀乎?"

子游曰:"地籁则众窍是已,人籁则比竹是已,敢问天籁。"子綦曰:"夫吹万不同,而使其自已也,咸其自取,怒者其谁邪!"

【注释】

[1] 南郭子綦(qí):一说为楚昭王庶弟。南郭:城市的南郊。颜成子游:子綦的弟子。隐机:依凭几案。

[2] 嘘:缓慢地吐气。

[3] 荅(tà):丢弃形体的样子。丧:遗忘。耦(ǒu):匹对。

[4] 居(jī):这样。何居乎:为何是这样。

[5] 籁(lài):箫。人籁:人吹箫管之声。

[6] 噫(ài)气:吐气。

[7] 翏翏(liù):大风的声音。

[8] 畏隹(cuī):山势险峻的样子。

[9] 枅(jī):柱子上的横木,这里指横木上的方孔。

[10] 謞(xiào):飞箭之声。

[11] 叱(chì):叱咤之声。

[12] 譹(háo):号哭之声。

[13] 宎(yǎo):风入谷中之声。

[14] 咬(jiāo):哀切之声。

[15] 喁(yú):应和之声。

[16] 泠风:小风。

二

大知闲闲,小知间间[1];大言炎炎,小言詹詹[2]。其寐也魂交[3],其觉也形开[4]。与接为构[5],日以心斗。

【注释】

[1] 闲闲:广博的样子。间间:琐细的样子。

[2] 炎炎:盛气凌人的样子。詹詹:争辩不休的样子。

[3] 魂交:精神交错。

[4] 形开:形体不宁。

[5] 构:交接,交战。

缦者,窖者,密者[1]。小恐惴惴,大恐缦缦[2]。其发若机栝[3],其司是非之谓也;其留如诅盟[4],其守胜之谓也;其杀若秋冬,以言其日消也;其溺之所为之,不可使复之也;其厌也如缄[5],以言其老洫也[6];近死之心,莫使复阳也。喜怒哀乐,虑叹变㦬[7],姚佚启态[8];乐出虚,蒸成菌[9]。日夜相代乎前,而莫知其所萌。已乎,已乎! 旦暮得此,其所由以生乎!

【注释】

[1] 缦(màn)者:心思散漫的人。窖(jiào)者:心机缜密的人。密者:谨慎严密的人。

[2] 惴惴(zhuì):发愁且害怕的样子。缦缦:迷茫失神的样子。

[3] 机栝(guā):弩上发矢的机件。

[4] 诅盟:誓约。

[5] 厌(yā):闭塞,闭藏。缄(jiān):捆东西的绳索。

[6] 老洫(xù):老旧水沟。这里指人到晚年时更加不可救拔。

[7] 㦬(zhé):恐惧。

[8] 姚佚(yì)启态:轻浮放纵,张狂作态。

[9] 乐:音乐。蒸:地气蒸发。菌:菌类。

非彼无我[1],非我无所取。是亦近矣[2],而不知其所为使。若有真宰,而特不得其眹[3]。可行己信,而不见其形,有情而无形。百骸、九窍、六藏,赅而存焉[4],吾谁与为亲? 汝皆说之乎[5]? 其有私焉? 如是皆有为臣妾乎? 其臣妾不足以相治乎? 其递相为君臣乎? 其有真君存焉[6]? 如求得其情与不得,无益损乎其真。一受其成形,不忘以待尽。与物相刃相靡[7],其行尽如驰,而莫之能止,不亦悲乎! 终身役役而不见其成功,苶然疲役而不知其所归[8],可不哀邪! 人谓之不死,奚益! 其形化,其心与之然,可不谓大哀乎? 人之生也,固若是芒乎[9]? 其我独芒,而人亦有不芒者乎?

【注释】

[1] 彼:指上文提到的种种情志。

[2] 是:此。指这种相互依存的关系。

[3] 特:独。眹(zhèn):征兆。

[4] 骸:骨节。六藏:六脏,人的器官。赅(gāi):完备。

[5] 说:通"悦",高兴。

[6] 真君:即真宰,指掌控上述关系　　　[8] 苶(nié)然:疲倦的样子。所
　　　的存在。　　　　　　　　　　　　　　归:精神安息之地。

[7] 靡:摩擦。　　　　　　　　　　　　[9] 芒:昏庸,糊涂。

三

　　夫随其成心而师之[1],谁独且无师乎？奚必知代而心自取者有之[2]？愚者与有焉。未成乎心而有是非,是今日适越而昔至也。是以无有为有。无有为有,虽有神禹,且不能知[3],吾独且奈何哉！

【注释】

[1] 成心:主观偏见,成见。　　　　　　　　有见识。

[2] 奚必:何必。知代:了解事物　　　[3] 不能知:搞不清楚。
　　　发展的更替变化。心自取:心

　　夫言非吹也[1],言者有言,其所言者特未定也[2]。果有言邪？其未尝有言邪？其以为异于鷇音[3],亦有辩乎[4],其无辩乎？道恶乎隐而有真伪[5]？言恶乎隐而有是非？道恶乎往而不存？言恶乎存而不可？道隐于小成[6],言隐于荣华[7]。故有儒墨之是非,以是其所非而非其所是。欲是其所非而非其所是,则莫若以明[8]。

【注释】

[1] 言非吹:言论不同于风吹。这　　　[4] 辩:通"辨",区别。
　　　里指"籁"是无心而吹的,"言"
　　　则是由机心形成的。　　　　　　[5] 道恶(wū)乎隐:大道被什么遮
　　　　　　　　　　　　　　　　　　　蔽了。

[2] 其:抑或。
　　　　　　　　　　　　　　　　　　[6] 小成:细小的局部的成就。

[3] 鷇(kòu)音:雏鸟从卵中孵出时
　　　的叫声。　　　　　　　　　　　　[7] 荣华:浮夸的言论。

　　　　　　　　　　　　　　　　　　[8] 明:空明的心灵。

物无非彼,物无非是[1]。自彼则不见,自知则知之。故曰彼出于是,是亦因彼。彼是方生之说也[2],虽然,方生方死,方死方生;方可方不可,方不可方可;因是因非,因非因是。是以圣人不由[3],而照之于天,亦因是也。是亦彼也,彼亦是也。彼亦一是非,此亦一是非。果且有彼是乎哉?果且无彼是乎哉?彼是莫得其偶[4],谓之道枢[5]。枢始得其环中,以应无穷。是亦一无穷,非亦一无穷也。故曰莫若以明。

【注释】

[1] 是:此,这。

[2] 彼是:彼此。

[3] 不由:不取是非。

[4] 偶:匹偶,对立的一方。

[5] 道枢:道的枢纽,核心。

四

以指喻指之非指,不若以非指喻指之非指也;以马喻马之非马,不若以非马喻马之非马也。天地一指也,万物一马也。

可乎可,不可乎不可。道行之而成,物谓之而然。恶乎然?然于然。恶乎不然?不然于不然。物固有所然,物固有所可。无物不然,无物不可。故为是举莛与楹[1],厉与西施,恢恑憰怪[2],道通为一。其分也,成也;其成也,毁也。凡物无成与毁,复通为一。唯达者知通为一,为是不用而寓诸庸[3]。庸也者,用也;用也者,通也;通也者,得也;适得而几矣[4]。因是已。已而不知其然,谓之道。劳神明为一而不知其同也[5],谓之朝三。何谓朝三?狙公赋芧[6],曰:"朝三而暮四。"众狙皆怒。曰:"然则朝四而暮三。"众狙皆说。名实未亏而喜怒为用,亦因是也。是以圣人和之以是非而休乎天钧[7],是之谓两行[8]。

【注释】

[1] 莛:草茎。楹:屋柱。

[2] 恢恑（guǐ）憰（jué）怪：宏大奇
异。恢：宏大。恑：诡变。憰：
诡诈。怪：奇异。

[3] 为是：因此。不用：不执己见。
庸：众。

[4] 几：近乎，这里指尽得大道。

[5] 神明：心神。

[6] 狙公：养猴的老人。赋芧（xù）：
分发橡子。

[7] 和：混同。休：止。天钧：天
均，自然的均衡。

[8] 两行：指对立的双方各得其所。

　　古之人，其知有所至矣[1]。恶乎至[2]？有以为未始有物者[3]，至矣，尽矣，不可以加矣。其次以为有物矣，而未始有封也[4]。其次以为有封焉，而未始有是非也。是非之彰也[5]，道之所以亏也[6]。道之所以亏，爱之所之成。果且有成与亏乎哉[7]？果且无成与亏乎哉？有成与亏，故昭氏之鼓琴也[8]；无成与亏，故昭氏之不鼓琴也。

【注释】

[1] 知：知识。至：至极。

[2] 恶：何。

[3] 未始有物：指本无万物的原始状态。

[4] 封：疆域、界限。

[5] 彰：显现。

[6] 亏：亏损。

[7] 果：果真。

[8] 昭氏：即下文中的"昭文"。姓
昭、名文，春秋时期鲁国的音乐
家，善鼓琴。

　　昭文之鼓琴也，师旷之枝策也[1]，惠子之据梧也[2]，三子之知几乎，皆其盛者也，故载之末年[3]。唯其好之也，以异于彼，其好之也，欲以明之。彼非所明而明之，故以坚白之昧终[4]。而其子又以文之纶终[5]，终身无成。若是而可谓成乎？虽我亦成也。若是而不可谓成乎？物与我无成也。是故滑疑之耀[6]，圣人之所图也[7]。为是不用而寓诸庸[8]，此之谓以明。

【注释】

[1] 师旷：晋平公时的乐师，妙解音
律。枝策：举杖，这里指用杖敲

打乐器。

[2] 据梧：依靠在梧树上。

[3] 载：从事。末年：晚年。

[4] 坚白：名家公孙龙的一种诡辩理论，公孙龙认为，坚、白不能同时存在于石头中。后人常用坚白论表示诡辩之意。

[5] 文：指昭文。纶：琴瑟之弦，代

指弹琴。

[6] 滑(gǔ)疑之耀：迷惑人心的言行和炫耀的行为。

[7] 图：图谋，这里引申为去除，摒弃。

[8] 寓诸庸：在现实生活中抱道而行。

五

今且有言于此，不知其与是类乎[1]？其与是不类乎？类与不类，相与为类，则与彼无以异矣。虽然，请尝言之[2]。有始也者，有未始有始也者，有未始有夫未始有始也者。有有也者，有无也者，有未始有无也者，有未始有夫未始有无也者。俄而有无矣，而未知有无之果孰有孰无也[3]。今我则已有谓矣[4]，而未知吾所谓之其果有谓乎，其果无谓乎？天下莫大于秋豪之末[5]，而太山为小[6]；莫寿于殇子[7]，而彭祖为夭。天地与我并生，而万物与我为一。既已为一矣，且得有言乎？既已谓之一矣，且得无言乎？一与言为二，二与一为三。自此以往，巧历不能得[8]，而况其凡乎！故自无适有以至于三[9]，而况自有适有乎[10]！无适焉，因是已。

【注释】

[1] 是：指其他辩者的话。

[2] 尝：尝试。

[3] 果：果真。

[4] 谓：说。

[5] 秋豪之末：豪，同"毫"，鸟兽新生的体毛，比喻极微小的东西或极细微的地方。

[6] 太山：泰山。

[7] 殇子：夭折的婴儿。

[8] 巧历：善于计算，这里指善于计数的人。

[9] 适：到，这里引申为推算。

[10] 自有适有：从有到有。

夫道未始有封[1]，言未始有常，为是而有畛也[2]。请言其畛：有左有右，有伦有义[3]，有分有辩[4]，有竞有争，此之谓八德。六合之外，圣人存而不论；六合之内，圣人论而不议。《春秋》经世先王之志[5]，圣人议而不辩。故分也者，有不分也；辩也者，有不辩也。曰：何也？圣人怀之，众人辩之以相示也。故曰：辩也者，有不见也。

夫大道不称，大辩不言，大仁不仁，大廉不嗛[6]，大勇不忮[7]。道昭而不道，言辩而不及，仁常而不成，廉清而不信，勇忮而不成。五者园而几向方矣。故知止其所不知，至矣。孰知不言之辩，不道之道？若有能知，此之谓天府。注焉而不满[8]，酌焉而不竭[9]，而不知其所由来，此之谓葆光。

【注释】

[1] 封：界限。

[2] 为是：为了争论"是"的定义。畛（zhěn）：田间小道，这里引申为界限。

[3] 伦：次序。义：通"仪"，法则。

[4] 辩：辩论。

[5]《春秋》：儒家的经典之一，记录了从鲁隐公元年（前 722 年）到鲁哀公十四年（前 481 年）共二百四十二年的历史。

[6] 大廉不嗛：最有节操的人不会谦逊。嗛（qiān）：通"谦"，谦逊。

[7] 大勇不忮：最勇敢的人不会伤害他人。忮（zhì）：伤害。

[8] 注：注入。

[9] 酌：掏出，取出。

六

故昔者尧问于舜曰："我欲伐宗、脍、胥敖[1]，南面而不释然。其故何也？"舜曰："夫三子者，犹存乎蓬艾之间。若不释然[2]，何哉？昔者十日并出，万物皆照，而况德之进乎日者乎[3]！"

【注释】

[1] 宗、脍、胥敖：三个虚拟的小国之名。	[2] 若：你。
	[3] 进乎：胜过。

　　齧缺问乎王倪曰[1]："子知物之所同是乎？"曰："吾恶乎知之？""子知子之所不知邪？"曰："吾恶乎知之！""然则物无知邪？"曰："吾恶乎知之！虽然，尝试言之。庸诅知吾所谓知之非不知邪？庸诅知吾所谓不知之非知邪[2]？且吾尝试问乎女：民湿寝则腰疾偏死，鳅然乎哉[3]？木处则惴栗恂惧[4]，猿猴然乎哉？三者孰知正处？民食刍豢[5]，麋鹿食荐[6]，蝍蛆甘带[7]，鸱鸦耆鼠[8]，四者孰知正味？猿猵狙以为雌[9]，麋与鹿交，鳅与鱼游。毛嫱丽姬，人之所美也，鱼见之深入，鸟见之高飞，麋鹿见之决骤[10]。四者孰知天下之正色哉？自我观之，仁义之端，是非之途，樊然殽乱[11]，吾恶能知其辩！[12]"

【注释】

[1] 齧(niè)缺、王倪：虚构的人名。	[6] 麋(mí)鹿食荐：麋鹿吃美草。
[2] 庸诅：怎么，哪里。庸：安。诅：何。	[7] 蝍蛆(jí qū)：蜈蚣。
	[8] 鸱(chī)：猫头鹰。
[3] 鳅(qiū)：通"鳅"，泥鳅。	[9] 猵狙(biān jū)：猿猴的一种。
[4] 惴栗恂(zhuì lì xún)惧：极度恐惧的样子。	[10] 决骤：疾驰，这里引申为急速逃跑。
[5] 刍豢(chú huàn)：家畜。刍：食草的家畜。豢：食谷的家畜。	[11] 殽(xiáo)乱：错乱的样子。
	[12] 辩：通"辨"，区分，分别。

　　齧缺曰："子不知利害，则至人固不知利害乎？"王倪曰："至人神矣！大泽焚而不能热[1]，河汉冱而不能寒[2]，疾雷破山、飘风振海而不能惊。若然者，乘云气，骑日月，而游乎四海之外。死生无变于己，而况利害之端乎！"

【注释】

[1] 泽：洼地。	[2] 冱(hù)：河水冻结。

瞿鹊子问乎长梧子曰[1]："吾闻诸夫子，'圣人不从事于务[2]，不就利[3]，不违害[4]，不喜求，不缘道[5]；无谓有谓[6]，有谓无谓，而游乎尘垢之外。'夫子以为孟浪之言[7]，而我以为妙道之行也。吾子以为奚若[8]？"

【注释】

[1] 瞿鹊子、长梧子：虚构的人名。

[2] 务：世俗的事务。

[3] 就利：贪图利益。

[4] 违：躲避。

[5] 不缘道：没有迎合大道的举动。

[6] 谓：说话。

[7] 孟浪之言：不切实际的话。

[8] 吾子：先生。

长梧子曰："是黄帝之所听荧也[1]，而丘也何足以知之？且女亦大早计[2]，见卵而求时夜[3]，见弹而求鸮炙[4]。予尝为女妄言之[5]，女以妄听之。奚旁日月[6]，挟宇宙[7]，为其吻合[8]，置其滑涽[9]，以隶相尊[10]？众人役役，圣人愚芚[11]，参万岁而一成纯[12]。万物尽然，而以是相蕴。

【注释】

[1] 听荧（yíng）：听过之后感到疑惑。

[2] 女：通"汝"，你。大：太。

[3] 时夜：司夜的鸡。

[4] 鸮（xiāo）炙：烧烤鸟肉。鸮是古代对猫头鹰一类鸟的统称。

[5] 姑妄言之：随便说说。

[6] 奚：何不。旁（bàng）：依傍。

[7] 挟：怀抱。

[8] 为其：与万物。

[9] 置：任由。滑（gǔ）涽：纷乱不定。涽：暗。

[10] 隶：卑贱的称谓。

[11] 愚芚（chūn）：浑然无知的样子。

[12] 参：糅合调和。万岁：指古今以来的事物。一成纯：混沌一团。

予恶乎知说生之非惑邪[1]？予恶乎知恶死之非弱丧而不知归者邪[2]！丽之姬[3]，艾封人之子也。晋国之始得之也，涕泣沾襟；及其至于王所，与王同筐床[4]，食刍豢[5]，而后悔其泣也。予恶乎知夫死者不悔其始之蕲生乎[6]！梦饮酒者，旦而哭泣；梦哭泣者，旦而田猎。方其梦也，不知其梦也。梦之中又占其梦焉,觉而后知其梦也。且有大觉而后知此其大梦也[7],而愚者自以为觉,窃窃然知之[8]。君乎,牧乎,固哉[9]!丘也与女,皆梦也;予谓女梦,亦梦也。是其言也,其名为吊诡[10]。万世之后而一遇大圣,知其解者,是旦暮遇之也。

【注释】

[1] 说:通"悦",使……高兴。惑:　　　[6] 蕲(qí):通"祈",祈求。
迷惑。　　　　　　　　　　　　　[7] 大觉:彻底觉悟的人,指圣人。

[2] 弱丧:幼儿迷失在他乡。　　　　　[8] 窃窃然:明察的样子。

[3] 丽之姬:即骊姬,晋献公夫人。　　[9] 牧:臣子。固:固执浅陋。

[4] 筐床:方床。一说正床。　　　　　[10] 吊诡:奇异,怪异的言论。

[5] 刍豢:泛指肉类食品。

既使我与若辩矣[1],若胜我,我不若胜,若果是也,我果非也邪?我胜若,若不吾胜,我果是也,而果非也邪[2]?其或是也,其或非也邪?其俱是也,其俱非也邪?我与若不能相知也,则人固受其黮暗[3],吾谁使正之?使同乎若者正之?既与若同矣,恶能正之?使同乎我者正之?既同乎我矣,恶能正之[4]?使异乎我与若者正之,既异乎我与若矣,恶能正之?使同乎我与若者正之?既同乎我与若矣,恶能正之?然则我与若与人俱不能相知也,而待彼也邪[5]?

【注释】

[1] 若:你。　　　　　　　　　　　　样子。

[2] 而:你。　　　　　　　　　　　[4] 正:评判。

[3] 黮暗(dǎn ān):暗昧不明的　　[5] 彼:指天倪,即自然的均平。

何谓和之以天倪[1]?曰:是不是,然不然。是若果是也,则是之异乎不是也亦无辩[2];然若果然也,则然之异乎不然也亦无辩。化声之相待[3],若其不相待,和之以天倪,因之以曼衍[4],所以穷年也[5]。忘年忘义,振于无竟[6],故寓诸无竟。"

【注释】

[1] 天倪：自然的均平。

[2] 无：不须，用不着。

[3] 化声：与是非纠缠在一起的话。
　　相待：相对待。

[4] 曼衍：优游自得。

[5] 穷年：享尽天年。

[6] 振：振动鼓舞。竟：通"境"，
　　境界。

七

罔两问景曰[1]："曩子行[2]，今子止；曩子坐，今子起；何其无特操与[3]？"
景曰："吾有待而然者邪[4]？吾所待又有待而然者邪？吾待蛇蚹蜩翼邪[5]？
恶识所以然？恶识所以不然？"

【注释】

[1] 罔两：影子的影子。景：通
　　"影"，影子。

[2] 曩（nǎng）：从前。

[3] 特操：独立的意志。

[4] 待：依赖。

[5] 蚹（fù）：蛇腹下代足爬行的横
　　鳞。蜩（tiáo）翼：蝉的翅膀。

八

昔者庄周梦为胡蝶，栩栩然胡
蝶也[1]，自喻适志与！不知周也。
俄然觉，则蘧蘧然周也[2]。不知周
之梦为胡蝶与，胡蝶之梦为周与？
周与胡蝶，则必有分矣。此之谓
物化[3]。

【注释】

[1] 栩栩(xǔ)然：生动活泼的样子。　　[3] 物化：万物浑然同化。

[2] 蘧蘧(qú)然：悠然自得的样子。

 义理诠释

一、齐物论

《齐物论》是《庄子》全书中篇幅最长的一篇，它意在阐释庄子深奥精微的齐物思想，具有高度的抽象性。"齐物论"一词有三种理解方式。第一种解读是"齐物——论"，即齐物之论。《文心雕龙·论说》曰："庄周《齐物》，以论为名。"① 章太炎曰："齐物属读，旧训皆同，王安石、吕惠卿始以物论属读。不悟是篇先说丧我，终明物化，泯绝彼此，排遣是非，非专为统一异论而作也，应从旧读。因物付物，所以为齐，故与许行齐物不同。"② 第二种解读是"齐——物论"，即平齐物论。林希逸曰："物论者，人物之论也，犹言众论也。齐者，一也，欲合众论而为一也。战国之世，学问不同，更相是非，故庄子以为不若是非两忘，而归之自然，此其立名之意也。天籁、地籁、人籁，就声上起譬喻也。"③ 第三种解读是"齐——物、论"，即齐物又齐论。陈鼓应说："《齐物论》篇，主旨是肯定一切人与物的独特意义内容及其价值。齐物论，包括齐、物论(即人物之论平等观)与齐物、论(即申论万物平等观)。"④ 张默生说："本篇不是专讲齐'物'的，也不是专讲齐'物论'的，而是两者都讲。"⑤ 结合本篇内容来看，庄子要齐的对象不仅有物，也有论，片面强调一个方面是不完整的。但是在物和论中当以物为主，物即万物，万物平齐之时，言论亦当在其中。

---

① 刘勰.文心雕龙[M].范文澜,注.北京：人民出版社,2015：327.

② 孟琢.齐物论释疏证[M].上海：上海人民出版社,2019：5-6.

③ 林希逸.庄子鬳斋口义校注[M].周启成,校注.北京：中华书局,1997：13.

④ 陈鼓应.庄子今注今译[M].北京：商务印书馆,2007：41.

⑤ 张默生.庄子新释[M].济南：齐鲁书社,1993：93-94.

相对于所齐的对象，如何去"齐"是更重要的问题。后人对"齐"的理解大相径庭。释德清《庄子内篇注》云："要齐物论，必以忘我为第一义也。"①陈景元《南华真经章句音义》云："夫齐也者，忘物而自齐也。"②他们都把"齐"理解为忘我、忘物，这与正文中的"吾丧我"正好对应，当为正解。近代以来，有学者把齐物理解为平等。章太炎曰："齐物者，一往平等之谈，详其实义，非独等视有情，无所优劣，盖离言说相，离名字相，离心缘相，毕竟平等，乃合《齐物》之义。次即《般若》所云字平等性，语平等性也。"③章太炎把"齐物"理解为平等，并引进佛教"众生平等"的观念解释《齐物论》的主旨。今日有不少学者也持类似观点，一致认定《齐物论》意在申论万物平等之观点。这是对"齐物"的一种误读，笔者曾撰有《"齐物"并非"平等"》④一文对这一问题予以商讨。在笔者看来，平等是一种社会价值，它认定一个社会中的全部成员都应当拥有平等的政治地位和社会地位。现代的自由平等观与庄子的"齐物"精神并不契合。庄子的"齐物"只是一种特殊的精神状态，是一种属于个体精神领域的意念活动，它并不指向每个社会成员的政治地位和社会地位。

二、吾丧我

《齐物论》开篇曰："南郭子綦隐机而坐，仰天而嘘，荅焉似丧其耦。颜成子游立侍乎前，曰：'何居乎？形固可使如槁木，而心固可使如死灰乎？今之隐机者，非昔之隐机者也。'子綦曰：'偃，不亦善乎，而问之也！今者吾丧我，汝知之乎？女闻人籁而未闻地籁，女闻地籁而未闻天籁夫！'"本篇出现了两个关键概念，一个是"吾丧我"，一个是"天籁"。陆西星《南华真经副墨》曰："寻其正眼，开卷数行。先以'丧我'二字为一篇之眼目。继以天籁提上一步说，为眼目中之正眼。"⑤

先说"吾丧我"。郭象《庄子注》曰："吾丧我，我自忘矣。我自忘矣，天下

①　释德清.庄子内篇注[M].上海：华东师范大学出版社，2009：21.
②　方勇.庄子纂要[M].北京：学苑出版社，2012：154.
③　孟琢.齐物论释疏证[M].上海：上海人民出版社，2019：1-2.
④　孙明君."齐物"并非"平等"[J].中华读书报（15版），2020年4月22日.
⑤　陆西星.南华真经副墨[M].北京：中华书局，2010：44.

有何物足识哉！故都忘外内，然后超然俱得。"①郭象以为此处的"丧"等于"忘"，洵为确论。吾忘我，乃是吾与我之间的事，它并不与天下的事与物直接关联，想要齐物，关键在于齐"我"，而不在于齐"万物"、齐"物论"。《孟子·滕文公上》曰："物之不齐，物之情也。"②客观世界中的万物永远不会齐整。即便"吾"完成了"吾丧我"，事物和言论的形态也不会改变。在完成"吾丧我"之前的"我"，是现实的我，是社会的我，是受到了人类文化熏染的我，是一个小我。完成了"吾丧我"之后，"吾"进入了"天籁"境界，这是一个"天地与我并生，万物与我为一"的境界。它是走向齐物的前提。

周拱辰《南华真经影史》云："《齐物》一篇，非齐物也，齐我也。"③"齐物论"这个题目固然已经深入人心，但如果用庄子的原意来衡量，似乎"吾丧我"比"齐物论"更加贴近庄子思想。

三、天籁

"吾丧我"的境界不是一个容易理解的境界。"似丧其耦""形如槁木"是旁观者观察到的表象，"心如死灰乎"是旁观者根据"吾丧我"者形象做出的一种推测，南郭子綦知道子游还不懂得什么才是"吾丧我"的境界，为了给他说明这一境界，子綦不得不采用了人籁、地籁和天籁的比喻。当子綦描绘完"大块噫气"的场景之后，子游曰："地籁则众窍是已，人籁则比竹是已。敢问天籁。"子綦曰："夫吹万不同，而使其自己也，咸其自取，怒者其谁邪！"郭象《庄子注》曰："大块者，无物也。夫噫气者，岂有物哉，气块然而自噫耳！"④成玄英疏曰："夫天者，万物之总名，自然之别称，岂苍苍之谓哉！故夫天籁者，岂别有一物邪？即比竹众窍接乎有生之类是尔。"⑤所谓的天籁，就是既能使众窍怒号，也能使众窍寂静的大块之气，也就是自然本体。从齐物的角度

---

① 郭庆藩.庄子集释[M].王孝鱼,点校.北京：中华书局,2018：46.
② 焦循.孟子正义[M].石家庄：河北人民出版社,1988：234.
③ 方勇.庄子纂要[M].北京：学苑出版社,2012：376.
④ 郭庆藩.庄子集释[M].王孝鱼,点校.北京：中华书局,2018：47.
⑤ 郭庆藩.庄子集释[M].王孝鱼,点校.北京：中华书局,2018：51.

看,天籁就是"吾丧我"之境,地籁就是风吹众窍之声,人籁则是"与接为搆,日以心斗"的现实世界。

四、人籁

"吾丧我"是一个通过忘记人籁从而进入到天籁境界的过程。那么什么是人籁?庄子对此有如下描述:"大知闲闲,小知间间;大言炎炎,小言詹詹。其寐也魂交,其觉也形开,与接为搆,日以心斗。缦者,窖者,密者。小恐惴惴,大恐缦缦。其发若机栝,其司是非之谓也;其留如诅盟,其守胜之谓也;其杀若秋冬,以言其日消也;其溺之所为之,不可使复之也;其厌也如缄,以言其老洫也;近死之心,莫使复阳也。喜怒哀乐,虑叹变慹,姚佚启态;乐出虚,蒸成菌。"宣颖曰:"此节是与地籁节相配文字。'大知''小知'以下,点次物态三十余种,与'众窍怒呺'一段配读之,又一样拉杂崩腾,如万马奔趋,洪涛汹涌。'乐出虚'二句,与'风济''窍虚'一段配读之,又一样希微杳冥,如秋空夜静,四顾悄然,皆天机浩荡之文。"①此处描写了各种各样的人,他们中有缦者、窖者、密者,他们互相争斗,日夜无休,他们的心情或喜或悲,或明或暗,却都已陷入泥潭,无力自拔。对于处在天籁境界的人而言,这一切争斗都是没有意义的。

五、成心

每个处在"与接为搆,日以心斗"的环境中的人都会形成"成心"。《齐物论》曰:"夫随其成心而师之,谁独且无师乎? 奚必知代而心自取者有之? 愚者与有焉。未成乎心而有是非,是今日适越而昔至也。是以无有为有。无有为有,虽有神禹,且不能知,吾独且奈何哉!"郭象《庄子注》曰:"夫心之足以制一身之用者,谓之成心。人自师其成心,则人各自有师矣。人各自有师,故付之而自当。夫以成代不成,非知也,心自得耳。故愚者亦师其成心,未肯用其所谓短而舍其所谓长者也。今日适越,昨日何由至哉? 未成乎心,

---

① 宣颖.南华经解[M].广州:广东人民出版社,2008:13.

是非何由生哉? 明夫是非者,群品之所不能无,故至人两顺之。理无是非,而惑者以为有,此以无有为有也。惑心已成,虽圣人不能解,故付之自若,而不强知也。"①成心就是主观成见。所谓的是非就是由"成心"导致的必然结果。《齐物论》曰:"道隐于小成,言隐于荣华。故有儒墨之是非,以是其所非而非其所是。"要消除成心及成心带来的问题,只能践行"莫若以明"的方法。

六、莫若以明

"以明"是庄子哲学中的一个重要概念,它在《齐物论》中共出现三次。前两次都是以"莫若以明"的形式出现,最后一次则是以"以明"的形式出现。《齐物论》曰:"故有儒墨之是非,以是其所非而非其所是。欲是其所非而非其所是,则莫若以明。"又曰:"彼亦一是非,此亦一是非。果且有彼是乎哉?果且无彼是乎哉? 彼是莫得其偶,谓之道枢。枢始得其环中,以应无穷。是亦一无穷,非亦一无穷也。故曰莫若以明。"又曰:"是故滑疑之耀,圣人之所图也。为是不用而寓诸庸,此之谓以明。"前人对"莫若以明"的解释五花八门。吴根友《庄子〈齐物论〉"莫若以明"合解》说:"如将历史上最为主要的解释加以分类,大体上可以分成两种范式或曰类型:一是偏重从思想发展脉络来解释,可称之为'虚解',其代表人物自郭象到王夫之、方以智等名家,莫不如是;二是从词汇、语言分析出发,然后再参以思想史进行解释,可称之为'实解',代表人物有今人楼宇烈等。"②以对待"以明"的态度区分二说,可知"虚解"是肯定"以明"的,例如林希逸曰:"若欲一定是非,须烛以自然天理。"③"实解"则是否定"以明"的,例如王锺陵先生认为:"'已',止也。'已明'即止其明也。"④

"明"在《老子》中就已是一个重要的概念。《老子》曰:"归根曰静,是谓复命。复命曰常,知常曰明。不知常,妄作凶。"⑤知常,即知道自然常理,自

---

① 郭庆藩.庄子集释[M].王孝鱼,点校.北京:中华书局,2018:60-61.
② 吴根友.庄子《齐物论》"莫若以明"合解[J].哲学研究,2013(05):41.
③ 林希逸.庄子鬳斋口译校注[M].周启成,校注.北京:中华书局,1997:23.
④ 王锺陵.莫若以明——读《庄》札记之四[J].河北师院学报(社会科学版),1996(02):54.
⑤ 王夫之.老子衍[M].北京:中华书局,2009:11.

然常理也就是道。以此类推,"明"就是知晓大道。《老子》曰:"见小曰明,守柔曰强。用其光,复归其明,无遗身殃,是为习常。"①道的名称可大可小,此处的明也就是小道的代名词。在《老子》中,"明"与道关系密切。在《庄子》中,"明"也没有违背道的特性。林希逸把"以明"理解为"自然天理",也就是自然天道之意。儒墨两家"是其所非而非其所是",长久的争论没有结果,此时就需要一个解决的办法,庄子提出的办法是用自然天理来衡量。宣颖解"彼是莫得其偶,谓之道枢。枢始得其环中,以应无穷"曰:"握无穷之妙者,非本明之照乎? 道枢,明始得之。"②宣颖解"是故滑疑之耀,圣人之所图也。为是不用而寓诸庸,此之谓以明"曰:"是故圣人图之,屏其私爱,混诸庸常,乃为了然于未始有物之际也。我所谓以明如此,岂非所明而明之之谓哉。"③"以明"是"吾丧我"之后的境界,也就是齐物的境界。它与"天籁"也有一定的联系。不仅仅是"以明",《齐物论》中"照之于天""道通为一""天钧""天府""葆光""天倪"等概念的含义都是相通的。在《齐物论》中,"吾丧我""莫若以明""照之于天""道通为一""天钧""天府""葆光""天倪"等都属于天籁的一部分;"成心""是非""滑疑之耀""八德""仁义""有待"则属于人籁。

七、古之人其知有所至矣

《齐物论》是这样描述"知"的四重境界的:"古之人,其知有所至矣。恶乎至? 有以为未始有物者,至矣,尽矣,不可以加矣。其次以为有物矣,而未始有封也。其次以为有封焉,而未始有是非也。是非之彰也,道之所以亏也。道之所以亏,爱之所之成。果且有成与亏乎哉? 果且无成与亏乎哉? 有成与亏,故昭氏之鼓琴也;无成与亏,故昭氏之不鼓琴也。"庄子是从古之人开始向今之人一步步推衍的,如果我们倒换顺序,会发现如今的世界"道之所以亏,爱之所之成",人类的偏好、私心导致了道的缺失。这是一个是非盛行的世界;如果提升一个境界,"以为有封焉,而未始有是非也"。就达到

① 王夫之.老子衍[M].北京:中华书局,2009:28.
② 宣颖.南华经解[M].广州:广东人民出版社,2008:16.
③ 宣颖.南华经解[M].广州:广东人民出版社,2008:18.

了一个没有私心的境界；再提升一个境界，"以为有物矣，而未始有封也"。这就是一个没有界限的世界。最高的境界则是"有以为未始有物"，这个境界"至矣，尽矣，不可以加矣"。在一般人的心目中，社会文明是在不断进步中的，但是在庄子看来，古人生活在至德之世，他们才是道德的完人，随着社会的发展，道德境界每况愈下。对于今人而言，如果要进行修炼，也需要从摒弃是非和私念开始，一层一层向上提升，进入到"吾丧我"的境界，游之于物之初。

八、天地与我并生，而万物与我为一

有些人把庄子看作相对主义在古代中国的代表，在他们看来，庄子眼里没有绝对的对与错，没有绝对的是非、贵贱、美丑、善恶之分，只有因立场不同、条件差异而相互对立的哲学学说。这是对庄子思想的误解。《齐物论》曰："天下莫大于秋豪之末，而大山为小；莫寿于殇子，而彭祖为夭。天地与我并生，而万物与我为一。"将秋豪之末与泰山作比较，泰山自然大于秋豪之末；将殇子与彭祖作比较，彭祖寿命自然长于殇子。但是如果用更加细小的东西与秋豪之末比较，用更加短命的生命体与殇子相比，答案就可能是不同的。庄子的观点是，世界上的万事万物都不是绝对的。道生天地，天地生人，人

生在天地之后。万物有别，人异于动物，这是常理。但庄子又说"天地与我并生，而万物与我为一"，这是他身处"吾丧我"的状态中，从"齐物"的角度出发时对生命、对世界的思考。林希逸："天地与我并生于太虚之间，万物与我并生于天地之间，虽草木昆虫，亦与我混然为一矣。"[1]林云铭《庄子因》曰：

---

① 林希逸.庄子鬳斋口译校注［M］.周启成，校注.北京：中华书局，1997：33.

"只见有我，便有天地，是天地与我并生；自天地之视我，与视万物，原无两样，是万物与我为一矣。此数语是《齐物论》本义。"①人与草木昆虫本就浑然为一，因此人应该放弃高高在上的心态，自觉顺应自然规律。

九、尧问于舜

《齐物论》曰："故昔者尧问于舜曰：'我欲伐宗、脍、胥敖，南面而不释然。其故何也？'舜曰：'夫三子者，犹存乎蓬艾之间。若不释然，何哉？昔者十日并出，万物皆照，而况德之进乎日者乎！'"这一段虽短，但论者都很重视。后人对尧的态度有不同的理解。陶崇道《拜环堂庄子印》云："宗、脍、胥敖，定当伐而后尧欲加伐焉。舜谓三子在蓬艾之间，甚浅甚近，以尧之光明，倍于十日，岂不能照？而惟其不欲照，又不忍斯民之在汤火，故不释然。"②陶崇道认为，尧之所以内心不释然，是因为他在为宗、脍、胥敖三地的百姓担忧。郭象《庄子注》则认为："而今欲夺蓬艾之愿而伐使从己，于至道岂弘哉！故不释然神解耳。若乃物畅其性，各安其所安，无远迩幽深，付之自若，皆得其极，则彼无不当，而我无不怡也。"③释德清《庄子内篇注》也说："此言工夫未到，则其心不广不能容物。故虽尧之大圣，亦有所缺。"④认为其中暗藏着对尧的批评。综合《庄子》中对自然的论述判断，应以后说为是。"十日并出，万物皆照"是自然现象，作为人应该效法日月，具有广阔的胸襟。

十、至人神矣，圣人愚芚

《齐物论》引王倪之语曰："至人神矣！大泽焚而不能热，河汉沍而不能寒，疾雷破山、飘风振海而不能惊。若然者，乘云气，骑日月，而游乎四海之外。死生无变于己，而况利害之端乎！"这里的至人和藐姑射之山的神人没有明显区别。《齐物论》载长梧子之语曰："奚旁日月，挟宇宙，为其吻合，置

---

① 林云铭.庄子因[M].张京华,点校.上海：华东师范大学出版社,2011：20.

② 方勇.庄子纂要[M].北京：学苑出版社,2012：309.

③ 郭庆藩.庄子集释[M].王孝鱼,点校.北京：中华书局,2018：86.

④ 释德清.庄子内篇注[M].上海：华东师范大学出版社,2009：48.

其滑涽,以隶相尊。众人役役,圣人愚芚,参万岁而一成纯。万物尽然,而以是相蕴。"这里的圣人与至人一样,都是体道之人,与众人判然有别。至人可以"乘云气,骑日月",圣人也可以"旁日月,挟宇宙"。但在众人眼里,圣人是"愚芚"的,似乎是因为圣人仍生活在世俗世界里,在境界上与至人尚有一定的差异。

在《齐物论》关于至人神人圣人的描述中,"以隶相尊"四字值得特别关注,有人以为它体现了庄子尊重一般人民的观点,具有众生平等的意识。但联系整个句子看,就会发现庄子把观点指向了另一个维度。"置其滑涽,以隶相尊。众人役役,圣人愚芚,参万岁而一成纯",这句是说圣人放下了世俗的是非涽乱,不会在意贵贱之别的观念。在愚芚而至纯的世界里,并没有什么高低贵贱之分。

十一、有待

《齐物论》曰:"罔两问景曰:'曩子行,今子止;曩子坐,今子起;何其无特操与?'景曰:'吾有待而然者邪? 吾所待又有待而然者邪? 吾待蛇蚹蜩翼邪? 恶识所以然! 恶识所以不然!'"罔两是影子的影子,它质问影子"何其无特操与"? 那么它自己有特操吗? 庄子通过"罔两问景"提示我们,当我们质问别人的时候,可能我们自己还不如被质问者。影子回答罔两说,我无法自作主张,我有待于形体,形体也有他所待的东西。处在这个关系链的有待者们都不可能进入逍遥的境界,不可能决定自己的行止。其实每个普通人都是罔两的同类。如果要摆脱有待,只有走向无待一个方法。只有无待的境界才是逍遥的境,才是"吾丧我"的境界。

十二、物化

读者多从文学的角度出发,认为《齐物论》以"庄周梦蝶"的寓言结尾,其实从哲学的角度看,《齐物论》乃是以"物化"的哲学概念结尾:"周与胡蝶,则必有分矣。此之谓物化。"作为一个词组的"物化"在《庄子》中共出现了三次。除了《齐物论》中的叙述外,还有《天道》篇曰:"知天乐者。其生也天行,其死也物化。静而与阴同德,动而与阳同波。"①《刻意》篇曰:"圣人之生也天行,其死也物化;静而与阴同德,动而与阳同波。"②这里两处的"其死也物化",都是指自然生命结束之后形体化为异物,与"庄周梦蝶"中的"物化"完全不同。释德清《庄子内篇注》曰:"物化者,万物化而为一也……万物混化而为一,则了无人我,是非之辩,则物论不齐而自齐也。"③在"庄周梦蝶"中,庄周还是庄周,蝴蝶还是蝴蝶,庄周通过梦与蝶化而为一,"吾丧我"中,南郭子綦通过消解"我"的意识来实现"忘我","庄周梦蝶"中,庄周通过梦来"忘我",两者一主动,一被动,但殊途同归,都达到了物我一体的效果,说明"物化"的境界真实不虚。既然庄子与蝴蝶可以化而为一,世界上的万物之间也就都可以化而为一,物化的世界是一个没有是非差别的世界,是一个万物齐一的世界。郭象《庄子注》曰:"夫时不暂停,而今不遂存。故昨日之梦,于今化矣。死生之变,岂异于此,而劳心于其间哉!方为此则不知彼,梦为胡蝶是也;取之于人,则一生之中,今不知后。丽姬是也。而愚者窃窃然自以为知生之可乐,死之可苦,未闻物化之谓也。"④在庄子的哲学观中,不仅人与物之间可以发生物化,生与死之间也可以发生物化。纠结于生死的人,乃是不懂得物化原理的人。

 艺术探微

《齐物论》意在阐释庄子深奥精微的齐物思想,这样一篇哲学宏文不仅没有与文学绝缘,反而具有独特的艺术魅力。下面不妨从文章结构、写作手法、遣词造句等方面赏析本篇的艺术特色。

一、首尾呼应的结构编排

《齐物论》在艺术结构上最明显的特征是以大笔起、以大笔收。宣颖曰:

---

① 郭庆藩.庄子集释[M].王孝鱼,点校.北京:中华书局,2018:415-416.
② 郭庆藩.庄子集释[M].王孝鱼,点校.北京:中华书局,2018:480.
③ 释德清.庄子内篇注[M].上海:华东师范大学出版社,2009:60.
④ 郭庆藩.庄子集释[M].王孝鱼,点校.北京:中华书局,2018:107.

"所谓以大笔起,以大笔收,物论之在中间,不啻游丝蚊响之度碧落耳,付之不足齐,是高一层齐法。"①徐晓曰:"篇首'吾丧我'这三个字,亦包括一篇大指。……吾丧我,则一切从我起见者,无不一,一则齐矣。"②何如漋曰:"篇首引子綦一段,见立言者,当丧我而任天籁自鸣,是一篇总冒。"③"吾丧我"三字是《齐物论》的大旨,作者在开篇处就把大旨告诉读者,然后再展开具体论述。"吾丧我"中的"我"乃世俗之我、日常之我、是异化了的我。丧失了这样的"我"之后,剩下来的就是"吾","吾"乃齐物忘我,心与道冥的境界。"吾丧我"之前,万物、物论,皆与"我"相对;"吾丧我"之后,万物、物论皆与"吾"交融为一。在文章结尾处,作者讲述了庄周梦蝶的寓言。"庄周梦蝶"与开篇的"吾丧我"遥相呼应,它告诉我们,人应该消解自己的偏执,体悟大道的物化。从本体论的角度看,庄子与蝴蝶是两种生命形态;从道通为一的角度看,这两种存在形态之间可以互相转化。所谓"物化"乃是一种物我交合、物我俱化的状态。物化之后的我,进入了"吾丧我"的境界。作者从南郭子綦的静坐开始展开论述,结尾处回到"吾丧我"的梦境。读懂了《齐物论》的首尾,也就读懂了《齐物论》的大旨。

李光缙曰:"章首即言'吾丧我',篇中千翻万复,不离'丧我'二字。"④行文中时时回应"吾丧我",是《齐物论》艺术结构的又一特征。《齐物论》的第一部分从"南郭子綦隐几而卧"到"此之谓葆光",第二部分从"故昔者尧问于舜"到全文结束。第一部分是论述的主体,第二部分由五则寓言构成,是对主体部分的补充和展开。在这两个部分中,"吾丧我"的光亮一直没有消散,贯穿始终。魏光绪曰:"物论之所以不齐者,皆缘人心构斗,汩其天真。故篇首先言槁木死灰、丧耦丧我而一归之于天籁,天籁即天均、天倪、天府,未始有物之前,众论会归之极致也。"⑤孙嘉淦曰:"汝若得稳天籁,能知天君,自然

---

① 宣颖.南华经解[M].广州:广东人民出版社,2008:24.
② 方勇.庄子纂要[M].北京:学苑出版社,2012:156.
③ 方勇.庄子纂要[M].北京:学苑出版社,2012:161.
④ 方勇.庄子纂要[M].北京:学苑出版社,2012:156.
⑤ 方勇.庄子纂要[M].北京:学苑出版社,2012:156.

休乎天均,止于天府,和以天倪,与物偕化,而丧我矣。"①后文中的"天籁""天均""天府""天倪""照之于天""莫若以明"等无不是对"吾丧我"的回应。

第一部分中,在"吾丧我"之后,南郭子綦讲述了地籁的情形。地籁不齐,只有天籁才齐,天籁乃是道的化身。一个人只有"吾丧我"之后才能体会到天籁。"大知闲闲"至"吾独且奈何"一段,描绘社会现象和人之心态。描述人心的不齐,暗示"成心"下物论之不齐。"与接为构,日以心斗"一段是历代知识分子心态的写真。生活在礼乐文明社会中的士人,彼此之间尔虞我诈,互相算计,精神高度紧张。庄子为他们迷失了"真君""真宰"而悲哀。"一受其成形"一段哀叹悲剧的人生,认为生命充满痛苦与悲哀。在"夫言非吹也"至"故曰莫若以明"一段中,庄子认为一切纷争的根源只在于"成心"。正是"成心"引起了固执、偏见和纷争。面对是非争执,庄子提出了"以明"的解决方法。庄子认为与其纠缠于是非偏见,不如用虚静之心去观照万物。是与非、彼与此、可与不可、然与不然、分与成、成与毁互相依存,互相转化。通过万物的相对性和流变性,庄子提出"照之与天"的方法。儒墨各是其是,其实都是一偏之见。只有"莫若以明""照之于天",超越偏执,以自然为宗,才是唯一正确的态度。在"以指喻指之非指"至"此之谓以明"一段中,庄子提出道通为一的原理,总结是非争辩的本质。庄子主张"和之以是非而休乎天钧",寓道于实际生活当中。在"今且有言于此"至"此之谓葆光"一段中,庄子提出了达到齐物论的前提条件:"天地与我并生,而万物与我为一"。只有"吾丧我"之后才能与万物齐一。

再看第二部分,"昔者尧问于舜"一段中,舜委婉地批评了尧,希望他从狭小的自我中解放出来,加强自己的德行,扩展自己的心胸。"齧缺问乎王倪"一段意在说明事物并没有共同的评判标准,立场不同,是非的标准就不同,所以应该混同是非。唯有至人才能摆脱偏见,进入精神自由之境。"瞿鹊子问乎长梧子"一段中,庄子借长梧子之口否定了世俗的是非观,主张因任自然。圣人超乎世俗之外,观世间如同大梦。欲要齐物,必先忘我。"罔

① 方勇.庄子纂要[M].北京:学苑出版社,2012:172.

两问景"的寓言告诉我们,影子不能决定自己的行为,它的行止只能依赖主体的动静。

李胜芳曰:"'丧我'二字,是一篇血脉,却唤出在起首处,以后再不应,只闲闲点缀个'天'字,如'照之于天''天均''天府''天倪',所谓天者,即非我之谓。以'天'字照'丧我'字,何等妙。"[①]李胜芳所谓的"以后再不应"其实是不确切的,《齐物论》中与"天"相关的字词都在回应"丧我",庄周梦蝶的寓言也与"丧我"遥相呼应。"吾丧我"之旨贯穿全文,"天籁""天君""天均""天府""天倪"皆是"吾丧我"的同义词,"道通为一""莫若以明""照之于天"都是"吾丧我"的另一种说法。

二、以文学"提醒"哲学

《齐物论》艺术上的另一特点是擅长用文学性描写去表现某些哲学概念。但作者并非直接对哲学概念进行文学描写,而是声东击西,采用"提醒法"去表现相应概念。"提醒法"之"提醒"出自宣颖《南华经解》。宣颖曰:"写地籁忽而杂奏,忽而寂收,乃只是风作风济之故。……写天籁,更不须另说,止就地籁上提醒一笔,便陡地豁然。"[②]所谓"提醒法",指的是庄子在说明重要的哲学概念时,通常并不采用逻辑的手法去展开论证,而是对一个寓言展开细致描绘,意在提醒另外一个相关的哲学概念。通观《齐物论》,庄子用"提醒法"展示了不止一个哲学概念。

写"地籁"意在提醒"天籁"。庄子在写"地籁"时采用了文学性的描写手法。"夫大块噫气,其名为风。是唯无作,作则万窍怒呺,而独不闻之翏翏乎?山林之畏佳,大木百围之窍穴,似鼻,似口,似耳,似枅,似圈,似臼,似洼者,似污者;激者,謞者,叱者,吸者,叫者,譹者,宎者,咬者,前者唱于而随者唱喁,泠风则小和,飘风则大和,厉风济则众窍为虚。而独不见之调调、之刀刀乎?"这一段对于地籁的描写可谓一篇风赋,赢得了无数后人喝彩。

---

① 方勇.庄子纂要[M].北京:学苑出版社,2012:373.
② 宣颖.南华经解[M].广州:广东人民出版社,2008:12.

顾如华曰："形容地籁字面,近取诸身,远取诸物,无不陆离光怪,遂为千古文人山水序记资粮。"①林希逸曰:"《庄子》之文好处极多,如此一段,又妙中之妙者……诗是有声画,谓其能写难状之景也。何曾见画得个声出来。自激者至咬者,八字八声。于、喁,又是其相和之声也。天地间无形无影之风,可闻而不可见之声,却就笔端头上画得出。"②陆西星曰:"数句描写窍穴,意态如画"③,"此一段写出风木形声,笔端如画,千古摛文,罕有如其妙者。"④从听觉到视觉,庄子写出了种种不同的风声,对风吹万窍的描写淋漓尽致,但庄子不是为了表现自己的文学功力而去描写地籁的,写地籁就是为了衬托天籁。刘凤苞曰:"子游方问天籁,而子綦不答天籁,仍只就地籁之忽起忽止,提在空中盘旋摩荡,隐隐敲击天籁,却含蓄不露,神妙欲到秋毫巅矣!"⑤由于庄子对天籁的说明惜墨如金,读完这一段,对于什么是天籁,很多读者并没有"陡地豁然",反而感觉天籁更加抽象神秘,难以捉摸。林云铭《庄子因》曰:"呜呼,庄叟当日下笔落想时,原不许此辈轻易读得也,又何怪焉!"⑥正是因为有这一层朦胧的面纱,使庄子哲学增添了迷人的魅力。

写"朝三暮四"意在提醒"劳神明为一"。"狙公赋芧"或"朝三暮四"在本文中指养猴老人玩弄手法欺骗猴子,虽然众猴并没有得到任何额外的好处,却在被欺骗之后兴高采烈。后世常将其当作一个成语使用。庄子虽然主张万物齐一,但是这种齐一绝不是"劳神明为一"。"劳神明为一"并非自然的产物,而是一种自我欺骗。达到这种境界的人,正如听信了养猴老人而兴高采烈的猴子一般,是无知的。

写影子之"有待"意在提醒"无待"。庄子意在通过影子的"有待"去反衬"无待",希望人们不要被物欲所控制。一个人在"吾丧我"之前是"有待"的,在丧我之后方能进入"无待"境界。

① 方勇.庄子纂要[M].北京:学苑出版社,2012:380.
② 方勇.庄子纂要[M].北京:学苑出版社,2012:181.
③ 陆西星.南华真经副墨[M].北京:中华书局,2010:16.
④ 陆西星.南华真经副墨[M].北京:中华书局,2010:16.
⑤ 刘凤苞.南华雪心编[M].北京:中华书局,2013:24.
⑥ 林云铭.庄子因[M].张京华,点校.上海:华东师范大学出版社,2011:29.

写庄周梦蝶意在提醒"物化"。"庄周梦蝶"在后世诗文中反复出现,成为中国古代文人最喜欢的意象之一。根据检索,出现在后世诗词的词语有:庄周梦蝶、庄周化蝶、蝶化庄生、蝴蝶梦、蝶梦、梦蝴蝶、梦蝶、化蝶、蝶化、化蝴蝶、蝴蝶庄周、庄周蝴蝶、蝶与周、蝶为周、周为蝶、漆园蝶、南华蝶、庄蝶、庄生蝶、庄叟蝶、枕蝶、蝶入枕、庄周梦、庄叟梦、庄梦、蘧蘧梦、梦蘧蘧、梦蘧、梦栩栩、栩栩蘧蘧、蘧蘧栩栩、蝶蘧蘧、庄生晓梦等。大家关注的重点都在梦蝶的故事,而庄子本意是用这个故事提醒抽象的哲学概念"物化"。物我具化的状态正是齐物论的表现。

对于某些抽象的哲学概念,庄子不愿直白地加以阐释,通常会通过文学性描写去委婉地予以提醒。这样做的好处是把文学与哲学完美地结合在了一起,遗憾的是,部分读者会因此将重心放在对文辞字句的赏析而非对庄子思想的理解上。

三、变幻巧妙的叙述手法

前人用"森然严整""华瞻高奇""节节凌空""层层放活"等词汇赞美《齐物论》的写作手法。例如,释德清曰:"文章波澜浩瀚,难窥涯际,若能看破主意,则始终一贯,森然严整,无一字剩语,此所谓文章变化之神鬼者也。"[1]周案曰:"华瞻高奇,议论复如万斛珠泉,随地涌出。"[2]刘凤苞曰:"其用笔忽纵忽擒,忽起忽落,节节凌空,层层放活,能使不待齐、不必齐、不可齐、不能齐之意,如珠走盘,如水泻瓶,如砖抛地,乃为发挥尽致也。"[3]《齐物论》三千多言,共分为十余段,段与段之间章法各异,或叙述,或抒情,或议论,如同舟行三峡,各种神峰夹岸而出,神态各异,令人惊叹不已。以下让我们选择若干段落进行赏析。

《齐物论》曰:"大知闲闲,小知间间;大言炎炎,小言詹詹。其寐也魂交,其觉也形开。与接为构,日以心斗。缦者,窖者,密者。小恐惴惴,大恐缦

---

① 释德清.庄子内篇注[M].上海:华东师范大学出版社,2009:59.
② 方勇.庄子纂要[M].北京:学苑出版社,2012:320.
③ 刘凤苞.南华雪心编[M].北京:中华书局,2013:19.

缦。其发若机栝,其司是非之谓也;其留如诅盟,其守胜之谓也;其杀若秋冬,以言其日消也;其溺之所为之,不可使复之也;其厌也如缄,以言其老洫也;近死之心,莫使复阳也。喜怒哀乐,虑叹变慹,姚佚启态;乐出虚,蒸成菌。日夜相代乎前,而莫知其所萌。已乎,已乎!旦暮得此,其所由以生乎!"在现实社会,众人役役,迷失了自我。众人的纷争,构成了百家争鸣的世俗百态,这一切纷争无不源自"成心"。陆西星曰:"此下模写人心许多变态,与上风木形声同一意旨。先以大知小知起,亦自前篇'小知不及大知'上透来。此老构思之精微,与文字之变化,自有别样天巧,非人可及。"①刘凤苞曰:"'大知闲闲'以下,拉杂纷来,势若飘风骤雨,特特与上段文法相配。"②这一段紧接在"地籁"之后,可视为庄子笔下的一篇人赋。它与"地籁"一节文法相似,正好可以进行对比欣赏。

《齐物论》曰:"一受其成形,不忘以待尽。与物相刃相靡,其行尽如驰,而莫之能止,不亦悲乎!终身役役而不见其成功,苶然疲役而不知其所归,可不哀邪!人谓之不死,奚益!其形化,其心与之然,可不谓大哀乎?人之生也,固若是芒乎?其我独芒,而人亦有不芒者乎?"即使放眼整部《庄子》,这一段读起来都让人心酸。宣颖曰:"叠叠为世人寄痛,以深见其可悲。直从明眼慈心,流出一副血泪来也。不见其成功,妙!不知其所归,妙!……怪叹众生汶汶,反借自己为普天一哭。"③人偶然来到这个世间之后,彼此缠斗、身不由己,难以找到安身立命之所。庄子连续发出"不亦悲乎""可不哀邪""可不谓大哀乎"的感喟,一唱三叹,启人深思。在先秦文学中,我们很难再找到类似这样包含哲学思考的生命悲歌。

《齐物论》曰:"夫言非吹也,言者有言,其所言者特未定也。果有言邪?其未尝有言邪?其以为异于鷇音,亦有辩乎,其无辩乎?道恶乎隐而有真伪?言恶乎隐而有是非?道恶乎往而不存?言恶乎存而不可?"庄子在这里连用了七个问句。一个人的言语是不是有价值的?是不是异于鷇音?是不

---

①　陆西星.南华真经副墨[M].北京:中华书局,2010:17.
②　刘凤苞.南华雪心编[M].北京:中华书局,2013:27.
③　宣颖.南华经解[M].广州:广东人民出版社,2008:14.

是反映了道？是不是说清了是非等一切与"以明"违背的言论，都是不可知的。我们不难发现，在《齐物论》中，庄子常常先提出一个判断，然后会分别从正面和反面提出疑问。类似的句子还有："是亦彼也，彼亦是也。彼亦一是非，此亦一是非。果且有彼是乎哉？果且无彼是乎哉？""道之所以亏，爱之所之成。果且有成与亏乎哉？果且无成与亏乎哉？""今且有言于此，不知其与是类乎？其与是不类乎？""今我则已有谓矣，而未知吾所谓之其果有谓乎？其果无谓乎？"宣颖曰："上面若干文，推倒物论者十居二三，连自己齐物论一并推倒者，十居七八。至末忽现身一譬，乃见已原是绝无我相、一丝不挂人。意愈超脱，文愈缥缈。"①庄子擅长采用问句推倒一切物论，甚至会推倒自己的齐物论，意在启发读者自己进行思考，得出自己的结论。

《齐物论》曰："啮缺问乎王倪曰：'子知物之所同是乎？'曰：'吾恶乎知之？'子知子之所不知邪？'曰：'吾恶乎知之！''然则物无知邪？'曰：'吾恶乎知之！虽然，尝试言之。庸讵知吾所谓知之非不知邪？庸讵知吾所谓不知之非知邪？且吾尝试问乎女：民湿寝则腰疾偏死，鳅然乎哉？木处则惴栗恂惧，猿猴然乎哉？三者孰知正处？民食刍豢，麋鹿食荐，蝍蛆甘带，鸱鸦耆鼠，四者孰知正味？猿猵狙以为雌，麋与鹿交，鳅与鱼游。毛嫱丽姬，人之所美也，鱼见之深入，鸟见之高飞，麋鹿见之决骤。四者孰知天下之正色哉？自我观之，仁义之端，是非之途，樊然殽乱，吾恶能知其辩！'"啮缺三次向王倪发问，王倪三次以"吾恶乎知之"应答，意在表明物不可知。当读者以为他坚持不说之时，他又用"尝试言之"说出了自己的见解，他用"正处""正味""正色"来反问啮缺，说明事物没有共同标准。由于论者所站的立场不同，自然会有不同的是非标准。庄子借用王倪之语巧妙否定了社会上广泛流行的儒、墨价值观。

《齐物论》曰："梦饮酒者，旦而哭泣；梦哭泣者，旦而田猎。方其梦也，不知其梦也。梦之中又占其梦焉，觉而后知其梦也。且有大觉而后知此其大梦也，而愚者自以为觉，窃窃然知之。君乎，牧乎，固哉！丘也与女，皆梦也；

---

① 宣颖.南华经解[M].广州：广东人民出版社，2008：24.

予谓女梦,亦梦也。是其言也,其名为吊诡。万世之后而一遇大圣,知其解者,是旦暮遇之也。"这一段文字中,连续出现了十一个"梦"字,说明在梦幻般的人生中,死生如夜旦,忧乐如大梦。庄子通过死生梦觉的不同,试图扫尽一切是非异同之迹,惊醒梦中的众生。

《齐物论》曰:"既使我与若辩矣,若胜我,我不若胜,若果是也,我果非也邪?我胜若,若不吾胜,我果是也,而果非也邪?其或是也,其或非也邪?其俱是也,其俱非也邪?我与若不能相知也,则人固黮暗。吾谁使正之?使同乎若者正之?既与若同矣,恶能正之!使同乎我者正之?既同乎我矣,恶能正之!使异乎我与若者正之?既异乎我与若矣,恶能正之!使同乎我与若者正之?既同乎我与若矣,恶能正之!然则我与若与人俱不能相知也,而待彼也邪?"刘凤苞评曰:"接着说辩之无庸辩,……如珠走盘,如蛇赴壑,文境转变无穷。……含毫邈然,真为文之化境。"①这一段文字连续用了十个问号,充分展现了庄子的论辩艺术。庄子认为是非不明,无法相知,争辩没有任何意义。既然无法辩清是非,不如物我两忘。庄子关于争辩的辩论环环相扣,层层深入,充分论证了争辩的无用性,虽然这里并没有出现论辩的对手,但我们一定也能够想象出庄子让对手张口结舌的情形。

在这些段落中,作者时而深情呐喊,时而追问不休,时而嬉笑怒骂,时而恣意表达,不论是抒情还是叙事、议论,庄子都能够动用不同的艺术手法去展现自己的哲学观点。庄子尤其擅长在对话中展现出高妙的语言艺术。

四、独到的遣词用句

《齐物论》文奇、段奇、句奇、字亦奇。宣颖曰:"极净、极圆、极透、极脱,文之圣也。"②高嵝曰:"《南华》中一气卷舒,阔大奇矫,无逾此者,变化不可方物。"③此论文之奇;陆西星曰:"首尾照应,断而复连,藏头于回顾之中,转意

---

① 刘凤苞.南华雪心编[M].北京:中华书局,2013:62-63.
② 宣颖.南华经解[M].广州:广东人民出版社,2008:12.
③ 方勇.庄子纂要[M].北京:学苑出版社,2012:302.

于立言之外,于平易中突出多少层峦叠嶂,令人应接不暇,奇哉!妙哉!"①林云铭曰:"文之意中出意,言外立言,层层相生,段段回顾,倏而羊肠鸟道,倏而叠嶂重峦。"②此论段之奇;陆西星曰:"此中有如许新奇字法、句法,如奇峰怪石,当作别观。"③此论句法、字法之奇。文之奇、段之奇,前文已经涉及,在此仅就句法、字法之奇再略做说明。

我们先看看前人的点评。对于"前者唱于而随者唱喁,泠风则小和,飘风则大和,厉风济则众窍为虚。而独不见之调调、之刁刁乎?"刘辰翁点评曰:"妙在于喁,一语映带,前后皆活,重出愈奇。调调、刁刁,又画出远景,形容之所不尽也。"④对于"夫言非吹也,言者有言,其所言者特未定也。"刘凤苞点评曰:"'夫言非吹'一提,如万丈游丝,袅于空际,无处生根,却是遥接地籁一段文字,徒醒人籁以归并天籁之中。"⑤对于"其行进如驰。"孙嘉淦点评曰:"五字真可痛悲,抵多少叹老悲秋之诗。"对于"古之人,其知有所至矣。"刘凤苞点评曰:"'古之人',徒提一句,如鹰隼凌空,笔意矫健,用三层脱卸到是非上。"⑥对于"予恶乎知夫死者不悔其始之蕲生乎?"刘凤苞点评曰:"此喻更妙,匪夷所思,生则乐生,死则乐死,境变,故情殊也。"⑦对于"无适焉,因是已。"陶崇道点评曰:"'因是'二字,似沉似浮,时隐时现,令人不可捉摸,如神龙然。"⑧对于"欲是其所非而非其所是,则莫若以明。"刘凤苞点评曰:"'明'字如宝镜悬空,纤微毕照;因字如红炉点雪,融化无痕。前段以'明'字结,此段以'因'字结,妙解圆通,真为上乘慧业。"⑨对于"昭文之鼓琴也,师旷之枝策也,惠子之据梧也,三子之知几乎,皆其盛者也,故载之末年。"刘凤苞点评

---

① 陆西星.南华真经副墨[M].北京:中华书局,2010:45.
② 林云铭.庄子因[M].张京华,点校.上海:华东师范大学出版社,2011:29.
③ 陆西星.南华真经副墨[M].北京:中华书局,2010:18.
④ 方勇.庄子纂要[M].北京:学苑出版社,2012:182.
⑤ 刘凤苞.南华雪心编[M].北京:中华书局,2013:33.
⑥ 刘凤苞.南华雪心编[M].北京:中华书局,2013:43.
⑦ 刘凤苞.南华雪心编[M].北京:中华书局,2013:57.
⑧ 方勇.庄子纂要[M].北京:学苑出版社,2012:308.
⑨ 刘凤苞.南华雪心编[M].北京:中华书局,2013:36.

曰:"随手又添两个,作排比文法,承接超妙入神,奇横无匹。"①对于"今我则已有谓矣,而未知吾所谓之其果有谓乎,其果无谓乎?"刘凤苞点评曰:"总不肯著一实笔,文境在云烟缥缈中迷离隐现,独往独来。"②

《齐物论》中的佳句俯拾皆是。庄子说:"道隐于小成,言隐于荣华。"沾沾自喜的小成割裂了大道,浮华的言辞掩盖了真相。庄子说:"为是不用而寓诸庸。"主张寓道于实际生活中,道体现在实践当中。庄子说"夫随其成心而师之,谁独且无师乎?"一切纷争的根源只在于"成心"。正是"成心"引起了固执偏见和纷争。庄子说:"天地与我并生,而万物与我为一。"只有忘物才能齐物,真正的悟道者能泯灭争辩,混同是非。

《齐物论》的奇句奇字随处可观,它们为全文营造出了画龙点睛的艺术效果。

南华老人神行于万物之上,心游于宇宙之内,咳唾自成珠玉。相较于《齐物论》艺术特征的丰富多彩,前文的描述最多只能算作是走马看花,蜻蜓点水。在以上匆匆一瞥中,我们可以看到《齐物论》在结构方面使用了首尾照应、段段回顾之写作手法;作者擅长用寓言故事提醒哲学观点,从而使该哲学范畴具备文学的形象性;作者常常把叙事、抒情和议论恰到好处地结合起来,形成奇峰突起神态各异的大小段落;同时,也出现了许多让后人叹赏不已的千古名句。

 思考题

1.《庄子》中提到的"齐物"和今天的"平等"是否是同一概念?

2. 为什么说"吾丧我"是《齐物论》的灵魂?

3. 究竟什么是天籁?

4.《逍遥游》与《齐物论》在思想方面存在怎样的关系?

---

① 刘凤苞.南华雪心编[M].北京:中华书局,2013:41-42.
② 刘凤苞.南华雪心编[M].北京:中华书局,2013:47.

第三章　养　生　主

原文及注释

一

　　吾生也有涯，而知也无涯。以有涯随无涯，殆已[1]；已而为知者[2]，殆而已矣。为善无近名，为恶无近刑[3]。缘督以为经[4]，可以保身，可以全生，可以养亲，可以尽年。

【注释】

[1] 殆：危险。

[2] 为：追逐。

[3] 为善无近名，为恶无近刑：做好事不能贪图名声，做坏事不能触犯刑罚。近名：求名。

[4] 缘督：顺应督脉。督：人的脊脉。经：常法。

二

　　庖丁为文惠君解牛，手之所触，肩之所倚，足之所履，膝之所踦，砉然响然[1]，奏刀騞然[2]，莫不中音。合于《桑林》之舞[3]，乃中《经首》之会[4]。文惠君曰："嘻，善哉！技盖至此乎[5]？"

庖丁释刀对曰："臣之所好者道也,进乎技矣。始臣之解牛之时,所见无非全牛者。三年之后,未尝见全牛也。方今之时,臣以神遇而不以目视,官知止而神欲行。依乎天理,批大郤[6],导大窾,因其固然。技经肯綮之未尝[7],而况大軱乎[8]!良庖岁更刀,割也;族庖月更刀,折也。今臣之刀十九年矣,所解数千牛矣,而刀刃若新发于硎[9]。彼节者有间,而刀刃者无厚:以无厚入有间,恢恢乎其于游刃必有余地矣,是以十九年而刀刃若新发于硎。虽然,每至于族[10],吾见其难为,怵然为戒[11],视为止,行为迟,动刀甚微,謋然已解[12],如土委地。提刀而立,为之四顾,为之踌躇满志,善刀而藏之[13]。"文惠君曰:"善哉!吾闻庖丁之言,得养生焉。"

【注释】

[1] 砉(huā)然:皮骨分离的声音。

[2] 騞(huō)然:进刀的声音。

[3] 《桑林》之舞:传说中殷商时期的舞曲。

[4] 《经首》之会:尧乐《咸池》中的乐曲名。会:韵律。

[5] 盖:通"盍",何故。

[6] 批:击。郤(xì):通"隙",缝隙。

[7] 技经肯綮(qìng):指正好切中事物的关键。技:当作"枝",枝脉。肯綮:筋肉相连处。

[8] 大軱(gū):大骨。

[9] 硎(xíng):磨刀石。

[10] 族:交错聚结。

[11] 怵(chù)然:警惕的样子。

[12] 謋(huò)然:散开的样子。

[13] 善:擦拭。

三

公文轩见右师而惊曰[1]:"是何人也,恶乎介也[2]?天与[3],其人与?"曰:"天也,非人也。天之生是使独也,人之貌有与也[4]。以是知其天也,非人也。"

泽雉十步一啄[5],百步一饮,不蕲畜乎樊中[6]。神虽王,不善也[7]。

【注释】

[1] 公文轩：人名。右师：官名。

[2] 介：一足。

[3] 天：上天的惩罚。

[4] 与：赋予。

[5] 泽雉(zhì)：水泽中的野鸡。

[6] 蕲(qí)：求。

[7] 善：自在。

老聃死[1]，秦失吊之[2]，三号而出。弟子曰："非夫子之友邪？"曰："然。""然则吊焉若此，可乎？"曰："然。始也吾以为其人也[3]，而今非也。向吾入而吊焉，有老者哭之，如哭其子；少者哭之，如哭其母。彼其所以会之[4]，必有不蕲言而言，不蕲哭而哭者。是遁天倍情[5]，忘其所受，古者谓之遁天之刑[6]。适来[7]，夫子时也；适去，夫子顺也。安时而处顺，哀乐不能入也，古者谓是帝之县解[8]。"

【注释】

[1] 老聃(dān)：老子。

[2] 秦失(yì)：虚构的人名。

[3] 其：指老子。人：指世俗之人。

  一说弟子。

[4] 会：会合。

[5] 遁：失，逃避。倍：通"背"，违背。

[6] 刑：刑罚。

[7] 适来：正当来世之时。

[8] 县解：解于倒悬。县：通"悬"，

  倒悬。

指穷于为薪[1]，火传也，不知其尽也。

【注释】

[1] 指：通"脂"，油脂。穷：尽，这里指燃尽。

 义理诠释

《养生主》重在阐发庄子的养生思想。王先谦《庄子集解》曰："顺事而不滞于物,冥情而不撄其天,此庄子养生之宗主也。"①庄子认为,养生之道不能为外物所滞,应该忘却情感,"缘督以为经",因任自然。

一、养生主

"养生主"三字有两种解读。第一种是把"养生"连读,即养生之主。郭象《庄子注》曰："夫生以养存,则养生者理之极也。若乃养过其极,以养伤生,非养生之主也。"第二种是把"生主"连读,即养护"生主"。何梦瑶《庄子故》曰："生主,主宰乎生者也。盖生者形,主生者神,即上篇所谓真君也。养生主,非谓养此形,乃养此神也。"②也有人把"生主"视为真宰或主人公。在今天的日常生活中,"养生"已经成为一个热门词汇。不同于世俗的养生说,庄子的养生说有自己的独特价值。胡朴安曰："养生主者,不滞物,不撄天,任自然以养生也。庄子之学与老子异者,在于生死一事。老子求长生,庄子忘死生……后世呼吸吐纳以及服食之类,决非庄子养生之道。"③与世俗的养形不同,庄子重在自然养神;与道教徒追求长生不死不同,庄子只希望尽享天年。

二、吾生也有涯,而知也无涯

《养生主》曰："吾生也有涯,而知也无涯。以有涯随无涯,殆已;已而为知者,殆而已矣。"郭象《庄子注》曰："以有限之性寻无极之知,安得而不困哉!已困于知而不知止,又为知以救之,斯养而伤之者,真大殆也。"④什么是"知"?学者一般理解为"智",但如果说庄子认为不能以有涯之生命追求无

---

① 王先谦.庄子集解[M].北京:中华书局,2019:41.
② 何梦瑶.庄子故[M].桂林:广西师范大学出版社,2019:89.
③ 方勇.庄子纂要[M].北京:学苑出版社,2012:473.
④ 郭庆藩.庄子集释[M].王孝鱼,点校.北京:中华书局,2018:109.

涯的智慧,就容易让人认定庄子的人生态度是消极的。因此也有人把"知"理解为"情识胶扰"。浦起龙《庄子钞》曰:"知者,情识胶扰之谓。"①即不能以有涯的生命去追求情识胶扰,这样似乎就不算消极了。不论消极说是否成立,人类对"知"的追求确实应该有一个限度。宣颖曰:"先说破人生病苦处也。苦在多知,逐知不已。"②完全不追求"知"是消极的,无止境无方法地去追求"知",当然也会对人造成危害。

三、为善无近名,为恶无近刑

善恶两端都不是庄子提倡的养生之道。但为了养生不得不警惕善恶两端的问题。《养生主》曰:"为善无近名,为恶无近刑。"郭象《庄子注》曰:"忘善恶而居中,任万物之自为,闷然与至当为一,故刑名远己而全理在身也。"③林云铭《庄子因》曰:"'为善无近名'三句,是一篇之纲。'善'指德义言,'恶'指势利言,俱就应物上讲。"④刘凤苞曰:"有为善之迹则近名,有为恶之实则近刑,善恶俱泯,两忘而化其道,所谓游于至虚也。"⑤善良是美德,很多学说都强调为人向善。庄子却提醒我们,一定不能为了名去为善,为了名而行善,得到的只是假善;"为恶无近刑"并不是说人可以为小恶,而是提醒人们势利行为可能会在不经意之间发生,特别值得引以为戒。《人间世》曰:"方今之时,仅免刑焉!"这说明在这个非常的时期,统治者的刑罚过于严苛,许多没有恶意的行为可能已经踩到了红线,触犯了刑律。所以人对善恶两端都需要特别警惕。

四、缘督以为经

庄子的养生之道可以归结为"缘督以为经"。郭象《庄子注》曰:"苟得中

① 方勇.庄子纂要[M].北京:学苑出版社,2012:414.
② 宣颖.南华经解[M].广州:广东人民出版社,2008:26.
③ 郭庆藩.庄子集释[M].王孝鱼,点校.北京:中华书局,2018:109.
④ 林云铭.庄子因[M].张京华,点校.上海:华东师范大学出版社,2011:33.
⑤ 刘凤苞.南华雪心编[M].北京:中华书局,2013:69.

而冥度,则事事无不可也。"①宣颖曰:"缘督二字,一篇妙旨。惟循中之所在,自己毫不与力。下文俱发此句。"②"为善无近名,为恶无近刑"是处世的前提,"缘督以为经"才是一篇《养生主》的中心思想。以下的文字,特别是庖丁解牛的寓言,都是围绕"缘督以为经"展开的。

五、可以保身,可以全生,可以养亲,可以尽年

《养生主》曰:"可以保身,可以全生,可以养亲,可以尽年。"刘凤苞曰:"可以保身……,四语揭出养生主功效,累累如贯珠,一切养生家言,无从窥其阃奥。"③这四句说出了养生的功效。鉴于"养亲"是儒家的重要概念,替换成道家的对应概念,应该是"养身"。以上四句中最重要的是"尽年"二字。胡朴安曰:"'尽年'二字,是一篇之主义,亦是庄子一生之大受用处。不及年而死者,固不得谓之尽年,过于年而不死者,亦不得谓之尽年。可见摧伤身体者,非养生之道,而锻炼身体者,亦非养生之道也。"④"过于年而不死"应该依然属于"尽年"之"年"的范畴。这里的"锻炼身体"特指神仙方士的一些修炼方法。在庄子看来,那样的"养生之法"对身体有害无益。

六、庖丁解牛

庖丁解牛的寓言形象地说明了"缘督以为经"的道理。庖丁是文惠君宫中善于解牛的厨师,"手之所触,肩之所倚,足之所履,膝之所踦,砉然响然,奏刀騞然,莫不中音。合于《桑林》之舞,乃中《经首》之会。"文惠君询问他何以习得此等技巧,他回答说:"臣之所好者道也,进乎技矣。始臣之解牛之时,所见无非全牛者。三年之后,未尝见全牛也。方今之时,臣以神遇而不以目视,官知止而神欲行。依乎天理,批大郤,导大窾,因其固然。技经肯綮之未尝,而况大軱乎! 良庖岁更刀,割也;族庖月更刀,折也。今臣之刀十九

---

① 郭庆藩.庄子集释[M].王孝鱼,点校.北京:中华书局,2018:110.

② 宣颖.南华经解[M].广州:广东人民出版社,2008:26.

③ 刘凤苞.南华雪心编[M].北京:中华书局,2013:69.

④ 方勇.庄子纂要[M].北京:学苑出版社,2012:473.

年矣,所解数千牛矣,而刀刃若新发于硎。彼节者有间,而刀刃者无厚:以无厚入有间,恢恢乎其于游刃必有余地矣,是以十九年而刀刃若新发于硎。"郭象《庄子注》曰:"以刀可养,故知生亦可养。"①要讲清如何养生并不是一件易事,于是庄子就借用解牛的故事形象地进行了说明。李胜芳曰:"'以无厚入有间'一语,千古匡时济物之手,脱不得此法门。"②宣颖曰:"养生之妙,止在缘督一句。引庖丁一段,止发明缘督一句。夫中央为督。"③在外行人看来,肯綮比比皆是,大軱纵横其间,解牛之难可想而知。但是庖丁善于用心,找到了牛身上的关节,从而能够游刃有余地解牛。

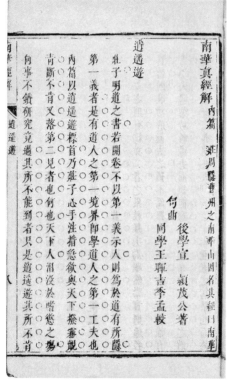
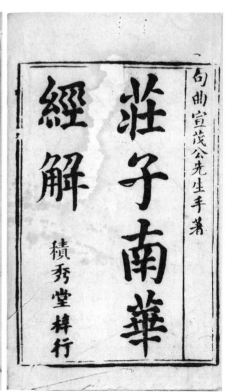

七、公文轩见右师

《养生主》曰:"公文轩见右师而惊曰:'是何人也,恶乎介也? 天与,其人

① 郭庆藩.庄子集释[M].王孝鱼,点校.北京:中华书局,2018:116.
② 方勇.庄子纂要[M].北京:学苑出版社,2012:464.
③ 宣颖.南华经解[M].广州:广东人民出版社,2008:27.

与?'曰:'天也,非人也。天之生是使独也,人之貌有与也。以是知其天也,非人也。'"这个故事涉及了不少问题。首先,"介"是什么意思?郭象《庄子注》曰:"介,偏刖之名。知之所无奈何,天也。犯其所知,人也。偏刖曰独。"认为"介"是一只脚的意思。[1] 陶崇道却不认同,他说:"考'介'字,从无偏刖义。不知郭象何自来?后人反之,又作猤介说,于本文终牵强,通不敢从。"[2]其次,文中的"曰"是公文轩曰还是右师曰?张默生曰:"'曰'字非右师答语,乃公文轩惊疑后的自答。"[3]公文轩的自答,似乎并不能说服读者。最后,右师是天生畸形还是曾经受过刖刑?天生畸形说以陶崇道为代表:"右师在胞胎中,一足便短少。……刖则当为阍,不当为右师矣。故惊而有'天与人与'之问。天之生是使独,言天生出来,使之只独有一足也。"[4]主张受过刖刑说的人也不少,例如孙嘉淦曰:"此讲恶无近刑也。夫人不幸罹罪而刖一足,境亦可谓恶矣。乃恬然自安,谓是天生而非人致之,则所谓不可奈何而安之若命,乃恶无近刑之真诠也。"[5]限于史料,我们目前还难以判断刖者是否不当为右师。但如果右师曾经因作恶而受过刖刑,恰好就可以对应前文的"为恶无近刑"。

八、泽雉

《养生主》曰:"泽雉十步一啄,百步一饮,不蕲畜乎樊中。神虽王,不善也。"郭象《庄子注》曰:"夫俯仰乎天地之间,逍遥乎自得之场,固养生之妙处也。又何求于入笼而服养哉!夫始乎适而未尝不适者,忘适也。雉心神长王,志气盈豫,而自放于清旷之地,忽然不觉善之为善也。"[6]庄子在这里以泽雉比喻士人,揭示了士人的两种选择,一种是进入官僚体系,衣食无忧,养尊处优,但受制于人,也许会受到刖刑之苦;另外一种则是生活在草泽之中,不

---

① 郭庆藩.庄子集释[M].王孝鱼,点校.北京:中华书局,2018:116-117.
② 方勇.庄子纂要[M].北京:学苑出版社,2012:446.
③ 张默生.庄子新释[M].济南:齐鲁书社,1993:139.
④ 方勇.庄子纂要[M].北京:学苑出版社,2012:446.
⑤ 方勇.庄子纂要[M].北京:学苑出版社,2012:446.
⑥ 郭庆藩.庄子集释[M].王孝鱼,点校.北京:中华书局,2018:117-118.

与统治者合作,与自然为伴,精神自由,虽然这种生活方式可能会很艰难困苦,但庄子本人显然更赞同后者。

九、老聃死秦失吊之

《养生主》曰:"老聃死,秦失吊之,三号而出。弟子曰:'非夫子之友邪?'曰:'然。''然则吊焉若此,可乎?'曰:'然。始也吾以为其人也,而今非也。向吾入而吊焉,有老者哭之,如哭其子;少者哭之,如哭其母。彼其所以会之,必有不蕲言而言,不蕲哭而哭者。是遁天倍情,忘其所受,古者谓之遁天之刑。适来,夫子时也;适去,夫子顺也。安时而处顺,哀乐不能入也,古者谓是帝之县解。'"郭象《庄子注》曰:"至人无情,与众号耳,故若斯可也。……今玄通合变之士,无时而不安,无顺而不处,冥然与造化为一,则无往而非我矣,将何得何失,孰死孰生哉! 故任其所受,而哀乐无所错其间矣。以有系者为县,则无系者县解也,县解而性命之情得矣。此养生之要也。"①秦失是庄子虚构的道家高士,他是老聃的朋友。在老子的葬礼上,他仅仅"三号而出",似乎太不认真了,但他却认为"三号而出"足以表达他对逝者的哀悼之情。在他的眼里,老聃是一位"安时而处顺"的高士。如果要用最高标准来衡量,老聃也有他的缺失。林云铭《庄子因》曰:"如老聃之生用其情,死致其哀,似为善而近名矣。"②老聃死后,老者如哭其子,少者如哭其母,说明老聃为善而近名,在情感方面尚没有臻于至善之境。相较之下,秦失的举措才更值得仿效称道。

十、指穷于为薪

"薪火相传"源自《养生主》,其文曰:"指穷于为薪,火传也,不知其尽也。"木柴的燃烧有尽时,火焰的传承则无穷无尽。个体的生命是有限的,人类的精神则绵延不绝。宣颖曰:"神字是此篇之主,却不曾说出,止点火传二

① 郭庆藩.庄子集释[M].王孝鱼,点校.北京:中华书局,2018:119-120.
② 林云铭.庄子因[M].张京华,点校.上海:华东师范大学出版社,2011:34.

字,使人恍然得之。"①养生分为养形和养神两种境界。庄子所追求的不是形体不死,而是精神不灭。孙嘉淦曰:"吾读此而知庄生之高于仙佛也,可谓知死生之说矣。……薪尽火传,乃生死之正理,即此可以证轮回羽化之谬也。故曰庄生高于仙佛也。此段讲可以尽年,而与'吾生有涯'句相呼应也。"②由此可知,庄子思想是一种哲学思想,而不是宗教思想。那些游走于天地之间的至人、神人、圣人,只是作者美妙的文学想象。

艺术探微

　　《养生主》篇幅虽短,艺术特色却甚为鲜明。前人对《养生主》有不同的分段法。或分为三部分,孙嘉淦曰:"通篇文势,前总提,中分讲,后总结,脉络分明,首尾融洽,如纪律之师不敢乱走一步。"③或分为两个部分,刘凤苞曰:"前幅正襟危坐,语必透宗;后幅空灵缥缈,寄托遥深。分之则烟峦起伏,万象在旁;合之则云锦迷离,天衣无缝也。"④他口中的"前幅"即孙嘉淦定义的《养生主》"前总提"部分,"后幅"即孙嘉淦所谓的"中分讲"和"后总结"两个部分。

　　《养生主》曰:"吾生也有涯,而知也无涯。以有涯随无涯,殆已;已而为知者,殆而已矣。为善无近名,为恶无近刑。缘督以为经,可以保身,可以全生,可以养亲,可以尽年。"这是全文的总提部分。刘凤苞曰:"开手即拈'生'字,与'知'字对勘,指出病根。险语破空而来,如繁弦急管凄人心脾;如暮鼓晨钟发人深省。"⑤又评"吾生也有涯,而知也无涯"曰:"二语较'生年不满百,常怀千岁忧'尤为沉痛。"⑥《古诗十九首》中有诗云:"生年不满百,常怀千岁忧。昼短苦夜长,何不秉烛游! 为乐当及时,何能待来兹? 愚者爱惜费,但

---

① 宣颖.南华经解[M].广州:广东人民出版社,2008:28.
② 方勇.庄子纂要[M].北京:学苑出版社,2012:459.
③ 方勇.庄子纂要[M].北京:学苑出版社,2012:459.
④ 刘凤苞.南华雪心编[M].北京:中华书局,2013:68.
⑤ 刘凤苞.南华雪心编[M].北京:中华书局,2013:70.
⑥ 刘凤苞.南华雪心编[M].北京:中华书局,2013:68.

为后世嗤。仙人王子乔,难可与等期。"钟嵘《诗品》誉《古诗十九首》"惊心动魄,可谓几乎一字千金"①。《古诗十九首》是产生于东汉末年的一组五言诗,它们距离庄子生活的时代已经过去了数百年。但在后人眼里,庄子之文较之《古诗十九首》"尤为沉痛"。"缘督以为经"一句是全文的主脑。所谓"缘督以为经"即是顺应事物的中虚之道,顺应自然的变化与发展。刘凤苞评"可以保身,可以全生,可以养亲,可以尽年"曰:"四语揭出养生主功效,累累如贯珠。"②这一段开门见山,写出了全篇的总纲,总结了养生的法则。

第二部分讲述了几个小故事。第一个故事是庖丁解牛。庄子用解牛的过程说明深奥的玄理,是"缘督以为经"的形象化展示。文中写了庖丁的手、肩、足、膝的舞动,其解牛的过程如同一组美妙的音乐。庖丁告诉文惠君,经过了"始臣之解牛之时""三年之后""方今之时"三个不同的阶段后,自己早已达到了"因其固然""依乎天理""游刃有余"的境界。这是《庄子》全书中最精彩的段落之一,后人给予它极高的评价。林仲懿评曰:"何处飞来一幅解牛图,天花乱坠,却是从文惠君眼里写出。"又曰:"发端写他手段神奇,末后写他举止闲适,无欲自得之貌,篇法布置,首尾相映。"③张道绪评曰:"摹写处是子书最高之境,与太史公不同。"④刘凤苞评曰:"起处摹写神情意态,栩栩欲生。'合于桑林'二句,虚空落笔,绘影绘声,尤为入化。……趁手点睛,著墨无多,能使通身灵动,尤为超妙入神也。"⑤顾如华评曰:"庄文善喻,更善随喻点染,如解牛细事耳。就此穷工极态,砉然响然,奏刀騞然,至于中音合舞,论及谍然已解,如土委地。提刀而立光景,一幅天然画图,烟云草木之外,别露神趣。"⑥"庖丁解牛"是一个相对完整的故事,这个故事有首有尾,布局合理。其中写了两个人物,一个是庖丁,一个是文惠君。全篇几乎都是庖丁一个人在表演,在述说,文惠君则是台下唯一的观众。文惠君虽然说话不

① 周振甫.诗品译注[M].北京:中华书局,2004:32.
② 刘凤苞.南华雪心编[M].北京:中华书局,2013:69.
③ 方勇.庄子纂要[M].北京:学苑出版社,2012:428.
④ 方勇.庄子纂要[M].北京:学苑出版社,2012:429.
⑤ 刘凤苞.南华雪心编[M].北京:中华书局,2013:73.
⑥ 方勇.庄子纂要[M].北京:学苑出版社,2012:496.

多,但正是他由衷的赞叹激发了庖丁口若悬河般的演说。最后故事以文惠君"善哉！吾闻庖丁之言,得养生焉"的评语结尾,非常高明地把解牛的故事和本文的主题联系起来。两个人物一主一从,配合起来完成了这个故事。

我们也应注意到,在《庄子》中有若干篇与"庖丁解牛"类似的故事。例如,《庄子·天道》篇曰:"轮扁曰:'臣也以臣之事观之。斫轮,徐则甘而不固,疾则苦而不入,不徐不疾,得之于手而应于心,口不能言,有数存焉于其间。臣不能以喻臣之子,臣之子亦不能受之于臣,是以行年七十而老斫轮。'"①《庄子·达生》篇曰:"仲尼曰:'子巧乎！有道邪?'曰:'我有道也。五六月,累丸二而不坠,则失者锱铢;累三而不坠,则失者十一;累五而不坠,犹掇之也。吾处身也,若厥株拘;吾执臂也,若槁木之枝;虽天地之大,万物之多,而唯蜩翼之知。吾不反不侧,不以万物易蜩之翼,何为而不得!'孔子顾谓弟子曰:'用志不分,乃凝于神！'"②在统治者眼里,庖丁、轮扁、佝偻丈人都是身处社会底层的凡夫俗子,但是在庄子眼里,他们是真正的聪明人,是因技而体道之士。得益于庄子的文笔,他们的形象得以屹立于中国艺术史的长廊中。

第二个小故事是公文轩见右师。《养生主》曰:"公文轩见右师而惊曰:'是何人也,恶乎介也? 天与,其人与?'曰:'天也,非人也。天之生是使独也,人之貌有与也。以是知其天也,非人也。'"公文轩见到一只脚的右师后惊讶地问右师失足的原因在天还是在人。右师则坦然自答:原因在天不在人。独脚的右师与《德充符》中的兀者申徒嘉有诸多相似之处,《德充符》中,申徒嘉曰:"知不可奈何而安之若命,唯有德者能之。游于羿之彀中。中央者,中地也;然而不中者,命也。"右师当年不也是因为游于羿之彀中,才成为一个介者的吗? 至于失足是因为他"为恶而近刑"还是遭到别人的陷害,如今的他已经不再去追究。林仲懿评曰:"似嘲而非嘲,似怜而非怜,层层跌落,笔笔转折,俱是惊字神理。"③似嘲似怜只是观者的态度,对右师而言,不

---

① 郭庆藩.庄子集释[M].王孝鱼,点校.北京:中华书局,2018:439.

② 郭庆藩.庄子集释[M].王孝鱼,点校.北京:中华书局,2018:567-569.

③ 方勇.庄子纂要[M].北京:学苑出版社,2012:443.

过淡然处之,这使他成为一个安时处顺的高人。

第三个小故事的主角是一只泽雉。《养生主》曰:"泽雉十步一啄,百步一饮,不蕲畜乎樊中。神虽王,不善也。"泽中的野鸡"十步一啄,百步一饮",生活艰辛,但它并不想被关在笼子里。胡文英曰:"泽雉十步一啄……,缀此一喻,烟云缥缈。"①林仲懿曰:"就泽雉淡淡著笔,戛然而止,正意在不言之表,耐人含咀,何止橄榄回味。"②作者写的是一只泽雉,读者读到的却是一代代士人。在封建时代,每一个士人都面临着严峻的选择:进入庙堂还是步入林薮?"十步一啄,百步一饮"者,自由散淡,生活困苦;进入樊中者,生活安逸,精神紧张。庄子选择的是"终身不仕,以快吾志焉"③。哪条路有益于养生,不言自明。

第四个故事是老聃之死。胡远濬评曰:"'适来'以下,究极言之,愈纵愈远,不复控勒,文境极迷离不测,可谓妙绝。"④刘凤苞评曰:"庄子洞彻生死之理,遁天、悬解,奇创语未经人道。"⑤老聃死后,他的朋友秦失前来吊唁。在秦失看来,生死本来就像春夏秋冬的运行一样平淡自然,所以他批评吊唁者"遁天倍情",认为这些人并未真正理解老聃,只有"安时而处顺,哀乐不能入",才能领悟道家思想。

第三部分是文章的结尾,只有三句话:"指穷于为薪,火传也,不知其尽也。"宣颖《南华经解》曰:"忽接此三句,如天外三峰,隐跃映现。乍读之,似乎突然,谛玩之,妙不容言。其笔脉自上节飘下,而收全篇之微旨,悠然又奕然。……神字是此篇之主,却不曾说出,止点'火传'二字,使人恍然得之。"⑥刘凤苞曰:"薪火一喻,尤为亲切指点,匪夷所思,若仅付之达观,犹未悉此间语妙也。"⑦结尾以"指穷于为薪"照应开篇"吾生也有涯"。薪是生命,火是精

① 胡文英.庄子独见[M].上海:华东师范大学出版社,2011:20.
② 方勇.庄子纂要[M].北京:学苑出版社,2012:443.
③ 司马迁.史记[M].北京:中华书局,1959:2145..
④ 方勇.庄子纂要[M].北京:学苑出版社,2012:452.
⑤ 刘凤苞.南华雪心编[M].北京:中华书局,2013:79.
⑥ 宣颖.南华经解[M].广州:广东人民出版社,2008:28.
⑦ 刘凤苞.南华雪心编[M].北京:中华书局,2013:79.

神。生命有限,精神无穷。火光出现,照亮了生命,也点燃了智慧。《养生主》全篇就这样在智慧的火光中落幕。

《养生主》有议论,有描写,前后呼应,文法井然。林云铭曰:"文之晰理精确,体物肖似,有呼有应,极方极圆,此《庄》集中所谓布帛菽粟之文,不可一日离者也。"①胡文英曰:"通篇只首段文法略为易明,余则月华霞锦,光灿陆离,几使人玩其文而忘其命意之处。"②在上文的赏读中,不知您是否领略到了它说理透彻精确、描写栩栩如生的艺术特色?

 思考题

1. 如何看待庄子的"尽年"观?
2. 你是怎样理解庄子提出的"缘督以为经"的?
3. 读完"老聃死,秦失吊之"一节后,谈谈你对庄子生死观的看法。

① 林云铭.庄子因[M].张京华,点校.上海:华东师范大学出版社,2011:34.
② 胡文英.庄子独见[M].上海:华东师范大学出版社,2011:21.

第四章 人间世

原文及注释

一

颜回见仲尼[1]，请行[2]。曰："奚之[3]?"曰："将之卫。"曰："奚为焉?"曰："回闻卫君，其年壮，其行独[4]；轻用其国，而不见其过；轻用民死，死者以国量乎泽若蕉[5]。民其无如矣[6]。回尝闻之夫子曰：'治国去之[7]，乱国就之[8]，医门多疾。'愿以所闻思其则[9]，庶几其国有瘳乎[10]!"

【注释】

[1] 颜回：字子渊，鲁国人，孔子弟子。仲尼：孔子，名丘，字仲尼，鲁国人。儒家学派的代表人物。

[2] 请行：向孔子辞别。

[3] 奚之：到哪里去?

[4] 独：独断专行。

[5] 死者以国量乎泽若蕉：城中的人几乎死光了，好像草芥填满了大泽。量：填满。乎：于。蕉：草芥。

[6] 无如：无往，无处可去。

[7] 去：离开。

[8] 就：趋从。

[9] 则：法则。

[10] 瘳(chōu)：病愈。

仲尼曰："谑！若殆往而刑耳[1]！夫道不欲杂，杂则多[2]，多则扰，扰则忧，忧而不救[3]。古之至人，先存诸己而后存诸人[4]。所存于己者未定，何暇至于暴人之所行[5]！

【注释】

[1] 若：你。殆：恐怕。刑：被杀害。

[2] 多：多事。

[3] 不救：不可挽救。

[4] 存诸己：充实自己，保护自己。
存诸人：扶助别人，拯救别人。

[5] 暴人：暴君，此指卫君。行：行为。

且若亦知夫德之所荡而知之所为出乎哉[1]？德荡乎名，知出乎争[2]。名也者，相轧也[3]；知也者，争之器也[4]。二者凶器，非所以尽行也[5]。且德厚信矼[6]，未达人气[7]，名闻不争，未达人心[8]。而强以仁义绳墨之言术暴人之前者[9]，是以人恶有其美也[10]，命之曰菑人[11]。菑人者，人必反菑之，若殆为人菑夫[12]！且苟为悦贤而恶不肖[13]，恶用而求有以异？若唯无诏[14]，王公必将乘人而斗其捷[15]。而目将荧之[16]，而色将平之[17]，口将营之[18]，容将形之[19]，心且成之。是以火救火，以水救水，名之曰益多[20]。顺始无穷，若殆以不信厚言，必死于暴人之前矣！

【注释】

[1] 荡：丧失。

[2] 出：显露。

[3] 轧：倾轧。

[4] 器：工具。

[5] 尽行：指处世。

[6] 信矼(qiāng)：诚信确实。

[7] 未达：不了解。

[8] 人心：这里指卫君的心意。

[9] 绳墨：法度。术：通"述"，陈述。

[10] 有：卖弄。

[11] 菑(zāi)：通"灾"，害。

[12] 为人：被人。

[13] 而：你。

[14] 诏：进谏。

[15] 王公：指卫君。斗其捷：施展他的捷辩。

[16] 荧(yíng)之：炫惑你。

[17] 色：面色。

[18] 营：营救。

[19] 形：呈现。

[20] 益多：使之增多。

且昔者桀杀关龙逢[1]，纣杀王子比干[2]，是皆修其身以下伛拊人之民[3]，以下拂其上者也[4]，故其君因其修以挤之[5]。是好名者也。昔者尧攻丛枝、胥敖[6]，禹攻有扈[7]，国为虚厉[8]，身为刑戮，其用兵不止，其求实无已[9]。是皆求名实者也，而独不闻之乎？名实者，圣人之所不能胜也，而况若乎[10]！虽然，若必有以也[11]，尝以语我来[12]！"

【注释】

[1] 桀：夏桀，夏朝最后一个国君，相传是一名暴君。关龙逢（páng）：夏桀的大臣。

[2] 纣：殷纣王，商朝的最后一个国君，相传是一名暴君。比干：殷纣王的叔父。

[3] 伛拊(yǔ fǔ)：曲身抚爱。

[4] 拂：逆违。

[5] 修：良好的品行。挤：迫害。

[6] 丛枝、胥敖：庄子虚拟的小国。

[7] 有扈(hù)：小国名，在今陕西户县。

[8] 国为虚厉：国家变成废墟，百姓变为厉鬼。虚：同"墟"，废墟。厉：厉鬼。

[9] 实：实利，指土地财物。

[10] 而：你。

[11] 以：办法。

[12] 尝：尝试。来：语气助词。

颜回曰："端而虚[1]，勉而一[2]，则可乎？"曰："恶！恶可！夫以阳为充孔扬[3]，采色不定[4]，常人之所不违[5]，因案人之所感[6]，以求容与其心[7]。名之曰日渐之德不成[8]，而况大德乎！将执而不化[9]，外合而内不訾[10]，其庸诅可乎[11]！"

【注释】

[1] 端而虚：端正而谦虚。

[2] 勉而一：勤勉而专一。

[3] 阳：刚猛之性。充：充满。孔扬：充溢张扬。

[4] 采色：神采气色。

[5] 违：逆违。

[6] 案：压抑。

[7] 容与：自快。

[8] 日渐之德：指小德。

[9] 执：固执。

[10] 訾(zǐ)：资取，采纳。

[11] 庸诅：怎么。

"然则我内直而外曲,成而上比[1]。内直者,与天为徒。与天为徒者,知天子之与己皆天之所子,而独以己言蕲乎而人善之[2],蕲乎而人不善之邪?若然者,人谓之童子[3],是之谓与天为徒。外曲者,与人为之徒也。擎跽曲拳[4],人臣之礼也,人皆为之,吾敢不为邪! 为人之所为者,人亦无疵焉[5],是之谓与人为徒。成而上比者,与古为徒[6]。其言虽教,谪之实也[7]。古之有也,非吾有也。若然者,虽直而不病[8],是之谓与古为徒。若是则可乎?"

【注释】

[1] 成而上比:引用成说而上比于古人。

[2] 而:岂。蕲:期望。而人:别人。善:称善。

[3] 童子:天真纯一的人。

[4] 擎跽(qíng jì):执笏跪拜。曲

拳:鞠躬。

[5] 疵:毛病。

[6] 古:古人。

[7] 谪:指责。

[8] 病:灾害。

仲尼曰:"恶! 恶可! 大多政,法而不谍[1],虽固亦无罪。虽然,止是耳矣,夫胡可以及化[2]! 犹师心者也[3]。"

【注释】

[1] 政法:正人之法。谍:妥当。

[2] 化:感化。

[3] 师心:师从有为之心。

颜回曰:"吾无以进矣,敢问其方。"仲尼曰:"斋,吾将语若[1]! 有心而为之[2],其易邪[3]? 易之者,暤天不宜[4]。"颜回曰:"回之家贫,唯不饮酒不茹荤者数月矣[5]。如此,则可以为斋乎?"曰:"是祭祀之斋,非心斋也。"

【注释】

[1] 斋:斋心。若:你。

[2] 心:诚心。

[3] 其:岂。

[4] 暤(hào)天:自然。不宜:不合适。

[5] 茹荤:吃肉。

回曰："敢问心斋。"仲尼曰："若一志，无听之以耳而听之以心，无听之以心而听之以气[1]！听止于耳[2]，心止于符[3]。气也者，虚而待物者也[4]。唯道集虚，虚者[5]，心斋也。"

【注释】

[1] 气：气息。

[2] 听止于耳：即耳止于听。耳朵只用来听声音。

[3] 符：符合。

[4] 虚：空明。待物：容纳外物。

[5] 虚者：空明的心境。

颜回曰："回之未始得使[1]，实自回也；得使之也，未始有回也；可谓虚乎？"夫子曰："尽矣。吾语若[2]！若能入游其樊而无感其名[3]，入则鸣[4]，不入则止。无门无毒[5]，一宅而寓于不得已[6]，则几矣。绝迹易，无行地难。为人使易以伪，为天使难以伪。闻以有翼飞者矣，未闻以无翼飞者也；闻以有知知者矣，未闻以无知知者也。瞻彼阕者[7]，虚室生白[8]，吉祥止止[9]。夫且不止，是之谓坐驰[10]。夫徇耳目内通而外于心知[11]，鬼神将来舍[12]，而况人乎！是万物之化也，禹、舜之所纽也[13]，伏戏、几蘧之所行终[14]，而况散焉者乎[15]！"

【注释】

[1] 得使：得到教诲。

[2] 若：你。

[3] 樊：藩篱，指卫国的境内。

[4] 入：接纳。

[5] 毒：治疗。

[6] 一宅：安心于一。

[7] 瞻：观看。阕（què）：空，指澄明之心境。

[8] 室：指人心。白：光明。

[9] 吉祥止止：吉祥集于空明的内心。前一个"止"是集中的意思，后一个"止"是代词"之"，指空明的心境。

[10] 坐驰：形体坐着，内心奔驰。

[11] 徇：顺从。

[12] 舍：冥附。

[13] 纽：枢纽。

[14] 伏戏：即伏羲，传说中的三皇之一。几蘧（qú）：传说中的古帝王。

[15] 散焉者：平庸的人。

二

叶公子高将使于齐[1]，问于仲尼曰："王使诸梁也甚重[2]，齐之待使者，盖将甚敬而不急[3]。匹夫犹未可动[4]，而况诸侯乎！吾甚栗之[5]。子常语诸梁也曰[6]：'凡事若小若大，寡不道以欢成[7]。事若不成，则必有人道之患[8]；事若成，则必有阴阳之患。若成若不成而后无患者，唯有德者能之。'吾食也执粗而不臧[9]，爨无欲清之人[10]。今吾朝受命而夕饮冰，我其内热与[11]！吾未至乎事之情[12]，而既有阴阳之患矣；事若不成，必有人道之患。是两也[13]，为人臣者不足以任之，子其有以语我来[14]！"

【注释】

[1] 叶公子高：楚庄王玄孙，姓沈，名诸梁，字子高，封于叶，僭号称公。

[2] 重：重要的使命。

[3] 敬：恭敬。

[4] 动：感化。

[5] 栗：害怕。

[6] 子：您，这里指孔子。

[7] 寡：少。欢成：欢然成功。

[8] 人道：君。

[9] 臧：善。

[10] 爨（cuàn）：烧火做饭。此处指烧火做饭之人。

[11] 我其内热与：我大概得了内热之病吧。

[12] 情：实。

[13] 是两：忧虑结于心，刑罚遭于外。

[14] 来：语气助词。

仲尼曰："天下有大戒二[1]：其一，命也[2]；其一，义也[3]。子之爱亲，命也，不可解于心；臣之事君，义也，无适而非君也[4]，无所逃于天地之间。是之谓大戒。是以夫事其亲者，不择地而安之，孝之至也；夫事其君者，不择事而安之，忠之盛也；自事其心者，哀乐不易施乎前[5]，知其不可奈何而安之若命，德之至也。为人臣、子者，固有所不得已。行事之情而忘其身，何暇至于

悦生而恶死？夫子其行可矣！

【注释】

[1] 大戒：足以为戒的大法。

[2] 命：天性。与"义"相对。

[3] 义：道义。

[4] 适：往。

[5] 易施：改变，转移。

　　丘请复以所闻[1]：凡交，近则必相靡以信[2]，远则必忠之以言，言必或传之[3]。夫传两喜两怒之言，天下之难者也。夫两喜必多溢美之言，两怒必多溢恶之言。凡溢之类妄[4]，妄则其信之也莫[5]，莫则传言者殃。故《法言》曰：'传其常情[6]，无传其溢言，则几乎全[7]。'

【注释】

[1] 复：再。

[2] 交：外交，国与国之间的交往。

　　 近：邻国。靡：顺。信：信用。

[3] 或：有人。

[4] 妄：不真实。

[5] 莫：疑惑。

[6] 常情：真实无妄之言。

[7] 全：免祸全身。

　　且以巧斗力者，始乎阳[1]，常卒乎阴[2]，泰至则多奇巧[3]；以礼饮酒者，始乎治[4]，常卒乎乱，泰至则多奇乐[5]。凡事亦然。始乎谅[6]，常卒乎鄙[7]；其作始也简[8]，其将毕也必巨[9]。

【注释】

[1] 阳：喜。

[2] 阴：怒，阴谋。

[3] 泰至：过甚，甚至。奇巧：

　　 诡诈。

[4] 治：依循规矩。

[5] 奇乐：狂乐狎侮。

［6］谅：诚信。

［7］鄙：欺诈。

［8］简：单纯。

［9］巨：艰难。

　　言者，风波也；行者^[1]，实丧也^[2]。夫风波易以动，实丧易以危。故忿设无由^[3]，巧言偏辞。兽死不择音，气息茀然^[4]，于是并生心厉^[5]。剋核大至^[6]，则必有不肖之心应之^[7]，而不知其然也。苟为不知其然也，孰知其所终！故《法言》曰：‘无迁令，无劝成。过度，益也^[8]。’迁令劝成殆事，美成在久，恶成不及改，可不慎与！且夫乘物以游心，托不得已以养中^[9]，至矣。何作为报也！莫若为致命^[10]。此其难者。”

【注释】

［1］行：传达语言。

［2］实丧：得失。

［3］设：发作。

［4］茀（bó）然：勃然。

［5］心厉：伤人的恶念。

［6］剋（kè）核：苛求。

［7］不肖之心：伤人的恶念。

［8］益：增益。

［9］中：心性。

［10］致命：据实传命。

三

　　颜阖将傅卫灵公大子^[1]，而问于蘧伯玉曰^[2]：“有人于此，其德天杀^[3]。与之为无方^[4]，则危吾国；与之为有方，则危吾身。其知适足以知人之过^[5]，而不知其所以过。若然者，吾奈之何？”

【注释】

［1］颜阖：鲁国的贤人。傅：师傅，这里作动词解，做师傅。大子：太子。

［2］蘧（qú）伯玉：蘧瑗，字伯玉，谥成子。春秋时期卫国大夫。

［3］天杀：天性刻薄凶残。

［4］方：规矩。

［5］过：过失。

蘧伯玉曰："善哉问乎！戒之[1]，慎之，正女身也哉！形莫若就[2]，心莫若和[3]。虽然，之二者有患[4]。就不欲入[5]，和不欲出[6]。形就而入，且为颠为灭[7]，为崩为蹶[8]。心和而出，且为声为名，为妖为孽[9]。彼且为婴儿，亦与之为婴儿；彼且为无町畦[10]，亦与之为无町畦；彼且为无崖[11]，亦与之为无崖。达之，入于无疵[12]。

【注释】

[1] 戒：警戒。

[2] 形莫若就：外表将就顺从的样子。

[3] 和：调和。

[4] 之：此。

[5] 入：苟同。

[6] 出：显己之长。

[7] 为颠为灭：招致堕落毁灭。

[8] 为崩为蹶：招致垮台失败。

[9] 为妖为孽：祸患。

[10] 町畦(tǐng qí)：田界。

[11] 无崖：没有崖岸，可以引申为无拘无束。

[13] 疵：小病。可以引申为过失。

汝不知夫螳螂乎？怒其臂以当车辙[1]，不知其不胜任也，是其才之美者也[2]。戒之，慎之！积伐而美者以犯之[3]，几矣[4]。

【注释】

[1] 怒：奋举。当：抵挡。

[2] 是：自是，自负。

[3] 积：经常。伐：夸耀。而：你。

[4] 几：危殆。

汝不知夫养虎者乎？不敢以生物与之[1]，为其杀之之怒也；不敢以全物与之[2]，为其决之之怒也[3]；时其饥饱[4]，达其怒心[5]。虎之与人异类而媚养己者，顺也；故其杀者，逆也。

【注释】

[1] 生物：活的动物。

[2] 全物：整个动物。

[3] 决：撕裂。

[4] 时：通"伺"，伺候。

[5] 达其怒心：引导它发泄愤怒之心。达：顺导。

　　夫爱马者，以筐盛矢[1]，以蜄盛溺[2]。适有蚊虻仆缘[3]，而拊之不时[4]，则缺衔、毁首、碎胸[5]。意有所至而爱有所亡[6]，可不慎邪！"

【注释】

[1] 矢：马粪。

[2] 蜄（shèn）：海边的贝壳。溺：尿，这里指马尿。

[3] 仆缘：附缘于马体。仆：附。

[4] 拊（fǔ）：拍打。不时：不及时。

[5] 缺衔：咬断马勒口。毁首：挣断辔头。碎胸：损坏胸络。

[6] 亡：忘。

四

　　匠石之齐，至于曲辕，见栎社树[1]。其大蔽数千牛，絜之百围[2]，其高临山，十仞而后有枝，其可以为舟者旁十数。观者如市，匠伯不顾，遂行不辍[3]。弟子厌观之[4]，走及匠石[5]，曰："自吾执斧斤以随夫子，未尝见材如此其美也。先生不肯视，行不辍，何邪？"曰："已矣[6]，勿言之矣！散木[7]也，以为舟则沉，以为棺椁则速腐[8]，以为器则速毁，以为门户则液樠[9]，以为柱则蠹[10]。是不材之木也，无所可用，故能若是之寿。"

【注释】

[1] 栎（lì）社树：长在社中的栎树。社：祭祀土地神的地方。

[2] 絜（xié）：用绳子度量粗细。

[3] 辍（chuò）：停止。

[4] 厌观：饱看。

[5] 及：赶上。

[6] 已：止。

[7] 散木：无用之木。

[8] 棺椁(guǒ)：棺材和外棺，这里泛指棺材。

[9] 液橘(mán)：脂液渗出。

[10] 蠹(dù)：虫蛀。

　　匠石归，栎社见梦曰[1]："女将恶乎比予哉[2]？若将比予于文木邪[3]？夫柤、梨、橘、柚[4]、果、蓏之属[5]，实熟则剥[6]，剥则辱[7]；大枝折，小枝泄[8]。此以其能苦其生者也，故不终其天年而中道夭[9]，自掊击于世俗者也[10]。物莫不若是。且予求无所可用久矣[11]，几死，乃今得之，为予大用。使予也而有用，且得有此大也邪？且也若与予也皆物也，奈何哉其相物也[12]？而几死之散人，又恶知散木！"匠石觉而诊其梦[13]。弟子曰："趣取无用，则为社何邪？"曰："密[14]！若无言！彼亦直寄焉[15]，以为不知己者诟厉也[16]。不为社者，且几有翦乎[17]！且也彼其所保与众异[18]，而以义喻之，不亦远乎！"

【注释】

[1] 见梦：托梦。

[2] 女：汝，你。

[3] 若：你。文木：纹理细密的树木。

[4] 柤(zhā)：同"楂"，山楂。

[5] 蓏(luǒ)：草本植物的果实。

[6] 剥：被敲打。

[7] 辱：被扭折。

[8] 泄(yè)：被牵扯，撕扯。

[9] 夭：夭折。

[10] 掊(pǒu)击：打击；抨击。

[11] 几：将近。

[12] 相物：以散木视我。

[13] 而：你。

[14] 密：不要作声。

[15] 彼：指栎树。

[16] 诟厉：讥议。

[17] 几：岂。翦：砍伐。

[18] 保：保全生命。

五

　　南伯子綦游乎商之丘[1]，见大木焉，有异，结驷千乘[2]，隐将芘其所藾[3]。子綦曰："此何木也哉！此必有异材夫！"仰而视其细枝，则拳曲而不可以为栋梁；俯而视其大根，则轴解而不可以为棺椁[4]；咶[5]其叶，则口烂而为伤；嗅之，则使人狂酲[6]，三日而不已。子綦曰："此果不材之木也，以至于此其大也。嗟乎神人，以此不材！"

【注释】

[1] 南伯子綦：虚拟的人物，或以为是《齐物论》中的南郭子綦。商之丘：商丘，地名，宋国都城。

[2] 驷（sì）：同驾一辆车的四匹马；或套着四匹马的车。

[3] 芘（bì）：通"庇"，遮蔽。藾：树荫。

[4] 轴解：木纹旋散。

[5] 咶（shì）：舔。

[6] 狂酲（chéng）：大醉。

宋有荆氏者[1]，宜楸、柏、桑。其拱把而上者，求狙猴之杙者斩之[2]；三围四围，求高名之丽者斩之[3]；七围八围，贵人富商之家求樿傍者斩之[4]。故未终其天年，而中道之夭于斧斤，此材之患也。故解之以牛之白颡者与豚之亢鼻者[5]，与人之有痔病者不可以适河[6]。此皆巫祝以知之矣[7]，所以为不祥也。此乃神人之所以为大祥也。

【注释】

[1] 荆氏：地名。

[2] 杙（yì）：木桩，可用来拴猴子。

[3] 高名：高大。丽：通"欐"，栋梁。

[4] 樿（shà）：树名，木质坚硬。

[5] 解：禳解，向神祈求解除灾祸。颡（sǎng）：额头。

[6] 适河：投入河中祭祀。

[7] 巫祝：巫师。以知：已经知道。

六

支离疏者[1]，颐隐于脐[2]，肩高于顶，会撮指天[3]，五管在上[4]，两髀为胁[5]。挫针治繲[6]，足以糊口；鼓筴播精[7]，足以食十人[8]。上征武士，则支离攘臂而游于其间[9]；上有大役[10]，则支离以有常疾不受功；上与病者粟[11]，则受三钟与十束薪[12]。夫支离其形者，犹足以养其身，终其天年，又况支离其德者乎！

【注释】

[1] 支离疏：虚构的人名。支离：指形体残破。疏：指智力不全。

[2] 颐隐于脐：面颊隐藏在肚脐下。

[3] 会撮（cuō）：发髻。指天：朝天。

[4] 五管：五脏的穴位。

[5] 髀（bì）：大腿。胁：从腋下到肋骨尽处的部分。

[6] 挫针：缝衣服。治繲（jiè）：洗衣服。繲：脏旧的衣服。

[7] 鼓：簸。笑：小簸箕。播精：播出粗糠获得精米。

[8] 食：赡养。

[9] 攘（rǎng）臂：捋起袖子，露出胳膊。

[10] 役：徭役。

[11] 与：给予。

[12] 钟：六斛四斗。束：捆。

孔子适楚，楚狂接舆游其门曰[1]：
凤兮凤兮，何如德之衰也！
来世不可待，往世不可追也。
天下有道，圣人成焉[2]；
天下无道，圣人生焉[3]。
方今之时，仅免刑焉。
福轻乎羽，莫之知载[4]；
祸重乎地，莫之知避。
已乎已乎，临人以德！
殆乎殆乎，画地而趋[5]！
迷阳迷阳[6]，无伤吾行！
吾行却曲[7]，无伤吾足！

【注释】

[1] 楚狂接舆：楚国隐士陆通，字
接舆。

[2] 成：成就功业。

[3] 生：苟全性命。

[4] 载：承受。

[5] 画地：指自我拘束。

[6] 迷阳：荆棘。

[7] 卻曲：面对曲折的道路就退却。

山木自寇也[1]，膏火自煎也[2]。桂可食[3]，故伐之；漆可用，故割之。人皆知有用之用，而莫知无用之用也。

【注释】

[1] 寇：砍伐。

[2] 膏：油脂。

[3] 桂：肉桂。树皮可调味。

 义理诠释

一、人间世

《人间世》描绘了处世之难，为生命个体开出了自处与处世之方。郭象《庄子注》曰："与人群者，不得离人。然人间之变故，世世异宜，唯无心而不自用者，为能随变所适而不荷其累也。"①庄子认为处世固然艰难，但如果能够做到"无心而不自用"，就能悠游其间。陶浚宣曰："此篇平分为七大段。第一段，颜子之卫，明君子处乱世自全之道，及化人之方，乃圣道大而化之，至妙至神，最高之作用。第二段，叶公子高使齐，明君子适异国处事之宜，与其免祸之道。第三段，颜阖傅卫太子，言处恶人之有道。第四段，匠石之齐，言抱道之士，以无用为用，且明人之有身，不能无所寄之理。第五段，南伯子綦游乎商之丘，益明有用者之为不祥，以证无用之为大用。第六段，支离疏者，又举人以为证。第七段，孔子适楚，接舆一歌，总结《人间世》全篇大

---

① 郭庆藩.庄子集释[M].王孝鱼,点校.北京：中华书局,2018：123.

旨。"①以上七段又可分为两大部分,前三段为《人间世》的第一部分,写处人之方;后四段为《人间世》的第二部分,写自处之道。

二、颜回见仲尼

《人间世》第一段通过记叙颜回见仲尼的故事极写谏君之难。释德清《庄子内篇注》曰:"此一节言涉世之大者,以谏君为第一。……此为人间世之第一件事,故首言之。"②庄子先写卫君的形象:"其年壮,其行独;轻用其国,而不见其过;轻用民死,死者以国量乎泽若蕉。民其无如矣。"此段可与第三段所写卫太子的形象进行对照:"(卫太子)其德天杀。与之为无方,则危吾国;与之为有方,则危吾身。其知适足以知人之过,而不知其所以过。"通过卫君及卫太子的形象,作者告诫士人:你所要面对的统治者,手握生杀大权,暴虐且难以应对。接下来文章就士人应该如何与这样的统治者周旋相处,通过师生对话的形式展开了探讨。

(一)先存诸己而后存诸人

颜回表示愿意本着"治国去之,乱国就之"的处世原则前往卫国。却被孔子警告先要学会保存自己:"古之至人,先存诸己而后存诸人。"如果自己的生命没有保障,那其他的一切行为也就没有意义。怎样才能保存自己呢?第一,不能求名求智。孔子曰:"德荡乎名,知出乎争。名也者,相轧也;知也者,争之器也。二者凶器,非所以尽行也。且德厚信矼,未达人气,名闻不争,未达人心。"第二,不能采用仁义之道。仁义之道无法实现自救。孔子曰:"强以仁义绳墨之言术暴人之前者,是以人恶有其美也,命之曰菑人。菑人者,人必反菑之,若殆为人菑夫!"第三,爱民思想与爱民行为也无法实现自救。孔子曰:"修其身以下伛拊人之民,以下拂其上者也,故其君因其修以挤之。"郭象《庄子注》曰:"不欲令臣有胜君之名也。夫暴君非徒求恣其欲,复乃求名,但所求者非其道耳。惜名贪欲之君,虽复尧禹,不能胜化也,故与

---

① 方勇.庄子纂要[M].北京:学苑出版社,2012:490.

② 释德清.庄子内篇注[M].上海:华东师范大学出版社,2009:74.

众攻之,而汝乃欲空手而往,化之以道哉?"①庄子仿效孔子的口吻告诉世人,求名求智只能引起竞争;儒家的仁义思想和爱民思想于事无补。作者对儒家思想釜底抽薪,进行了一番清算,认为一个人如果想要在官场上生存,就不能沾染迂腐的"仁义"观念。

(二)端而虚,勉而一

随后,颜回向老师提问:"端而虚,勉而一,则可乎?"孔子曰:"恶!恶可!夫以阳为充孔扬,采色不定,常人之所不违,因案人之所感,以求容与其心。名之曰日渐之德不成,而况大德乎!将执而不化,外合而内不訾,其庸讵可乎!"郭象《庄子注》曰:"言卫君亢阳之性充张于内而甚扬于外,强御之至也。喜怒无常。莫之敢逆。"②颜回能够做到"端而虚,勉而一",已经难能可贵了。但因为颜回面对的不是正常人,而是性情乖张的暴君,暴君往往"外合而内不訾",所以常人的德行无法感化他。

(三)内直而外曲,成而上比

颜回继续提问:"然则我内直而外曲,成而上比。内直者,与天为徒。与天为徒者,知天子之与己皆天之所子,而独以己言蕲乎而人善之,蕲乎而人不善之邪?若然者,人谓之童子,是之谓与天为徒。外曲者,与人之为徒也。擎跽曲拳,人臣之礼也,人皆为之,吾敢不为邪!为人之所为者,人亦无疵焉,是之谓与人为徒。成而上比者,与古为徒。其言虽教,谪之实也。古之有也,非吾有也。若然者,虽直而不病,是之谓与古为徒。若是则可乎?"郭象《庄子注》曰:"颜回更说此三条也。物无贵贱,得生一也。故善与不善,付之公当耳,一无所求于人也。依乎天理,推己信命,若婴儿之直往也。外形委曲,随人事之所当为者也。成于今而比于古也。虽是常教,实有讽责之旨。寄直于古,故无以病我也。"③颜回吸取了之前对话的教训,把自己的处世哲学归结为"内直而外曲,成而上比",表面上看已经初步具有理论体系。单从保身的角度看,颜回基本上已经可以在卫国活动了,但他还是有成心,

① 郭庆藩.庄子集释[M].王孝鱼,点校.北京:中华书局,2018:131-132.
② 郭庆藩.庄子集释[M].王孝鱼,点校.北京:中华书局,2018:132-133.
③ 郭庆藩.庄子集释[M].王孝鱼,点校.北京:中华书局,2018:134-135.

故孔子回答说："恶！恶可！大多政法而不谍，虽固亦无罪。虽然，止是耳矣，夫胡可以及化！犹师心者也。"郭象《庄子注》曰："当理无二，而张三条以政之，与事不冥也。虽未弘大，亦且不见咎责。罪则无矣，化则未也。挟三术以适彼，非无心而付之天下也。"①说明颜回距离引导国君走上正途还有很遥远的路。

（四）心斋

"心斋"是庄子思想中的一个重要概念，在《庄子》中却是借儒家圣人孔子之口提出的。《人间世》曰：

> 颜回曰："吾无以进矣，敢问其方。"仲尼曰："斋，吾将语若！有心而为之，其易邪？易之者，暤天不宜。"颜回曰："回之家贫，唯不饮酒不茹荤者数月矣。如此，则可以为斋乎？"曰："是祭祀之斋，非心斋也。"回曰："敢问心斋。"仲尼曰："若一志，无听之以耳而听之以心，无听之以心而听之以气！听止于耳，心止于符。气也者，虚而待物者也。唯道集虚，虚者，心斋也。"

郭象《庄子注》曰："遗耳目，去心意，而符气性之自得，此虚以待物者也。虚其心则至道集于怀也。"②林希逸曰："听以耳则止于耳，而不入于心；听以心，则外物必有与我相符合者……便是物我对立也；虚者，道之所在。故曰唯道集虚，即此虚字，便是心斋。"③李大防曰："篇中'唯道集虚'一语，是全篇之纲领，亦《庄子》全书之纲领。"④本篇的"心斋"和《大宗师》中的"坐忘"一样，指的是物我两忘，是体验与道冥合境界的路径。在提出"心斋"概念之后，庄子又通过描写颜回的体验，证明心斋的妙处。《人间世》曰："颜回曰：'回之未始得使，实自回也；得使之也，未始有回也；可谓虚乎？'夫子曰：'尽

① 郭庆藩.庄子集释[M].王孝鱼,点校.北京：中华书局,2018：135.
② 郭庆藩.庄子集释[M].王孝鱼,点校.北京：中华书局,2018：138.
③ 林希逸.庄子鬳斋口译校注[M].周启成,校注.北京：中华书局,1997：63
④ 方勇.庄子纂要[M].北京：学苑出版社,2012：491.

矣。吾语若! 若能入游其樊而无感其名,入则鸣,不入则止。无门无毒,一宅而寓于不得已,则几矣。'"郭象《庄子注》曰:"既得心斋之使,则无其身。放心自得之场,当于实而止。"①最后,孔子又对"心斋"之法进行了总结:"绝迹易,无行地难。为人使易以伪,为天使难以伪。闻以有翼飞者矣,未闻以无翼飞者也;闻以有知知者矣,未闻以无知知者也。瞻彼阕者,虚室生白,吉祥止止。夫且不止,是之谓坐驰。夫徇耳目内通而外于心知,鬼神将来舍,而况人乎! 是万物之化也,禹、舜之所纽也,伏戏、几蘧之所行终,而况散焉者乎!"郭象《庄子注》曰:"夫视有若无,虚室者也。虚室而纯白独生矣。夫吉祥之所集者,至虚至静也。若夫不止于当,不会于极,此为以应坐之日而驰骛不息也。故外敌未至而内已困矣,岂能化物哉!"②宣颖曰:"此却无地而行,无翼而飞,无知而知,如此言虚,直是入无间,运无方,岂非人间世之第一义!"③"虚室生白,吉祥止止"不仅是个人的体验,而且会对他人产生神奇的影响。

通过颜回向孔子请行一节,庄子把儒家思想改造成道家思想,把有为哲学改造成无为思想,把有心改造为无心,从而告诉世人,儒家思想无法助人处世,要在人间世立足,还要依靠道家的无为思想。

三、叶公子高将使于齐

第二段谈的是外交工作。释德清《庄子内篇注》曰:"此一节言使命之难,以两家之利害皆在一己担当。……此一节言应世之难者,无愈使命。"④叶公子高引用孔子之语曰:"事若不成,则必有人道之患;事若成,则必有阴阳之患。若成若不成而后无患者,唯有德者能之。"李腾芳曰:"夫子告以人臣事君之道,不得择夷而避难,事有利害,只得安命。受命之日,便须忘却此身,何暇悦生恶死! 此天地间至正至当之理,圣人教人以忠孝之格言也。"⑤

① 郭庆藩.庄子集释[M].王孝鱼,点校.北京:中华书局,2018:138.
② 郭庆藩.庄子集释[M].王孝鱼,点校.北京:中华书局,2018:140.
③ 宣颖.南华经解[M].广州:广东人民出版社,2008:33.
④ 释德清.庄子内篇注[M].上海:华东师范大学出版社,2009:83-86.
⑤ 方勇.庄子纂要[M].北京:学苑出版社,2012:548.

叶公子高将使于齐，"齐之待使者，盖将甚敬而不急。"诸侯国对待使者表面上甚为恭敬，其实内心并不把使者当回事。这一句写活了当时的外交环境，两个国家之间争斗，苦的是外交官本人。叶公子高曰："今吾朝受命而夕饮冰，我其内热与？吾未至乎事之情，而既有阴阳之患矣；事若不成，必有人道之患。是两也，为人臣者不足以任之，子其有以语我来！"郭象《庄子注》曰："所馔俭薄而内热饮冰者，诚忧事之难，非美食之为也。事未成则唯恐不成耳。若果不成，则恐惧结于内而刑网罗于外也。"①外交活动若不能成功，外交官就会同时遭受来自内外的压力。

仲尼曰："天下有大戒二：其一，命也；其一，义也。子之爱亲，命也，不可解于心；臣之事君，义也，无适而非君也，无所逃于天地之间。是之谓大戒。是以夫事其亲者，不择地而安之，孝之至也；夫事其君者，不择事而安之，忠之盛也；自事其心者，哀乐不易施乎前，知其不可奈何而安之若命，德之至也。为人臣、子者，固有所不得已。行事之情而忘其身，何暇至于悦生而恶死？夫子其行可矣！"郭象《庄子注》曰："自然结固，不可解也。千人聚，不以一人为主，不乱则散。故多贤不可以多君，无贤不可以无君，此天人之道，必至之宜。若君可逃而亲可解，则不足戒也。"②林云铭曰："'不得已'三字，是全段关键，根上'不可解''无所逃'来，言只当尽人道，不必复计阴阳也。"③面对外交官的难题，其实庄子笔下的孔子也没有更好的办法，只能劝他们勉力而为。

孔子再次叮嘱说："丘请复以所闻：凡交，近则必相靡以信，远则必忠之以言，言必或传之。夫传两喜两怒之言，天下之难者也。夫两喜必多溢美之言，两怒必多溢恶之言。凡溢之类妄，妄则其信之也莫，莫则传言者殃。故《法言》曰：'传其常情，无传其溢言，则几乎全。'"郭象《庄子注》曰："喜怒之言常过其当也。嫌非彼言，似传者妄作。莫然疑之也。就传过言，似于诞妄。受者有疑，则传言者横以轻重为罪也。虽闻临时之过言而勿传也，必称

---

① 郭庆藩.庄子集释[M].王孝鱼，点校.北京：中华书局，2018：143.
② 郭庆藩.庄子集释[M].王孝鱼，点校.北京：中华书局，2018：144.
③ 林云铭.庄子因[M].张京华，点校.上海：华东师范大学出版社，2011：42.

其常情而要其诚致,则近于全也。"①孔子说了很多话,给人以夫子谆谆教导的印象,其核心思想可用"传其常情"四个字来概括。这也是庄子所倡导的任之自然思想的延伸。

《人间世》曰:"且以巧斗力者,始乎阳,常卒乎阴,泰至则多奇巧;以礼饮酒者,始乎治,常卒乎乱,泰至则多奇乐。凡事亦然。始乎谅,常卒乎鄙;其作始也简,其将毕也必巨。……故《法言》曰:'无迁令,无劝成,过度益也。'迁令劝成殆事,美成在久,恶成不及改,可不慎与!"郭象《庄子注》曰:"故大人荡然放物于自得之场,不苦人之能,不竭人之欢,故四海之交可全矣。苟不自觉,安能知祸福之所齐诣也!传彼实也。任其自成,益则非任实者。此事之危殆者。"②在前面论述的基础之上,庄子进一步提出"无迁令,无劝成",其实还是"传其常情"观点的延伸。

《人间世》曰:"且夫乘物以游心,托不得已以养中,至矣。何作为报也!莫若为致命。此其难者。"郭象《庄子注》曰:"寄物以为意也。……直为致命最易,而以喜怒施心,故难也。"③藏云山房主人曰:"天道者,养中致命之事也,故曰此其难者。"④本段结句以"乘物以游心,托不得已以养中"这一庄子处世思想的核心思想,将论述再一次拉回了主旋律。"养中"正是《养生主》中的"缘督以为经"。

四、颜阖将傅卫灵公大子

(一) 形莫若就,心莫若和

第三段写颜阖即将担任卫灵公太子之师,他向蘧伯玉表达了自己的担忧:面对一个"其德天杀"之人,如何与他相处。在危吾国和危吾身之间,人应该如何抉择。蘧伯玉曰:"善哉问乎!戒之,慎之,正汝身也哉!形莫若就,心莫若和。虽然,之二者有患。就不欲入,和不欲出。形就而入,且为颠

① 郭庆藩.庄子集释[M].王孝鱼,点校.北京:中华书局,2018:146.
② 郭庆藩.庄子集释[M].王孝鱼,点校.北京:中华书局,2018:149-150.
③ 郭庆藩.庄子集释[M].王孝鱼,点校.北京:中华书局,2018:150-151.
④ 方勇.庄子纂要[M].北京:学苑出版社,2012:563.

为灭，为崩为蹶。心和而出，且为声为名，为妖为孽。彼且为婴儿，亦与之为婴儿；彼且为无町畦，亦与之为无町畦；彼且为无崖，亦与之为无崖。达之，入于无疵。"郭象《庄子注》曰："形不乖迕，和而不同。就者形顺，入者遂与同。……故当闷然若晦，玄同光尘，然后不可得而亲，不可得而疏，不可得而利，不可得而害。不小立圭角以逆其鳞也。"李腾芳曰："'形莫若就，心莫若和'二句，是关键。形不宜逆而宜就，以顺相从可也。心不宜同而宜和，以义相济可也。"①庄子提供的答案是"形莫若就，心莫若和"，并且要求士人慢慢引导对方，让对方在不知不觉中"入于无疵"。

（二）螳螂、养虎、爱马三喻

《人间世》曰："汝不知夫螳螂乎？怒其臂以当车辙，不知其不胜任也，是其才之美者也。戒之，慎之！积伐而美者以犯之，几矣。汝不知夫养虎者乎？不敢以生物与之，为其杀之之怒也；不敢以全物与之，为其决之之怒也；时其饥饱，达其怒心。虎之与人异类而媚养己者，顺也；故其杀者，逆也。夫爱马者，以筐盛矢，以蜄盛溺。适有蚊虻仆缘，而拊之不时，则缺衔、毁首、碎胸。意有所至而爱有所亡，可不慎邪！"郭象《庄子注》曰："故当世接物，逆顺之际，不可不慎也。"②高嵣曰："连设三喻。螳螂一喻，反譬，言用己则致祸；养虎一喻，正譬，顺之则受福。爱马一喻，又用反掉，言惊之则必暴。括尽无方有方之妙用。"③螳螂一喻，立足于士人，警告士人不能恃才自傲；养虎一喻，教导士人如何与统治者相处；爱马一喻，提醒士人好心之举不一定有好结果。

五、匠石之齐

第四段写匠石遇栎社之事。郭象《庄子注》曰："凡可用之木为文木。物皆以自用伤。数有睥睨己者，唯今匠石明之耳。积无用乃为济生之大用。若有用，久见伐。以戏匠石。……社自来寄耳，非此木求之为社也。言此木

---

① 方勇.庄子纂要[M].北京：学苑出版社，2012：573.
② 郭庆藩.庄子集释[M].王孝鱼，点校.北京：中华书局，2018：156.
③ 方勇.庄子纂要[M].北京：学苑出版社，2012：579.

乃以社为不知己而见辱病者也,岂荣之哉! 本自以无用为用,则虽不为社,亦终不近于翦伐之害。彼以无保为保,而众以有保为保。利人长物,禁民为非,社之义也。"①陶崇道曰:"不用于人间世则隐矣,然隐亦不能离人间世。有隐于市朝者,有隐于山林者,有天与之隐而不得不隐者,有天与之隐而不自甘于隐者。此四种,亦各各不同。隐于市朝,如栎社之木是也。……社则人莫敢伐,故托焉。老子不隐于柱下乎? 庄子不隐于漆园乎? 即栎社之意也,非无谓也。"②庄子用寓言的形式写活了栎社树,栎社树好似人间的高士,有人的思想,有人的思考。栎树以社为寄,成为社树,让人想到庄子为了生存,不得不以漆园吏为寄的现实。

六、南伯子綦游乎商之丘

(一) 不材之木

第五段写南伯子綦遇大树之事。《人间世》曰:"南伯子綦游乎商之丘,见大木焉有异,结驷千乘,隐将芘其所藾。子綦曰:'此何木也哉! 此必有异材夫!'仰而视其细枝,则拳曲而不可以为栋梁;俯而视其大根,则轴解而不可以为棺椁;咶其叶,则口烂而为伤;嗅之,则使人狂酲,三日而不已。子綦曰:'此果不材之木也,以至于此其大也。嗟乎神人,以此不材!'"郭象《庄子注》曰:"夫王不材于百官,故百官御其事,而明者为之视,聪者为之听,知者为之谋,勇者为之扞。夫何为哉? 玄默而已。而群材不失其当,则不材乃材之所至赖也。故天下乐推而不厌,乘万物而无害也。"③有人说此文中的南伯子綦就是《齐物论》中的南郭子綦,不论此说是否成立,都能看出南伯子綦是体道之士。南伯子綦路遇不材之木,赞叹它的不材其实就是在大道的视角下强调不才之才乃是大才。

(二) 有材之患

《人间世》曰:"宋有荆氏者,宜楸、柏、桑。其拱把而上者,求狙猴之杙者

---

① 郭庆藩.庄子集释[M].王孝鱼,点校.北京:中华书局,2018:159-161.
② 方勇.庄子纂要[M].北京:学苑出版社,2012:592.
③ 郭庆藩.庄子集释[M].王孝鱼,点校.北京:中华书局,2018:163.

斩之;三围四围,求高名之丽者斩之;七围八围,贵人富商之家求樿傍者斩之。故未终其天年,而中道之夭于斧斤,此材之患也。故解之以牛之白颡者与豚之亢鼻者,与人之有痔病者不可以适河。此皆巫祝以知之矣,所以为不祥也。此乃神人之所以为大祥也。"郭象《庄子注》曰:"夫全生者,天下之所谓祥也,巫祝以不材为不祥而弗用也,彼乃以不祥全生,乃大祥也。神人者,无心而顺物者也。故天下所谓大祥,神人不逆。"①释德清曰:"此极言不材之自全甚明,材美之自害也。唯神人知其材之为患,故绝圣弃智,昏昏闷闷,而无意于人间者,此其所以无用得以全身养生,以尽其天年也。此警世之意深矣。"②世人都在追求有才,但在庄子眼里,有才只会带来早夭等不祥,不才方为大祥。

七、支离疏

第六段介绍了支离疏其人。《人间世》曰:"支离疏者,颐隐于脐,肩高于顶,会撮指天,五管在上,两髀为胁。挫针治繲,足以糊口;鼓筴播精,足以食十人。上征武士,则支离攘臂而游于其间;上有大役,则支离以有常疾不受功;上与病者粟,则受三钟与十束薪。夫支离其形者,犹足以养其身,终其天年,又况支离其德者乎!"郭象《庄子注》曰:"神人无用于物,而物各得自用,归功名于群才,与物冥而无迹,故免人间之害,处常美之实,此支离其德者也。"③陶崇道曰:"天与之隐而不得不隐者,支离疏是也。……推而广之,支离其德,不求绝人而人自与之绝,不必逃世,而有一日不居于尘垢之外者乎?"④前面写的是无用之物,这里出现了一个无用之人。支离疏是一个残疾人,但"支离其形"者却可以"终其天年","支离其德者"更是能远离尘垢,精神逍遥自在。

① 郭庆藩.庄子集释[M].王孝鱼,点校.北京:中华书局,2018:165.
② 释德清.庄子内篇注[M].上海:华东师范大学出版社,2009:91.
③ 郭庆藩.庄子集释[M].王孝鱼,点校.北京:中华书局,2018:168.
④ 方勇.庄子纂要[M].北京:学苑出版社,2012:609.

八、孔子适楚

《人间世》曰："孔子适楚,楚狂接舆游其门曰:凤兮凤兮,何如德之衰也! 来世不可待,往世不可追也。天下有道,圣人成焉;天下无道,圣人生焉。方 今之时,仅免刑焉。福轻乎羽,莫之知载;祸重乎地,莫之知避。已乎已乎, 临人以德。殆乎殆乎,画地而趋。迷阳迷阳,无伤吾行。吾行郤曲,无伤吾 足。"郭象《庄子注》曰:"举其性内,则虽负万钧而不觉其重也;外物寄之,虽 重不盈锱铢,有不胜任者矣。为内,福也,故福至轻;为外,祸也,故祸至重。 祸至重而莫之知避,此世之大迷也。"①孙嘉淦曰:"'天下有道'六句,乃一篇 之精义。以往而刑起,以仅免刑终,所谓来去分明,只如一句也。吾读此而 悲《庄子》之志也。"②孔子是儒家的祖师,狂接舆是道家的代表。在这首唱给 孔子的歌中,狂接舆把孔子比喻为凤凰,劝告他在天下无道的时代不要恣意 妄为。

《人间世》曰:"山木自寇也,膏火自煎也。桂可食,故伐之;漆可用,故割 之。人皆知有用之用,而莫知无用之用也。"孙嘉淦曰:"此段总结通篇也。 通篇皆言其当无用,此推原其所以无用之故也。"③《人间世》结句是对庄子处 世思想的总结,前文说有用会招致灾难,衬托出无用的好处。最后一句感叹 有用之用世人皆知,无用之用无人可知。整篇《人间世》苦口婆心,都在告诫 世人无用才是立足人世之本,然而无用之用有谁会在意,又有谁会去践行?

 艺术探微

庄子生活的时代,"争地以战,杀人盈野;争城以战,杀人盈城"④。《人间 世》阐述了庄子的处人之道和自处之道。郭象《庄子注》曰:"与人群者,不得

---

① 郭庆藩.庄子集释[M].王孝鱼,点校.北京:中华书局,2018:170.
② 方勇.庄子纂要[M].北京:学苑出版社,2012:619.
③ 方勇.庄子纂要[M].北京:学苑出版社,2012:619.
④ 焦循.孟子正义[M].石家庄:河北人民出版社,1988:303.

离人。然人间之变故,世世异宜,唯无心而不自用者,为能随变所适而不荷其累也。"①陆西星曰:"篇内集虚养中,正身和心,大为立言之肯綮……篇终反喻不美之才,乃无用之大用,此老平生受用得力处,全在于此,然亦何莫而非'至人无己'中得来邪?"从艺术手法的角度看,《人间世》具有如下特点:

一、借事说理的写作手法

庄子的"处世妙术"由七段故事组成。宣颖曰:"此篇分明处人自处两柱,却全然不露,止如散散叙事。《庄子》真是难读,何怪从来无人识得。此篇要旨,总不外'逍遥无己'妙义,故曰:看透第一篇'无己'二字,一部《庄子》尽矣,此篇尤其著者。"②七段故事分为前后两部分,前半部分的三个故事说处人之道,后半部分的四个故事说自处之道。

前半部分的第一个故事是孔子与颜回师徒之间的问答。孔子一生积极入世,要求其弟子以救世为己任,所以庄子首先"请出"孔子、颜回师徒来谈谈他们的事君之道。故事的内容是这样的:颜回去卫国前拜见孔子,向他辞别。颜回听说卫君年壮行独,轻用其国,想用自己的智慧去解救卫国的民众。孔子警告颜回说,此行可能会使他遭受刑罚。颜回先后提出"端而虚,勉而一""内直而外曲,成而上比"两种事君之法,均被孔子予以否定。在颜回无计可施时,孔子告诉他可采用"心斋"之法,提示他"入则鸣,不入则止"。事君之难,是士人涉世遇到的第一难题。在漫长的专制时代,一个士人想要建功立业就不能不进入仕途,进入仕途之后就不能不面对统治者。卫君正是无数统治者的代表,他专横独断,一意孤行。庄子提出的"心斋"之法,即虚而待物,顺物自然。第二个故事写叶公子高将出使齐国,在出发前他特意来到孔子处咨询。他告诉孔子"吾甚栗之",孔子劝告他:"知其不可奈何而安之若命,德之至也","何作为报也,莫若为致命"。这一段写完成君主使命之难。大臣作为外交官出访,表面上非常风光,其实苦不堪言。涉事的第二

---

① 郭庆藩.庄子集释[M].王孝鱼,点校.北京:中华书局,2018:123.
② 宣颖.南华经解[M].广州:广东人民出版社,2008:38.

道难题,是人道之患与阴阳之患。庄子借孔子之口说的"乘物以游心,托不得已以养中",其实也是教人顺其自然。第三个故事写颜阖被请去做卫太子之师前,向蘧伯玉讨教应对之法。这一段写臣子与储君相处之难。根据颜阖的描述,卫灵公太子是一个"其德天杀"之人,如何与之相处,是一件让颜阖头痛的事。庄子提出在"顺之"的前提下引导对方,"达之,入于无疵"。又用三个小故事对顺物自然的理论进行了补充:螳臂当车说明逞能之患,养虎之喻说明顺物之利,爱马之喻说明逆物之果。

《人间世》前半部分的三个故事旨在说明处人之难。宣颖曰:"卫君之暴厉,齐楚之敝邦,太子之横慣,皆特取三件难处之人来说于此,不为棘手,人间世更无难处之人矣。"① 怎样才能应对艰难的世事呢?庄子先后提出了三种方法:一是"心斋"之法,二是"知其不可奈何而安之若命",三是"形莫若就""心莫若和"。以上三点归结起来就是"无己"。刘凤苞曰:"此篇以《人间世》命题,义心苦调,寓意遥深……首段以'心斋'二字,揭出至人神化之功,先搜剔其所难,而后示以极则,为颜子立论,有行到水穷,坐看云起之妙。次段以命、义二层提出子臣忠孝之谊,先撇开其所难,而后怵以世情,为叶公设法,有移花接木、排云出岫之奇。至颜阖一段,全从喻义摹写入微,亲切指点,机趣横生,又行文之化境也。"②

《人间世》后半部分着力表达"无用"之用。后半部分的第一个故事是"匠石之齐",庄子以栎社树为例,说明"无所可用,故能若是之寿"。人应该和光同尘,寄迹无用。栎社树半夜托梦,评价匠石是"几死之散人"。栎社树的梦中寄言打破了以人类为中心的写作视野,有振聋发聩之效果。在庄子眼里,只有无用才能使个体不沦为工具,继而保全自己,发展自己。第二个故事是"子綦游乎商之丘"。子綦南游之时发现了一棵大树,此树既不可为栋梁,也不可为棺椁,子綦叹曰:"此果不材之木也,以至于此其大也。"与之相对的是那些中道夭于斧斤的有用之木。第三个故事讲一个叫支离疏的残

① 宣颖.南华经解[M].广州:广东人民出版社,2008:36.
② 刘凤苞.南华雪心编[M].北京:中华书局,2013:80.

疾人。支离疏因为形体不全,对统治者毫无利用价值,从而逃离了兵役与战争,得以尽享天年。支离疏是《德充符》中众多形体残缺者登上舞台前的一次预演。第四个故事是"孔子适楚"。通过楚狂接舆之歌,表现了社会的黑暗,有用有为者皆会受到迫害。接舆对孔子的批评表现了庄子对儒家圣人的看法。全文结尾时说:"山木自寇也,膏火自煎也。桂可食,故伐之;漆可用,故割之。人皆知有用之用,而莫知无用之用也。"再一次总结全文,有用往往招祸,无用才能致福。刘凤苞曰:"若夫栎社之树,商丘之木,人皆惜其无用,而无用者反得以自全,有用者多至于不免;画地而趋,诚不如支离其德。庄子一腔心血,萦回曲折,写得如许悲凉!其用意用笔,如置身万仞岩巅,足二分垂在外;而其行文则飞行绝迹,步步凌空,非后人所能阶其尽寸。"①正因为庄子深爱着人类,他才会对这样的人间世产生一种巨大的悲凉感,这种悲凉感弥漫在整篇《人间世》中。

处人之道与自处之道是并列的,也是互补的。因为有用有才难免被害,庄子才不得不推出"无用"之用。《逍遥游》讲的是"至人无己",《人间世》说的是普通士人在处世时也要尽量做到"集虚养中"。

二、循序渐进的对话

"颜回见仲尼"的故事长达一千余字,比《养生主》《应帝王》全文还要长,是《庄子》中最长的对话之一。孔子是儒家的圣人,颜回是孔子最得意的门生,这个故事被安排在《人间世》的第一段,具有一定的标志性。周拱辰曰:"通段透迤条畅,复一一精整,如水泻地,横侧凹凸,有随物赋形之妙。"②这一段围绕君臣关系展开讨论,可分为三组。讨论深入而谨严,连贯起来看,一层比一层高妙,给读者带来了"山重水复疑无路,柳暗花明又一村"的审美感受。

第一组对话始于颜回向孔子请行适卫这个事件。释德清曰:"此一节言涉世之大者,以谏君为第一。"③颜回口中的卫君:"其年壮,其行独;轻用其

① 刘凤苞.南华雪心编[M].北京:中华书局,2013:80.
② 方勇.庄子纂要[M].北京:学苑出版社,2012:519.
③ 释德清.庄子内篇注[M].上海:华东师范大学出版社,2009:74.

国,而不见其过;轻用民死,死者以国量乎泽若蕉。"寥寥数语刻画出了一个暴君的嘴脸。当然,通过颜回的讲述也可以看出颜回的为人,颜回"乱国就之"的精神完全符合其儒门弟子的身份,刘辰翁曰:"看他写出回口中语,不过二三十字,别是谆至貌恻。"①出人意料的是,孔子却对颜回发出了当头棒喝:"若殆往而刑耳!"接下来孔子的话语都是对这句劝诫的注解。"德荡乎名,知出乎争",名和知皆是凶器。在孔子眼里,仁义绳墨之言会招致杀身之祸。从暴君的角度看,"王公必将乘人而斗其捷",谏臣在暴君面前不得不自救。陆树芝曰:"(目将荧之)五句曲尽情态,描写入微,每句用韵,倍觉深致。"②在庄子看来,直节敢谏之士"必死于暴人之前"。结尾处,孔子说:"虽然,若必有以也,尝以语我来!"当读者以为无路可走时,孔子又给了颜回一次申述的机会。

第二组对话中,颜回先后提出了两种尝试与"暴人"相处的方案。第一种方案是:"端而虚,勉而一。"第二种方案是:"我内直而外曲,成而上比。"对第一种方案,孔子的回答是:"恶!恶可!夫以阳为充孔扬,采色不定,常人之所不违,因案人之所感,以求容与其心。名之曰日渐之德不成,而况大德乎!将执而不化,外合而内不訾,其庸讵可乎!"对第二种方案,孔子的回答是:"恶!恶可!大多政法而不谍,虽固亦无罪。虽然,止是耳矣,夫胡可以及化!犹师心者也。"作者对两种方案的写法很讲究,第一种方案很简明,颜回对此没有进行详细说明;第二种方案很细致,颜回先总说"内直而外曲,成而上比",然后分别就内直、外曲、成而上比进行了细致说明。在颜回自己看来,这两种方案都具有很高的操作性和理论性,然而它们都被孔子否定了。但如果仔细分析,就会发现孔子两次否定的态度也有区别,第一种方案"其庸讵可乎",态度鲜明而坚定。第二种方案,"止是耳矣,夫胡可以及化!"虽然也是否定,但孔子承认这种方案对于保全颜回的性命尚有可取之处。

第三组对话中提出了"心斋"之法。当颜回说"吾无以进矣,敢问其方"

---

① 方勇.庄子纂要[M].北京:学苑出版社,2012:497.
② 陆树芝.庄子雪[M].上海:华东师范大学出版社,2011:41.

之时,想来读者也同颜回一样,不知如何是好。《人间世》载:"仲尼曰:'斋,吾将语若! 有心而为之,其易邪? 易之者,暤天不宜。'颜回曰:'回之家贫,唯不饮酒不茹荤者数月矣。如此,则可以为斋乎?'曰:'是祭祀之斋,非心斋也。'回曰:'敢问心斋。'仲尼曰:'若一志,无听之以耳而听之以心,无听之以心而听之以气! 听止于耳,心止于符。气也者,虚而待物者也。唯道集虚,虚者,心斋也。'"林仲懿曰:"虚者心斋……一个大宝珠,探喉而出,光彩夺目,龙行千里,到此结穴。"①刘凤苞曰:"夫子凭空著一'斋'字,聚气凝神,便知不是寻常境界,饮上池之水,操洞垣之明,全在此处着眼。……'听止'二句略作一顿,前后筋节俱灵;然后用'虚而待物'一句,紧承气字,飏出文情,如游丝之袅于空际;用'唯道集虚'一句拍合心斋,如皎月之涌于波心,极指与物化之妙。……一唱三叹,音响未沉。"②颜回说自己"得使之也,未始有回也",就是"心斋"的功效。心斋意在消解内心的矛盾冲突。心斋之前有一个我,吾尚未丧我,自我意识明显而强烈;心斋之后,我已经破解了对自身主体性的执着,与自然融为一体。换言之,"心斋"正是实现《齐物论》中"吾丧我"境界的方法。

以上三组对话,从理论上讨论了君臣相处之道,一层深过一层。孙嘉淦曰:"上文层层翻拨,几于无可转身,乃只轻轻一语,遂生下无数妙文,如深山幽谷,人径胥绝,忽然峰头一转,又别开洞天福地也。"③孔、颜师徒尝试制定各种预案,作出各种设身处地的思考,将臣子进谏之难写得生动传神。

三、平和的叙事语调

关于孔子与子高的对话,孙嘉淦曰:"此段及下段皆极言入世之难,以趋后无用之意。"④高嵋曰:"庄子言多惝恍虚缈,此却平实的当。"⑤在《人间世》全篇中,这一段的表述最为平实,既没有使用夸张手法,也没有展开艺术想

---

① 方勇.庄子纂要[M].北京:学苑出版社,2012:519.
② 刘凤苞.南华雪心编[M].北京:中华书局,2013:91-92.
③ 方勇.庄子纂要[M].北京:学苑出版社,2012:506.
④ 方勇.庄子纂要[M].北京:学苑出版社,2012:564.
⑤ 方勇.庄子纂要[M].北京:学苑出版社,2012:545.

象的翅膀。

《人间世》曰:"叶公子高将使于齐,问于仲尼曰:王使诸梁也甚重,齐之待使者,盖将甚敬而不急。匹夫犹未可动,而况诸侯乎! 吾甚栗之。"子高是楚庄王玄孙,楚王对子高甚为重视。正因如此,子高感觉精神高度紧张。作为一位外交官,或有人道之患,或有阴阳之患,内心有难以为他人言说的苦楚。刘辰翁曰:"甚敬而不急……此五字能杀人。"①这一节主要写子高出使之前的恐惧心理。

《人间世》曰:"仲尼曰:'天下有大戒二:其一,命也;其一,义也。子之爱亲,命也,不可解于心;臣之事君,义也,无适而非君也,无所逃于天地之间。是之谓大戒。是以夫事其亲者,不择地而安之,孝之至也;夫事其君者,不择事而安之,忠之盛也;自事其心者,哀乐不易施乎前,知其不可奈何而安之若命,德之至也。为人臣、子者,固有所不得已。行事之情而忘其身,何暇至于悦生而恶死! 夫子其行可矣!'"孔子理解子高内心的难处,于是告以人臣事君之礼。在《庄子》一书中,有许多孔子之言其实并非孔子的意思,孔子只是《庄子》中的一个"提线木偶"。但是这一节中的孔子之言,的确表达了儒家思想。释德清曰:"《庄子》全书,皆以忠孝为要名誉,丧失天真之不可尚者。独《人间世》一篇,则极尽其忠孝之实,一字不可易者,谁言其人不达世故,而恣肆其志耶? 且借重孔子之言者,曷尝侮圣人哉?"②李胜芳曰:"此天地间至正至当之理,圣人教人以忠孝之格言也。"③后人也多认为此段持论庄重,行文平和,不同于庄子平日嬉笑怒骂的风格。

四、对生活的细微观察

第三段写颜阖将傅卫灵公太子前与蘧伯玉的对话。颜阖眼中的卫太子是一个"知适足以知人之过,而不知其所以过"的人。这是很多人都具有的毛病,但如果具有这样毛病的人高居上位,就会对国家造成危害。蘧伯玉提

---

① 方勇.庄子纂要[M].北京:学苑出版社,2012:545.
② 释德清.庄子内篇注[M].上海:华东师范大学出版社,2009:82.
③ 方勇.庄子纂要[M].北京:学苑出版社,2012:548.

出"形莫若就,心莫若和"的处世之道,显然是没有办法的办法。接着蘧伯玉又讲了三个小故事:"汝不知夫螳螂乎?怒其臂以当车辙,不知其不胜任也,是其才之美者也。戒之!慎之!积伐而美者以犯之,几矣。汝不知夫养虎者乎?不敢以生物与之,为其杀之之怒也;不敢以全物与之,为其决之之怒也;时其饥饱,达其怒心。虎之与人异类而媚养己者,顺也;故其杀者,逆也。夫爱马者,以筐盛矢,以蜄盛溺。适有蚊虻仆缘,而拊之不时,则缺衔毁首碎胸。意有所至而爱有所亡,可不慎邪!"高塨曰:"连设三喻。螳螂一喻,反譬,言用己则致祸。养虎一喻,正譬,顺之则受福,爱马一喻,又用反掉,言惊之则必暴,括尽无方有方之妙用。"①这一段引入螳螂、养虎、爱马三喻写辅君之难,可以看出庄子对生活体察之细之深,如此行文使文章显得波澜起伏,读者读来趣味盎然。

五、嬉笑怒骂的语言

刘凤苞曰:"第四段借栎社发论,正见无用之用乃为大用也。此后文法另翻出一样境界。"②第二部分以匠石路遇栎社树开始。首先描写了栎社树之大:"匠石之齐,至于曲辕,见栎社树其大蔽数千牛,絜之百围,其高临山,十仞而后有枝,其可以为舟者旁十数。"其次写匠石以此树为不材之木:"散木也。以为舟则沉,以为棺椁则速腐,以为器则速毁,以为门户则液樠,以为柱则蠹。是不材之木也,无所可用,故能若是之寿。'"写其高大是扬,贬其不材是抑。最后写匠石之梦:"匠石归,栎社见梦曰:'汝将恶乎比予哉?若将比予于文木邪?夫柤、梨、橘、柚、果、蓏之属,实熟则剥,剥则辱;大枝折,小枝泄。此以其能苦其生者也,故不终其天年而中道夭,自掊击于世俗者也。物莫不若是。且予求无所可用久矣,几死,乃今得之,为予大用。使予也而有用,且得有此大也邪?且也若与予也皆物也,奈何哉其相物也?而几死之散人,又恶知散木!'匠石觉而诊其梦。"刘凤苞曰:"一片机锋,全在梦中托

---

① 方勇.庄子纂要[M].北京:学苑出版社,2012:579.

② 刘凤苞.南华雪心编[M].北京:中华书局,2013:106.

出。随用反笔轻轻一掉,摇曳生姿,再从上文翻进一层,借散木对照散人,以矛刺盾,机趣环生,究是题中应有之义。以散人而托于散木,栎社原是寓言,以散木而醒出散人,匠石转为陪客,真有移步换形,颠倒造化之功。……末三句以赞叹作结,寓意深远,手法绝高,成连海上之操,移我情矣。"①在先秦诸子中,庄子最重视梦境,也最擅长描写梦境。这一节不仅写大树托梦,而且写匠石"觉而诊其梦",读来奇之又奇。梦中的"散木"竟然称匠石为"散人",讥笑戏弄之情溢于言表。

六、对大树意象的钟情

写完栎社树之后,庄子又写另一棵大树:"南伯子綦游乎商之丘,见大木焉有异,结驷千乘,隐将芘其所藾。子綦曰:'此何木也哉!此必有异材夫!'仰而视其细枝,则拳曲而不可以为栋梁;俯而视其大根,则轴解而不可以为棺椁;咶其叶,则口烂而为伤;嗅之,则使人狂酲,三日而不已。子綦曰:'此果不材之木也,以至于此其大也。嗟乎神人,以此不材!'宋有荆氏者,宜楸、柏、桑。其拱把而上者,求狙猴之杙者斩之;三围四围,求高名之丽者斩之;七围八围,贵人富商之家求樿傍者斩之。故未终其天年,而中道之夭于斧斤,此材之患也。故解之以牛之白颡者与豚之亢鼻者,与人之有痔病者不可以适河。此皆巫祝以知之矣,所以为不祥也。此乃神人之所以为大祥也。"吴世尚曰:"《庄子》之文,每好于重处见长,须细细观其用笔之法。"②在《人间世》的后半部分中,庄子两次写到大树。前面的大树已经写得非常神奇,后面的大树又会如何落墨?庄子的写法让人拍案叫绝:其枝拳曲,其根轴解,其叶烂口,其味狂酲。刘凤苞曰:"第五段与上段同一机局,……此段增出解祭适河一喻,以不祥为大祥,语语沉痛入骨。"③庄子借荆氏之树被摧折的遭遇,对有才者发出"此材之患"的警世之言。

---

① 刘凤苞.南华雪心编[M].北京:中华书局,2013:106-107.
② 方勇.庄子纂要[M].北京:学苑出版社,2012:599.
③ 刘凤苞.南华雪心编[M].北京:中华书局,2013:108.

七、反差手法的运用

《人间世》中的支离疏是庄子细致描写的第一个残疾人。庄子先写他的形貌:"颐隐于脐,肩高于顶,会撮指天,五管在上,两髀为胁。"继而写他的遭遇:"挫针治繲,足以糊口;鼓筴播精,足以食十人。上征武士,则支离攘臂而游于其间;上有大役,则支离以有常疾不受功;上与病者粟,则受三钟与十束薪。"支离其形之人,却能屡屡避祸,安居乐业。刘凤苞曰:"'颐隐'五句,形容入妙,笔有化工;'挫针'四句,是他无用之用;'上征武士'三层,是他终身受用。末四句跌宕生姿。……初读之使人失笑,细玩之凄入心脾,嬉笑怒骂之文,惟《庄子》独擅其能事矣。"①支离疏的外貌与遭遇形成了巨大的反差,这些反差背后透露出庄子的万般无奈。不是庄子偏爱"无用",而是现实逼得庄子不得不思考"无用"之用。

八、对黑暗时代的慨叹

"孔子适楚"一段,通过楚狂接舆的歌,再度向读者展示了社会的黑暗,警告有为者有受到迫害的可能。接舆批评孔子不识时务,在批评中却又带着些许的同情和惋惜。周宷曰:"危词苦语,长歌甚于痛哭。"②宣颖曰:"末引接舆一歌,深有叔世之慨。庄子曳尾泥中,殆为是乎?"③这首歌谣改编自《论语·微子》,原文曰:"楚狂接舆,歌而过孔子,曰:'凤兮凤兮!何德之衰?往者不可谏,来者犹可追。已而!已而!今之从政者殆而!'孔子下,欲与之言。趋而辟之,不得与之言。"④刘凤苞评曰:"漆园吏隐,阅历世故,有慨乎其言之。以韵语结,极缠绵,尤极沉痛。……如听三峡猿啼,哀音切响,使人泪下沾裳。"⑤对照《论语·微子》和《人间世》,两篇作品的意境迥然不同,《人间世》更具有形象性。"天下有道,圣人成焉",是一段遥不可及的梦,"方今之

① 刘凤苞.南华雪心编[M].北京:中华书局,2013:110.
② 方勇.庄子纂要[M].北京:学苑出版社,2012:614.
③ 宣颖.南华经解[M].广州:广东人民出版社,2008:38.
④ 朱熹.论语集注[M].济南:齐鲁书社,1992:185.
⑤ 刘凤苞.南华雪心编[M].北京:中华书局,2013:112.

时,仅免刑焉",才是当今严酷的现实。文中"无伤吾行""无伤吾足"的呼喊,刻画出天下士人面对黑暗时代手足无措、担惊受怕的窘迫处境。

《人间世》前半部分重在讨论君臣关系,其中第一段推衍各种义理加以衡量,第二段采用平实的手法加以讲述,第三段运用多种比喻说明主题。后半部分,庄子分别用不材之木、支离疏、孔子适楚等故事去说明自处之道。文章塑造了孔子、颜回、卫君、叶公子高、颜阖、卫灵公太子、蘧伯玉、支离疏等人物形象。在本文中,孔子前后三次现身,在"颜回见仲尼"一段中,他是道家人物的化身,提出了庄子重要的哲学概念——"心斋";在"子高将使于齐"一段中,他是儒家真正的代言人。到了"孔子适楚"一段中,他受到了道家人物楚狂接舆的数落。文中两次写到大树,结合《逍遥游》中的"彷徨乎无为其侧,逍遥乎寝卧其下"可以看出,庄子对大树这一意象情有独钟。

 思考题

1. 你是怎样理解庄子提出的"心斋"之法的?

2. 庄子为什么要反复陈述如何与统治者相处? 你是怎么看待他的说法的?

3. 如何看待庄子提出的"无用之用"?

第五章　德　充　符

拓展阅读
庄子德论
新诠

一

　　鲁有兀者王骀[1]，从之游者与仲尼相若[2]。常季问于仲尼曰[3]："王骀，兀者也，从之游者与夫子中分鲁[4]。立不教，坐不议，虚而往，实而归。固有不言之教，无形而心成者邪[5]？是何人也？"仲尼曰："夫子，圣人也，丘也直后而未往耳[6]。丘将以为师，而况不若丘者乎！奚假鲁国[7]！丘将引天下而与从之[8]。"

【注释】

[1]兀者：断一足之人。王骀（tái）：虚构的人名。

[2]从之游者：跟从他游历学习的人。相若：相等。

[3]常季：虚构的人名。

[4]中分：平分。

[5]无形：不见形迹。

[6]直：特，只。后：落后。

[7]奚假：岂止。

[8]与从之：跟他学习。

　　常季曰："彼兀者也，而王先生[1]，其与庸亦远矣[2]。若然者，其用心也独若之何[3]？"仲尼曰："死生亦大矣，而不得与之变[4]；虽天地覆坠，亦将不与之遗[5]。审乎无假而不与物迁[6]，命物之化而守其宗也[7]。"

【注释】

[1] 王先生：超过了您。先生：指
　　孔子。

[2] 庸：常人。

[3] 用心：运用心智。

[4] 之：指生死。

[5] 之：指天地。遗：坠落。

[6] 审：明晰。无假：无所假借。
　　一说当为"无瑕"。

[7] 命，听命。宗：原旨，宗本。

　　常季曰："何谓也?"仲尼曰："自其异者视之，肝胆楚越也；自其同者视之，万物皆一也。夫若然者，且不知耳目之所宜[1]，而游心乎德之和[2]；物视其所一而不见其所丧，视丧其足犹遗土也。"

【注释】

[1] 宜：适宜。

[2] 德之和：道德和谐的境界。

　　常季曰："彼为己以其知[1]，得其心以其心。得其常心[2]，物何为最之哉?[3]"仲尼曰："人莫鉴于流水而鉴于止水，唯止能止众止。受命于地，唯松柏独也在冬夏青青；受命于天，唯舜独也正，幸能正生[4]，以正众生。夫保始之征[5]，不惧之实[6]。勇士一人，雄入于九军[7]。将求名而能自要者[8]，而犹若是，而况官天地[9]，府万物[10]，直寓六骸[11]，象耳目[12]，一知之所知，而心未尝死者乎[13]！彼且择日而登假[14]，人则从是也[15]。彼且何肯以物为事乎[16]！"

【注释】

[1] 彼：指王骀。为己：修养自己。

[2] 常心：原始本然之心。

[3] 物：人，指从游的人。最：尊崇。

[4] 正生：正性，端正自己的心性。

[5] 保始之征：遵守开始时许下的
　　诺言。

[6] 实：盛气。

[7] 雄：勇敢。九军：千军万马。

[8] 将：将士。自要：自好。指求
　　取功名。

[9] 官：主宰。

[10] 府：包藏。

[11]直寓六骸：只是把身体当作一
　　种寄托。直：只。寓：寄托。
　　六骸：头、身、四肢合称六骸。

[12]象耳目：把耳目看作一种摆
　　设。象：虚象，形式。

[13]心：本真之心。死：丧失。

[14]择日：指日。登假：飞升。
　　假：通"遐"，高远。

[15]是：之，他。

[16]彼：王骀。

二

申徒嘉[1]，兀者也，而与郑子产同师于伯昏无人[2]。子产谓申徒嘉曰："我先出则子止，子先出则我止。"其明日，又与合堂同席而坐。子产谓申徒嘉曰："我先出则子止，子先出则我止。今我将出，子可以止乎，其未邪[3]？且子见执政而不违[4]，子齐执政乎[5]？"申徒嘉曰："先生之门，固有执政焉如此哉？子而说子之执政而后人者也[6]？闻之曰：'鉴明则尘垢不止[7]，止则不明也。久与贤人处则无过。'今子之所取大者，先生也，而犹出言若是，不亦过乎[8]！"

子产曰："子即若是矣[9]，犹与尧争善，计子之德不足以自反邪[10]？"

【注释】

[1]申徒嘉：郑国贤士。

[2]郑子产：姓公孙，名侨，字子产，春秋时期郑国国相。伯昏无人：虚构的人名。

[3]其：抑或。

[4]执政：执政大臣，此处为子产自称。不违：不回避。

[5]齐：等同。

[6]说：通"悦"，高兴，满意。后人：看不起人。

[7] 鉴：镜子。止：存。

[8] 过：错误。

[9] 若是：像这样，此处指形残。

[10] 自反：自我反省。

申徒嘉曰："自状其过以不当亡者众[1]，不状其过以不当存者寡[2]。知不可奈何而安之若命，唯有德者能之。游于羿之彀中[3]。中央者，中地也[4]；然而不中者，命也。人以其全足笑吾不全足者多矣，我怫然而怒[5]；而适先生之所[6]，则废然而反[7]。不知先生之洗我以善邪[8]？吾与夫子游十九年矣，而未尝知吾兀者也。今子与我游于形骸之内[9]，而子索我于形骸之外[10]，不亦过乎！"子产蹴然改容更貌曰[11]："子无乃称[12]！"

【注释】

[1] 状：申辩。以：认为。亡：遭受刑罚。

[2] 存：身体健全。

[3] 羿：唐尧时的射手。彀（gòu）中：弓箭射程所及的范围。

[4] 中地：箭头所及之地。

[5] 怫（fú）然：愤怒的样子。

[6] 适：来到。所：处所。

[7] 废然：怒气消失的样子。反：返于常性。

[8] 洗：洗涤，此处引申为教育。

[9] 形骸之内：指道德。

[10] 索：求。形骸之外：指形貌。

[11] 蹴（cù）：吃惊不安的样子。

[12] 乃：如此。

三

鲁有兀者叔山无趾[1]，踵见仲尼[2]。仲尼曰："子不谨，前既犯患若是矣[3]。虽今来，何及矣！"无趾曰："吾唯不知务而轻用吾身[4]，吾是以亡足。今吾来也，犹有尊足者存[5]，吾是以务全之也。夫天无不覆，地无不载，吾以夫子为天地，安知夫子之犹若是也[6]！"孔子曰："丘则陋矣[7]。夫子胡不入乎，请讲以所闻！"无趾出。孔子曰："弟子勉之[8]！夫无趾，兀者也，犹务学以复补前行之恶,而况全德之人乎[9]!"

【注释】

[1] 叔山无趾:虚构的人名。

[2] 踵见:用脚后跟走路去拜见。

[3] 犯患:犯法遭祸。

[4] 务:时务。

[5] 尊足者:比脚还要贵重的东西,
 指自然德行。

[6] 若是:如此。指拘泥于形体的
 看法。

[7] 陋:见识浅陋。

[8] 勉之:努力。

[9] 全德之人:形体完全的人。

无趾语老聃曰:"孔丘之于至人,其未邪? 彼何宾宾以学子为? 彼且蕲以谍诡幻怪之名闻[1],不知至人之以是为己桎梏邪[2]?"老聃曰:"胡不直使彼以死生为一条,以可不可为一贯者,解其桎梏,其可乎?"无趾曰:"天刑之,安可解!"

【注释】

[1] 谍(chù)诡:奇异。

[2] 桎梏(zhì gù):古代的刑具,在

足曰桎,在手曰梏。这里引申
为束缚、压制之意。

四

鲁哀公问于仲尼曰:"卫有恶人焉[1],曰哀骀它[2]。丈夫与之处者[3],思而不能去也。妇人见之,请于父母曰'与为人妻宁为夫子妾'者[4],十数而未止也。未尝有闻其唱者也[5],常和人而已矣[6]。无君人之位以济乎人之死[7],无聚禄以望人之腹[8]。又以恶骇天下,和而不唱,知不出乎四域[9],且而雌雄合乎前[10]。是必有异乎人者也。寡人召而观之,果以恶骇天下。与寡人处,不至以月数,而寡人有意乎其为人也;不至乎期年[11],而寡人信之。国无宰[12],寡人传国焉[13]。闷然而后应[14],氾若辞[15]。寡人丑乎[16],卒授

之国。无几何也[17]，去寡人而行[18]，寡人恤焉若有亡也[19]，若无与乐是国也[20]。是何人者也?"

【注释】

[1] 恶人：形貌丑陋的人。

[2] 哀骀（tái）它（tuó）：虚构的人名。

[3] 丈夫：男人。

[4] 夫子：此指哀骀它。

[5] 唱：倡导。

[6] 和人：随和他人。

[7] 济：拯救。

[8] 聚：积蓄。禄：俸禄。望：饱满。

[9] 四域：四方。

[10] 雌雄：男女。

[11] 期年：指周年。

[12] 宰：冢宰，官名，为六卿之首。

[13] 传国：将国家政事托付给他。

[14] 闷然：没有知觉的样子。

[15] 氾：通"泛"，无所系念的样子。
　　若辞：好像有所推辞。

[16] 丑：愧。

[17] 无几何也：没有多久。

[18] 去：离开。行：远行。

[19] 恤（xù）：对别人表示同情，怜悯。

[20] 是国：此国，指鲁国。

　　仲尼曰："丘也尝使于楚矣，适见㹠子食于其死母者[1]，少焉眴若，皆弃之而走[2]。不见己焉尔[3]，不得类焉尔[4]。所爱其母者，非爱其形也，爱使其形者也。战而死者，其人之葬也不以翣资[5]；刖者之屦[6]，无为爱之；皆无其本矣[7]。为天子之诸御[8]，不爪翦[9]，不穿耳；取妻者止于外[10]，不得复使[11]。形全犹足以为尔[12]，而况全德之人乎[13]！今哀骀它未言而信，无功而亲，使人授己国，唯恐其不受也，是必才全而德不形者也[14]。"

【注释】

[1] 㹠（tún）子：小猪。食：吸奶。

[2] 眴（shùn）若：一眨眼的工夫。

[3] 焉尔：才如此。

[4] 类：像。

[5] 翣（shà）：古代的棺饰。

[6] 刖（yuè）：中国古代一种酷刑，行刑者砍去受罚者左脚、右脚或双脚。屦（jù）：用麻葛制成的一种鞋。

[7] 本：指棺材与足。

[8] 诸御：宫妃。

[9] 爪翦：剪指甲。

[10] 取妻：娶妻。

[11] 复使：役使。

[12] 为尔：感人如此。

[13] 全德之人：德行完备之人。

[14] 才全：才性完备。德不形：内德不外露。

哀公曰："何谓才全?"仲尼曰："死生、存亡、穷达、贫富、贤与不肖、毁誉、饥渴、寒暑，是事之变[1]，命之行也[2]；日夜相代乎前[3]，而知不能规乎其始者也[4]。故不足以滑和[5]，不可入于灵府[6]。使之和豫[7]，通而不失于兑[8]；使日夜无郤而与物为春[9]，是接而生时于心者也[10]。是之谓才全。"

【注释】

[1] 事：事物。

[2] 命：天命。

[3] 相代：循环。

[4] 规：测量。

[5] 滑和：扰乱和顺的本性。

[6] 灵府：指人的内心。

[7] 和豫：和顺愉快。

[8] 通：流通。兑：愉快。

[9] 郤(xì)：缝隙。引申为间断。

[10] 接：与物相接。

"何谓德不形?"曰："平者，水停之盛也[1]。其可以为法也，内保之而外不荡也[2]。德者，成和之修也[3]。德不形者，物不能离也。"

哀公异日以告闵子曰[4]："始也吾以南面而君天下，执民之纪而忧其死，吾自以为至通矣[5]。今吾闻至人之言[6]，恐吾无其实[7]，轻用吾身而亡其国。吾与孔丘，非君臣也，德友而已矣[8]。"

【注释】

[1] 盛：至。

[2] 荡：动荡。

[3] 成：保全。

[4] 异日：他日。闵子：孔子弟子，字子骞。

[5] 通：明于治道。

[6] 至人：此处指孔子。

[7] 实：实德。

[8] 德友：以德相交的朋友。

五

闉跂支离无脤说卫灵公[1]，灵公说之；而视全人，其脰肩肩[2]。瓮㼜大瘿说齐桓公[3]，桓公说之；而视全人，其脰肩肩。故德有所长而形有所忘，人不忘其所忘而忘其所不忘[4]，此谓诚忘[5]。故圣人有所游，而知为孽[6]，约为胶[7]，德为接[8]，工为商[9]。圣人不谋[10]，恶用知？不斫[11]，恶用胶？无丧[12]，恶用德？不货[13]，恶用商？四者，天鬻也[14]。天鬻者，天食也。既受食于天，又恶用人！有人之形，无人之情。有人之形，故群于人[15]，无人之情，故是非不得于身。眇乎小哉[16]，所以属于人也！謷乎大哉[17]，独成其天！

【注释】

[1] 闉跂（yīn qí）：曲足。无脤（shèn）：无唇。说：游说。

[2] 脰（dòu）：颈。肩肩：细长的样子。

[3] 瓮㼜（wèn gàng）大瘿（yǐng）：脖子上长着粗大结块的人，虚构的人名。瓮㼜：腹大口小的陶制盛器。这里指脖子像瓮㼜一样。大瘿：一种疾病，患者颈前喉结两旁结块肿大。

[4] 所不忘：所不该忘记的。

[5] 诚：真。

[6] 孽：恶因，恶事，邪恶。

[7] 约：约束，约束的礼仪。

[8] 德：施德之人。接：应接于人。

[9] 工：技巧。

[10] 谋：算计。

[11] 斫（zhuó）：砍。

[12] 无丧：没有丧失。

[13] 不货：不求货利。

[14] 天鬻（yù）：大自然的养育。

[15] 群于人：能与常人共处。

[16] 眇：眇小。

[17] 謷（áo）乎：高大的样子。

六

惠子谓庄子曰："人故无情乎[1]？"庄子曰："然。"惠子曰："人而无情，何

以谓之人?"庄子曰:"道与之貌[2],天与之形,恶得不谓之人?"惠子曰:"既谓之人,恶得无情?"庄子曰:"是非吾所谓情也。吾所谓无情者,言人之不以好恶内伤其身,常因自然而不益生也[3]。"惠子曰:"不益生,何以有其身?"庄子曰:"道与之貌,天与之形,无以好恶内伤其身。今子外乎子之神,劳乎子之精,倚树而吟,据槁梧而瞑[4]。天选子之形[5],子以坚白鸣[6]!"

【注释】

[1] 故:本来。

[2] 与:赋予。

[3] 因:因任。益:增益。

[4] 据:依靠。槁梧:干枯的梧桐

树。瞑:睡眠。

[5] 选:授予。

[6] 鸣:争论,争辩。

 义理诠释

一、德充符

郭象《庄子注》曰:"德充于内,物应于外,外内玄合,信若符命而遗其形骸也。"[1]林希逸曰:"符,应也。有诸己则可以应诸外。充,足也。德足于己,则随所应而应也。"[2]《德充符》主要展示庄子的德论思想,形成了一个严密的理论体系。与儒家的伦理道德不同,庄子宣扬的是自然道德。庄子认为,当一个人充满了内在的道德光辉之后,就会流露出自然。形体的残缺和丑陋与个人道德之间没有任何必然关联。

① 郭庆藩.庄子集释[M].王孝鱼,点校.北京:中华书局,2018:173.
② 林希逸.庄子鬳斋口译校注[M].周启成,校注.北京:中华书局,1997:81.

二、兀者王骀

王骀是一位形体残缺之人，但他能行不言之教，以至于其影响超越了孔子。常季对此感到不解，向孔子发问，孔子于是回答说："夫子，圣人也，丘也直后而未往耳。丘将以为师，而况不若丘者乎！奚假鲁国！丘将引天下而与从之。"郭象《庄子注》曰："各自得而足也。怪其残形而心乃充足也。夫心之全也，遗身形，忘五藏，忽然独往，而天下莫能离。"①《老子》曰："是以圣人处无为之事，行不言之教。"②王骀内心的充盈富足让孔子都生发出想要拜他为师的冲动。

《德充符》曰："常季曰：'彼兀者也，而王先生，其与庸亦远矣。若然者，其用心也独若之何？'……仲尼曰：'自其异者视之，肝胆楚越也；自其同者视之，万物皆一也。夫若然者，且不知耳目之所宜，而游心乎德之和；物视其所一而不见其所丧，视丧其足犹遗土也。'"郭象《庄子注》曰："故生为我时，死为我顺；时为我聚，顺为我散。聚散虽异，而我皆我之，则生故我耳，未始有得；死亦我也，未始有丧。夫死生之变，犹以为一，既睹其一，则蜕然无系，玄同彼我，以死生为寤寐，以形骸为逆旅，去生如脱屣，断足如遗土，吾未见足以缨茀其心也。"③借助孔子的介绍，我们知道王骀已经达到了"游心乎德之和"的精神境界。

《德充符》写道："仲尼曰：'人莫鉴于流水而鉴于止水，唯止能止众止。受命于地，唯松柏独也在冬夏青青；受命于天，唯舜独也正，幸能正生，以正众生。夫保始之征，不惧之实。'"郭象《庄子注》曰："夫止水之致鉴者，非为止以求鉴也。故王骀之聚众，众自归之，岂引物使从己耶！动而为之，则不能居众物之止。……心与死生顺，则无时而非生，此心之未尝死也。以不失会为择耳，斯人无择也，任其天行而时动者也。故假借之人，由此而最之耳。

---

① 郭庆藩.庄子集释[M].王孝鱼，点校.北京：中华书局，2018：174.
② 王夫之.老子衍[M].北京：中华书局，2009：5.
③ 郭庆藩.庄子集释[M].王孝鱼，点校.北京：中华书局，2018：177.

其恬漠故全也。"①藏云山房主人曰:"此段'保始'二字最重,是德充符之本旨。始者,人生之始也,性也,天命之谓也。保者,全其天命之性而无失,即后文之无情,不以好恶内伤其身者也。"②王骀虽然是一位兀者,但他神全心具,俨然是一位道家高士。王骀能够获得儒家圣人孔子的称赞,正说明心神的强大足以超脱肉身带来的成见。"人莫鉴于流水而鉴于止水"一句中的"鉴于止水",在《应帝王》中又被进一步提炼为"用心若镜"。

三、申徒嘉

《德充符》虚构了道家人物申徒嘉与儒家名臣子产之间的冲突。申徒嘉也是一个"兀者",他与郑子产"同师于伯昏无人"。子产因为其执政地位而傲视申徒嘉,谓申徒嘉曰:"我先出则子止,子先出则我止。"到了第二天,申徒嘉又和子产合堂同席而坐。子产曰:"我先出则子止,子先出则我止。今我将出,子可以止乎,其未邪? 且子见执政而不违,子齐执政乎?"郭象《庄子注》曰:"羞与刖者并行。质而问之,欲使必不并己。常以执政自多,故直云子齐执政,便谓足以明其不逊。此论德之处,非计位也。笑其矜说在位,欲处物先。事明师而鄙吝之心犹未去,乃真过也。"③,申徒嘉认为子产这样做太过分了。他告诉子产:"自状其过以不当亡者众,不状其过以不当存者寡。知不可奈何而安之若命,唯有德者能之。游于羿之彀中。中央者,中地也;然而不中者,命也。人以其全足笑吾不全足者多矣,我怫然而怒;而适先生之所,则废然而反。不知先生之洗我以善邪? 吾与夫子游十九年矣,而未尝知吾兀者也。今子与我游于形骸之内,而子索我于形骸之外,不亦过乎!"子产于是"蹴然改容更貌曰:'子无乃称!'"郭象《庄子注》曰:"一生之内,百年之中,其坐起行止,动静趣舍,情性知能,凡所有者,凡所无者,凡所为者,凡所遇者,皆非我也,理自尔耳。"④陶崇道曰:"此言德不借禄位而充也。申徒

---

① 郭庆藩.庄子集释[M].王孝鱼,点校.北京:中华书局,2018:177－181.
② 方勇.庄子纂要[M].北京:学苑出版社,2012:668.
③ 郭庆藩.庄子集释[M].王孝鱼,点校.北京:中华书局,2018:182.
④ 郭庆藩.庄子集释[M].王孝鱼,点校.北京:中华书局,2018:184.

嘉以罪见刖。故子产羞与同出入，戒之不止，故以执政临之。……申徒嘉谓我之刖，是命该刖而刖，不是犯了罪过。"①虽然申徒嘉的形体残缺，但他的精神世界并不残缺；与之相对的，身居高位的子产却试图在各个层面羞辱申徒嘉，其精神世界并不完美。申徒嘉告诉子产：受到刖刑并非是他自己的过错，只是命该如此。现在自己与子产同游于"形骸之内"，然而子产却索己于"形骸之外"，反而是一种偏见。

四、叔山无趾

《德充符》曰："鲁有兀者叔山无趾，踵见仲尼。……无趾语老聃曰：'孔丘之于至人，其未邪？彼何宾宾以学子为？彼且蕲以諔诡幻怪之名闻，不知至人之以是为己桎梏邪？'老聃曰：'胡不直使彼以死生为一条，以可不可为一贯者，解其桎梏，其可乎？'无趾曰：'天刑之，安可解！'"林云铭《庄子因》曰："无趾反说夫子之受天刑，竟似己为全人，而以他人为刑余可怜悯者，真堪绝倒，庄文奇妙至此！全段言德至无名无累，方算德充，非讲学招累，可以为符也。"②亡足的叔山无趾在思想境界上已经远远超越了孔子，孔子同情叔山无趾，但并不能理解他。说明在道家高士看来，带着精神桎梏的不是叔山无趾而是孔子。孔子属于天刑之人，已经无可救药。

五、鲁哀公问于仲尼

《德充符》曰："鲁哀公问于仲尼曰：'卫有恶人焉，曰哀骀它。……仲尼曰：'死生、存亡、穷达、贫富、贤与不肖、毁誉、饥渴、寒暑，是事之变，命之行也；日夜相代乎前，而知不能规乎其始者也。故不足以滑和，不可入于灵府。使之和豫，通而不失于兑；使日夜无郤而与物为春，是接而生时于心者也。是之谓才全。''何谓德不形？'曰：'平者，水停之盛也。其可以为法也，内保之而外不荡也。德者，成和之修也。德不形者，物不能离也。'"郭象《庄子

---

①　方勇.庄子纂要[M].北京：学苑出版社,2012：685.
②　林云铭.庄子因[M].张京华,点校.上海：华东师范大学出版社,2011：58.

注》曰:"其理固当,不可逃也。故人之生也,非误生也;生之所有,非妄有也。天地虽大,万物虽多,然吾之所遇适在于是,则虽天地神明、国家圣贤、绝力至知而弗能违。故凡所不遇,弗能遇也,其所遇,弗能不遇也;凡所不为,弗能为也,其所为,弗能不为也;故付之而自当矣。夫命行事变,不舍昼夜,推之不去,留之不停。故才全者,随所遇而任之。夫始非知之所规,而故非情之所留。是以知命之必行,事之必变者,岂于终规始,在新恋故哉?虽有至知而弗能规也。逝者之往,吾奈之何哉!苟知性命之固当,则虽死生穷达,千变万化,淡然自若而和理在身矣。"①林自曰:"哀骀它无位,无禄,恶骇天下,唯才德内充,所以众归之。"②释德清《庄子内篇注》曰:"此章形容圣人之德。必须忘形全性,体用不二,内外一如,平等湛一,方为全功。故才全德不形,为圣人之极致。盖才全则内外不二,德不形则物我一如,此圣人之成功,所以德充之符也。"③庄子又一次借孔子之口深入阐释了自己的德论思想。什么是命?死生、存亡、穷达、贫富、贤与不肖、毁誉、饥渴、寒暑等都属于事之变命之行。如何才能安命?庄子提出了"与物为春"的思想。什么是道德?庄子是这样总结的:"德者,成和之修也。"道德就是一种成就和谐的才能。

六、阐跂支离无脤说卫灵公

《德充符》曰:"阐跂支离无脤说卫灵公,灵公说之;而视全人,其脰肩肩。瓮㼜大瘿说齐桓公,桓公说之;而视全人,其脰肩肩。故德有所长而形有所忘,人不忘其所忘而忘其所不忘,此谓诚忘。故圣人有所游,而知为孽,约为胶,德为接,工为商。圣人不谋,恶用知?不斫,恶用胶?无丧,恶用德?不货,恶用商?四者,天鬻也。"郭象《庄子注》曰:"故夫忘形者,非忘也;不忘形而忘德者,乃诚忘也。"又曰:"游于自得之场,放之而无不至者,才德全也。

---

① 郭庆藩.庄子集释[M].王孝鱼,点校.北京:中华书局,2018:195-196.

② 方勇.庄子纂要[M].北京:学苑出版社,2012:705.

③ 释德清.庄子内篇注[M].上海:华东师范大学出版社,2009:104.

此四者自然相生，其理已具。自然已具，故圣人无所用其己也。"①林自曰："形者世所不忘，德者世所忘也。人能不忘世所忘，而忘世所不忘，则才德全矣。是谓诚忘。"②形体与道德之间并没有直接联系。人们在评价他人时应该忽略形体，重视道德。道德充盈者会让人忘记其形体。世间所谓的知、约、德、工，对于圣人来说都是没有价值的。

七、人故无情

《德充符》曰："惠子谓庄子曰：'人故无情乎?'庄子曰：'然。'惠子曰：'人而无情，何以谓之人?'庄子曰：'道与之貌，天与之形，恶得不谓之人?'惠子曰：'既谓之人，恶得无情?'庄子曰：'是非吾所谓情也。吾所谓无情者，言人之不以好恶内伤其身，常因自然而不益生也。'惠子曰：'不益生，何以有其身?'庄子曰：'道与之貌，天与之形，无以好恶内伤其身。今子外乎子之神，劳乎子之精，倚树而吟，据槁梧而瞑。天选子之形，子以坚白鸣!'"郭象《庄子注》曰："生理已自足于形貌之中，但任之则身存。夫好恶之情，非所以益生，只足以伤身，以其生之有分也。"③释德清《庄子内篇注》曰："此篇以忘情绝欲以全天德，故其德乃充。前已发挥全德之妙，故结以无情非人，以尽绝情全德之意，所以警俗励世之意深矣。"④一个人只要"道与之貌，天与之形"，就已经成为一个完整的人，剩下的就是以无情之情处世。好恶之情只会伤害形体，忘情绝欲才是唯一的坦途。

 艺术探微

《德充符》描绘了一组于内充满道德光辉，于外形体残缺的兀者形象以及容貌丑陋的恶人形象。庄子认为绝对的精神可以超越相对的形体，一个

① 郭庆藩.庄子集释[M].王孝鱼,点校.北京：中华书局,2018：199-200.
② 方勇.庄子纂要[M].北京：学苑出版社,2012：726.
③ 郭庆藩.庄子集释[M].王孝鱼,点校.北京：中华书局,2018：203.
④ 释德清.庄子内篇注[M].上海：华东师范大学出版社,2009：107.

人只要德充于内,自然就会在无形中显现自己的道德光辉。后人不仅赞叹《德充符》的思想内容,也高度评价了它的表现手法。方人杰曰:"极疑奥艰深之思,而能出以清亮爽俊之笔;转折极多,而不见其烦;层次极多,而不见其乱;字句章段,气骨无不炼,而无斧凿、结构、叙述、议论之痕迹。灵隽鲜芳,如游仙界,一草木一禽鱼,总非人间所有,千古文人有不拜下风者邪?"①庄子在本篇的文笔清亮爽俊,品读其文,如临仙境,如啖仙桃。

与内篇中的其他篇章一样,《德充符》同样主要通过寓言来展现作者的思想。但与其他篇章不同的是,《德充符》兀者、恶人的故事集中体现的是庄子的德论思想。

《德充符》对德的概念进行了集中阐论,形成了一个严密的理论体系。该篇展现的庄子德论思想主要有:"知不可奈何而安之若命"的处世原则,"游心乎德之和"的心灵境界和"不以好恶内伤其身"的形骸观,此外还有"命物之化而守其宗""与物为春""德者成和之修""有人之形,无人之情""常因自然而不益生"等重要观念和命题。庄子的德论是庄子道论思想在现实世界的落实。在中国古代伦理哲学发展史上,庄子的德论理应占有重要的一页。《德充符》由六节构成,第一节是兀者王骀的寓言,第二节是兀者申徒嘉的寓言,第三节是兀者叔山无趾的寓言,第四节是恶人哀骀它的寓言,第五节是恶人阐跂支离无脤和瓮㼜大瘿的寓言,第六节是庄子和惠子的对话。以上六节无不体现出庄子德论思想的内涵。何如漋曰:"篇中'命物之化'一段,'才全而德不形'一段,说德充处,精微纯粹,真乃见道之言。"②其实"精微纯粹"的理论不止存在于本篇的一处两处。庄子把有关德论的"精微纯粹"理论打散,分布在不同的寓言故事中。第一节主要表现"游心乎德之和"的观点,第二节主要表现"知不可奈何而安之若命"的观点,第三节主要表现"以死生为一条,以可不可为一贯"的观点,第四节主要表现"才全而德不形"的观点,第五节主要表现"德有所长而形有所忘"的观点,第六节主要表现

---

① 方勇.庄子纂要[M].北京:学苑出版社,2012:745.
② 方勇.庄子纂要[M].北京:学苑出版社,2012:647.

"不以好恶内伤其身,常因自然而不益生"的观点。庄子的德论思想正是以上观点的总和。

在这些寓言当中,庄子又采用了很多比喻手法。除了对灵府(心灵)和形骸关系的重视之外,庄子也看重精神在德论中的重要性,但是精神的作用难以用语言表现。于是他借仲尼之口曰:"丘也尝使于楚矣,适见独子食于其死母者,少焉眴若,皆弃之而走。不见己焉尔,不得类焉尔。所爱其母者,非爱其形也,爱使其形者也。"孔子在去楚国的路上,观察到正在吃奶的豚子面对死去的豚母时也会四散奔走。虽然豚母的形体没有变化,但"使其形者"与以前不同了。此处的"使其形者"就是我们今天所说的精神。精神是一个非常抽象难言的概念,竟被庄子解说得如此生动。《德充符》中申徒嘉曰:"自状其过,以不当亡者众;不状其过,以不当存者寡。知不可奈何而安之若命,惟有德者能之。游于羿之彀中,中央者,中地也,然而不中者,命也。"这里的"知不可奈何而安之若命"是庄子德论思想的核心。什么是"命"? 这很难说清楚,是一个抽象的概念。庄子用后羿射箭做比喻,游走在神射手后羿的射程之内,被射中是十有八九,但后羿也会有失手的时候,被射中与没被射中其实都是"命"。这种解释颇为形象,让人过目难忘。这个寓言还告诉我们,每个在这个世界中生活的人都如同"游于羿之彀中",时刻会有来自不同角度的暗箭袭来。申徒嘉的故事是一组大寓言,申徒嘉说命是其中的一个小寓言。大寓言套小寓言,大比喻套小比喻,是《德充符》的一个特点。如果我们要总结庄子德论的思想,就需要把这些大大小小的寓言放在一起检视,把寓言故事和德论理论结合起来加以概括。

从哲学论述的角度看,兀者和恶人只是几个"跑龙套"的角色,真正的核心是庄子的德论思想;但从文学描写的手法看,正是兀者和恶人用他们的活动,生动阐释了庄子的德论思想。《德充符》是哲学与文学水乳交融的典范之作。

叙事文学通过塑造人物形象来反映社会生活,人物形象是作品的灵魂。一篇叙事文学作品好不好,就看它是否塑造出了生动的人物形象。《德充符》并不是小说,它首先是一篇独特的哲学文论,但它具有充足的文学成分。

《德充符》全篇两千多字，出现了王骀、申徒嘉、叔山无趾、哀骀它、闉跂支离无脤、瓮盎大瘿、庄子、惠子、常季、孔子、子产、伯昏无人、老聃、鲁哀公、闵子、卫灵公、齐桓公共十七个人物。除了最后一节外，前五节中的兀者和恶人都是该节故事的主人公。他们都是残障或貌丑之士，可是他们也都是才德内全之人，具有常人所不能及的道德修养。

兀者王骀是一位圣人，跟从他游学的人数量与跟从孔子的不相上下。他实行立不教、坐不议的教学方法，学生们"虚而往，实而归"。孔子评价他："审乎无假而不与物迁，命物之化而守其宗也""不知耳目之所宜，而游心乎德之和"。他如同止水，躁进之人以他为明鉴；他如同松柏，世俗之人以他为楷模。他将要"择日而登假"，离开德充之境登升到逍遥之境。兀者申徒嘉与郑子产同师于伯昏无人。申徒嘉师事伯昏无人十九年之久。遥想当年，遭受刖刑之初，"人以其全足笑吾不全足者多矣，我怫然而怒，而适先生之所，则废然而反。不知先生之洗我以善邪。吾与夫子游十九年矣，而未尝知吾兀者也。"如今他已经领悟到"安之若命"的德充真谛。兀者叔山无趾，踵见仲尼。无趾曰："吾唯不知务而轻用吾身，吾是以亡足。今吾来也，犹有尊足者存，吾是以务全之也。"他意识到精神比形骸更加重要，他想要继续提升自己的道德修养。恶人哀骀它深受鲁哀公好评，鲁哀公向孔子介绍他时说："丈夫与之处者，思而不能去也。妇人见之，请于父母曰：'与为人妻，宁为夫子妾者。'十数而未止也，未尝有闻其唱者也，常和人而已矣。无君之位以济乎人之死，无聚禄以望人之腹，又以恶骇天下。"哀骀它的外貌足以以丑惊天下，但他在精神世界里早已脱凡入圣。

在次要人物中，孔子、子产和惠子的形象也很鲜活。《德充符》中，孔子不仅出场最多，而且其形象和立场一直变化不定。有时，孔子是庄子思想的传声筒。孔子评价王骀是"游心乎德之和"的圣人，哀骀它是"才全而德不形"的全德之人。孔子本人也曾经被鲁哀公视为"德友"。有时，孔子则是桎梏加身的"天刑"之人。孔子一生被世人目为圣人，然而在庄子眼里，儒家的那些仁义道德只是一堆"诛诡幻怪"的玩意，孔子蔽于形而不知德，不知死生一如、是非平齐之理，他这种被上天刑戮之人已经无法解救了，只好任其自生自灭。李胜芳曰："此老笔端好奇,惯游戏圣人如此。"①面对那个不知天高地厚的兀者,子产数次对他进行训诫:"我先出则子止,子先出则我止。今我将出,子可以止乎?其未邪?且子见执政而不违,子齐执政乎?""子既若是矣,犹与尧争善,计子之德,不足以自反邪?"刘辰翁曰:"其写子产语,虽等闲间杜撰,亦自古意雅甚。"②子产的训诫咄咄逼人,摆足了执政者的架子。他自以为自己站在道德高地上,可以肆意侮辱下层百姓。可听到申徒嘉义正词严的说明之后,"子产蹴然改容更貌曰:'子无乃称。'"这一句将子产的羞愧之状惟妙惟肖地表现了出来。

老子在《德充符》中只出现了一次,而且只说了一句话。无趾对老聃说:"孔丘之于至人,其未邪?彼何宾宾以学子为?彼且蕲以諔诡幻怪之名闻,不知至人之以是为己桎梏邪!"老聃回答说:"胡不直使彼以死生为一条,以可不可为一贯者,解其桎梏。其可乎?"有人认为老子这一句价值千金。蒋金式曰:"死生一条,可不可一贯,一篇《齐物论》尽此,一部《南华》尽此。"③这样的总结未必准确,但"死生为一条"确实连接贯通了老庄的德论思想。至于常常作为反面人物现身的惠子。在庄子笔下,他总是那么不合时宜,经常与庄子唱反调。但在《徐无鬼》中,又有这样的记载:"庄子送葬,过惠子之墓,顾谓从者曰:'……自夫子之死也,吾无以为质矣!吾无与言之矣。'"④读到此处,我们才能明白庄惠之间的深情。

在《德充符》中,庄子塑造了若干个生动的人物形象,其中既有兀者和恶人,也有儒家圣人孔子,道家始祖老子,还有鲁哀公这样的君主。作者在描写人物时详略有别,庄子在介绍恶人中的阐跂支离无脤和瓮盎大瘿、君主中的卫灵公齐桓公、孔子弟子闵子等人时只是一提而过,没有展开细致描绘。而每个故事中的主要人物都在庄子的设计下并不亲自登台表演,而是在别人的议论中层层推进,完成了人物形象的塑造。其中主要人物的形象无不

①　方勇.庄子纂要[M].北京:学苑出版社,2012:695.
②　方勇.庄子纂要[M].北京:学苑出版社,2012:681.
③　方勇.庄子纂要[M].北京:学苑出版社,2012:692.
④　郭庆藩.庄子集释[M].王孝鱼,点校.北京:中华书局,2018:741-742.

生动丰满,言论各肖其口。《德充符》的叙事手法是灵活多变的,最典型的有如下三种:

一、采用对照手法塑造人物形象

《德充符》中,有以下几组人物对照:

(1) 王骀与孔子的对照:王骀是一个兀者,实行不言之教,从之游者,与仲尼相若。孔子是儒家的圣人,他亲自赞扬王骀说:"官天地,府万物,直寓六骸,象耳目,一知之所知,而心未尝死者乎! 彼且择日而登假,人则从是也。彼且何肯以物为事乎!"庄子意在赞颂王骀,但他没有亲自出面,而是采用虚写手法,让儒家圣人替他表扬王骀,这样的效果显然更好。刘凤苞曰:"开手撰出兀者王骀一段,奇军突起,从间道直入中坚,所向皆靡。……用笔灵活,有似步虚之声。……结处将首段一笔漾开,越显出至人身分,高不可攀。"①

(2) 申徒嘉与子产的对照:申徒嘉与郑子产同时师于伯昏无人。经过了十九年的修炼之后,申徒嘉早已忘记了自己是一个兀者,他能够做到"安之若命";相反,在历史上深受孔子敬重的子产,在《德充符》中表现得没有什么道德素养。一个是执政的国之宰相,一个是昔日的囚犯;一个是形体完整的人,一个是兀者。但两人的对话,让读者看清了谁才是全德之人。

(3) 叔山无趾与孔子的对照:无趾承认自己早年"不知务而轻用吾身",他现在来见孔子,是因为"犹有尊足者存,吾是以务全之也"。但是孔子和无趾的境界不在一个层面上。孔子埋怨无趾说:"子不谨前,既犯患若是矣,虽今来何及矣!"无趾听后,发现孔子的境界太低,于是无意与孔子对话。他离开之后,孔子对弟子说:"弟子勉之,夫无趾,兀者也,犹务学以复补前行之恶,而况全德之人乎?"通过这次短促接触,孔子把无趾看成一个善于补过之人,完全不理解无趾的心灵世界。无趾则发现孔子只是一个天刑之人。林云铭曰:"无趾反说夫子之受天刑,竟似己为全人,而以他人为刑余可怜悯

---

① 刘凤苞.南华雪心编[M].北京:中华书局,2013:117-118.

者,真堪绝倒,庄文奇妙至此。"①生性诙谐的庄子经常拿儒家圣人孔子调侃,从文学的角度看具有令人捧腹的艺术效果。

二、夸张的外貌描写

《人间世》中的支离疏,是庄子塑造的第一个形体残疾者的形象:"支离疏者,颐隐于脐,肩高于顶,会撮指天,五管在上,两髀为胁。"支离指奇离不正,异于常态。支离疏因为形体残疾而逃离了劳役与战争,得以尽享天年。《德充符》中的哀骀它以恶骇天下。游说卫灵公的人名叫"闉跂支离无脤",成玄英疏:"闉,曲也。谓挛曲企踵而行。"②也就是一个跛足而行、形体不正又嘴巴豁口的人。游说齐桓公的人名叫"瓮䀜大瘿",他的脖子上长着粗大结块。从他们的名字上就可以看到这些人的形貌。庄子采用如此变形的外貌描写,意在表现德和形的关系。庄子说:"故德有所长而形有所忘,人不忘其所忘,而忘其所不忘,此谓诚忘。"相比于德行的丑恶,外貌之丑是次要的。只要有高尚的品德,外貌的妍媸就无关宏旨。

三、正反结合的结构方式

《德充符》全文六节中,前五节皆是从正面叙述什么是德充,德充之人乃是"才全而德不形者",他们"与物为春","游心乎德之和"。最后一节从反面立意,说明"有人之形,无人之情"的理论。释德清曰:"此篇以忘情绝欲以全天德,故其德乃充。前已发挥全德之妙,故结以无情非人,以尽绝情全德之意,所以警俗励世之意深矣。"③《德充符》曰:

> 惠子谓庄子曰:"人故无情乎?"庄子曰:"然。"惠子曰:"人而无情,何以谓之人?"庄子曰:"道与之貌,天与之形,恶得不谓之人?"惠子曰:"既谓之人,恶得无情?"庄子曰:"是非吾所谓情也。吾所谓无情者,言

① 林云铭.庄子因[M].张京华,点校.上海:华东师范大学出版社,2011:58.
② 郭庆藩.庄子集释[M].王孝鱼,点校.北京:中华书局,2018:199.
③ 释德清.庄子内篇注[M].上海:华东师范大学出版社,2009:107.

人之不以好恶内伤其身，常因自然而不益生也。"惠子曰："不益生，何以有其身？"庄子曰："道与之貌，天与之形，无以好恶内伤其身。今子外乎子之神，劳乎子之精，倚树而吟，据槁梧而瞑。天选子之形，子以坚白鸣。"

惠子的理解代表了常人的观念，既然有人之形，也就应该有人之情。庄子的"无情"则有其特殊的含义，庄子反对用外物、名声、私欲去干扰自然之性，对外神劳精、背离自然者提出了严厉警告。古人对这一节的写作手法给予了诸多好评。张道绪曰："笔法若整若散，似歌似谣，如乱星坠水。"①刘凤苞曰："末句如当头棒喝，使人动魄惊心。"②又曰："通结上文，文势如大海回澜，激得浪花无际。"③与前几节文字相比，这一节读起来朗朗上口，宛如一段歌谣。庄子用"大海回澜"之法，让读者在动魄惊心中结束了德充符之旅。

胡文英曰："《德充符》旨精语炼，满山红叶，几于无径可寻。……通篇细腻风光，远行近折，倘执着剩水残山，反错过真源妙境矣。"④在《德充符》中，庄子把哲理熔铸在寓言当中，寓中出寓，喻中设喻，塑造了多个生动的人物形象，主要人物语言各肖其口。同时，作者还采用了对照、夸张、正反结合等不同的描写手法。难怪会让千古文人竞相折腰，赞叹不绝。

 思考题

1. 庄子在《人间世》和《德充符》中两次说到了"安命"，两者有没有区别？

2. 庄子在《德充符》篇中是怎样塑造兀者形象的？

3. 结合《德充符》和其他篇章，分析《庄子》中的孔子形象。

① 方勇.庄子纂要[M].北京：学苑出版社，2012：733.
② 刘凤苞.南华雪心编[M].北京：中华书局，2013：135.
③ 刘凤苞.南华雪心编[M].北京：中华书局，2013：114.
④ 胡文英.庄子独见[M].上海：华东师范大学出版社，2011：39.

第六章 大 宗 师

拓展阅读
庄子"畸人"
说及其天
命观

一

知天之所为[1]，知人之所为者，至矣[2]！知天之所为者，天而生
也；知人之所为者，以其知之所知以养其知之所不知[3]，终其天年而
不中道夭者，是知之盛也[4]。虽然，有患[5]。夫知有所待而后当[6]，
其所待者特未定也[7]。庸讵知吾所谓天之非人乎[8]？所谓人之非
天乎？

【注释】

[1] 天之所为：即自然。天：指天　　　　[4] 盛：极致。

　　道。所为：运化，运化的产物。　　　　[5] 患：患累，问题。

[2] 至矣：认知的极致。　　　　　　　　[6] 有所待：有所依赖。

[3] 知之所知：凭借智力所能知道　　　　[7] 待：依凭的对象。

　　的道理。养：顺应。知之所不　　　　[8] 庸讵：怎么。

　　知：凭借智力不能理解的道理。

且有真人而后有真知。何谓真人？古之真人，不逆寡[1]，不雄成[2]，不
谟士[3]。若然者，过而弗悔[4]，当而不自得也[5]。若然者，登高不栗[6]，入水

131

不濡[7]，入火不热[8]。是知之能登假于
道者也若此[9]。

【注释】

[1] 逆寡：拒绝寡少。

[2] 雄成：夸耀成功。

[3] 谟(mó)士：谋事。

[4] 过：过失。

[5] 当：得当。

[6] 登高：身居高位。栗：害怕。

[7] 濡(rú)：沾湿。

[8] 不热：不感到热。

[9] 知：见识。登假于道：达到了大道的境界。假：至。

古之真人，其寝不梦，其觉无忧[1]，其食不甘，其息深深[2]。真人之息以
踵[3]，众人之息以喉。屈服者，其嗌言若哇[4]。其耆欲深者[5]，其天机浅[6]。

【注释】

[1] 觉：醒来。

[2] 深深：幽深沉静的样子。

[3] 真人之息以踵：真人用脚呼吸。

　　踵，脚后跟，泛指脚。

[4] 嗌(ài)言：堵在喉咙口的话。

[5] 耆欲：喜好与欲望。耆，通

　　"嗜"，喜好。

[6] 天机：先天的灵性。

哇：呕吐。

古之真人，不知说生[1]，不知恶死。其出不䜣[2]，其入不距[3]。翛然而
往[4]，翛然而来而已矣。不忘其所始[5]，不求其所终[6]。受而喜之[7]，忘而复
之[8]，是之谓不以心捐道[9]，不以人助天，是之谓真人。

【注释】

[1] 说：通"悦"，喜欢。

[2] 出：诞生。䜣(xīn)：同"欣"，

欣喜。

[3] 入：死。距：通"拒"，抗拒。

[4] 翛（xiāo）然：无拘无束的样子
　　或自由自在的样子。

[5] 始：生命之源。

[6] 终：生命之终结。

[7] 受：接受生命。

[8] 复之：复返自然。

[9] 捐：当为"损"字之误。

若然者，其心志[1]，其容寂[2]，其颡頯[3]。凄然似秋[4]，暖然似春[5]，喜怒通四时，与物有宜而莫知其极[6]。

【注释】

[1] 志：专一。

[2] 寂：安闲。

[3] 颡頯（sǎng kuí）：额头宽大。

[4] 凄然：严冷的样子。

[5] 暖然：春天般温暖的意思。

[6] 极：痕迹。

故圣人之用兵也，亡国而不失人心[1]。利泽施乎万世，不为爱人[2]。故乐通物[3]，非圣人也；有亲[4]，非仁也；天时，非贤也；利害不通，非君子也；行名失己，非士也；亡身不真，非役人也[5]。若狐不偕、务光、伯夷、叔齐、箕子、胥余、纪他、申徒狄[6]，是役人之役[7]，适人之适，而不自适其适者也。

【注释】

[1] 亡国：灭掉别人的国家。

[2] 爱人：偏心某人。

[3] 乐：乐意于。

[4] 有亲：有意亲爱。

[5] 役人：役使世人。

[6] 狐不偕：古贤人，投河而死。
　　务光：夏代隐士，投河而死。
　　伯夷、叔齐：商代孤竹君儿子，不食周粟，饿死于首阳山。
　　箕子：商纣王叔父，直言进谏，被纣王囚禁。胥余：其人不详。纪他：商时隐士，投水而死。申徒狄：商时隐士，投水而死。

[7] 役人之役：被人役使。

古之真人，其状义而不朋[1]，若不足而不承[2]；与乎其觚而不坚也[3]，张乎其虚而不华也[4]；邴邴乎其似喜乎[5]！崔乎其不得已乎[6]！滀乎进我色也[7]，与乎止我德也，厉乎其似世乎[8]！謷乎其未可制也[9]，连乎其似好闭也[10]，悗乎忘其言也[11]。以刑为体[12]，以礼为翼[13]，以知为时，以德为循。以刑为体者，绰乎其杀也[14]；以礼为翼者，所以行于世也；以知为时者，不得已于事也；以德为循者，言其与有足者至于丘也[15]，而人真以为勤行者也。故其好之也一，其弗好之也一。其一也一，其不一也一。其一与天为徒，其不一与人为徒，天与人不相胜也[16]，是之谓真人。

【注释】

[1] 其状：真人的情态。朋（bēng）：通"崩"，崩坏。一说为结党营私。

[2] 承：承受。

[3] 与：容与。觚（gū）：特立不群。坚：固执。

[4] 张：广大。华：浮华。

[5] 邴（bǐng）邴乎：安畅的样子。

[6] 崔乎：被迫而动的样子。

[7] 滀（chù）乎：水聚集的样子。

[8] 厉：危也。世：大。

[9] 謷（áo）乎：高傲自得的样子。

[10] 连乎：相连不绝。闭：闭口不语。

[11] 悗（mèn）乎：无心的样子。

[12] 体：本。

[13] 翼：辅助。

[14] 绰：宽大。

[15] 丘：山丘。

[16] 胜：克，抵触。

二

死生，命也[1]；其有夜旦之常[2]，天也。人之有所不得与[3]，皆物之情也[4]。彼特以天为父[5]，而身犹爱之[6]，而况其卓乎[7]！人特以有君为愈乎己[8]，而身犹死之，而况其真乎[9]！

【注释】

[1] 命：天地自然之理。

[2] 其：指死生之事。有：犹。

[3] 与：通"预"，干预。

[4] 情：实理。

[5] 彼：指人。

[6] 之：指天。

[7] 卓：指卓然超绝的道。

[8] 君：君王。愈：胜过。

[9] 真：大道。

泉涸,鱼相与处于陆,相呴以湿[1],相濡以沫[2],不如相忘于江湖。与其誉尧而非桀也,不如两忘而化其道[3]。

【注释】

[1] 呴(xǔ)：吐口水,这里引申为润湿。

[2] 濡：沾湿。

[3] 化其道：与大道化而为一。

夫大块载我以形[1],劳我以生,佚我以老[2],息我以死[3]。故善吾生者,乃所以善吾死也。

【注释】

[1] 大块：大地。

[2] 佚：安逸。

[3] 息：安息。

夫藏舟于壑,藏山于泽,谓之固矣！然而夜半有力者负之而走,昧者不知也。藏小大有宜,犹有所遁[1]。若夫藏天下于天下而不得所遁,是恒物之大情也。特犯人之形而犹喜之。若人之形者,万化而未始有极也,其为乐可胜计邪？故圣人将游于物之所不得遁而皆存。善妖善老,善始善终,人犹效之,又况万物之所系,而一化之所待乎！

【注释】

[1] 遁：逃避,消失。

三

夫道,有情有信[1],无为无形[2]；可传而不可受,可得而不可见；自本自

根,未有天地,自古以固存;神鬼神帝,生天生地;在太极之先而不为高[3],在六极之下而不为深,先天地生而不为久,长于上古而不为老。

【注释】

[1] 有情有信:有真实,有信验。

[2] 无为:自然。无形:抽象。

[3] 先:上。

豨韦氏得之[1],以挈天地[2];伏戏氏得之,以袭气母[3];维斗得之[4],终古不忒[5];日月得之,终古不息[6];堪坏得之[7],以袭昆仑[8];冯夷得之[9],以游大川[10];肩吾得之[11],以处大山[12];黄帝得之[13],以登云天;颛顼得之[14],以处玄宫[15];禺强得之[16],立乎北极[17];西王母得之[18],坐乎少广[19],莫知其始,莫知其终;彭祖得之[20],上及有虞[21],下及五伯[22];傅说得之[23],以相武丁[24],奄有天下[25],乘东维,骑箕尾而比于列星[26]。

【注释】

[1] 豨(xī)韦氏:传说中的上古帝王。

[2] 挈(qiè):提携,帮助。

[3] 袭:合。气母:元气的生育者。

[4] 维斗:北斗星。

[5] 忒:差误。

[6] 息:停止。

[7] 堪坏:传说中的昆仑山神。

[8] 袭:入。

[9] 冯夷:传说中的黄河之神。

[10] 大川:指黄河。

[11] 肩吾:传说中的泰山之神。

[12] 大山:泰山。

[13] 黄帝:传说中的五帝之首。

[14] 颛顼(zhuān xū):传说中的五帝之一,号高阳氏,黄帝之孙。

[15] 玄宫:北方的宫殿。

[16] 禺强:水神。

[17] 立乎:立于。北极:北海。

[18] 西王母:传说中女性神仙,又称王母娘娘。

[19] 少广:西极山名。

[20] 彭祖:传说中先秦道家的先驱

之一,姓篯名铿。一作彭铿,
陆终第三子。

[21] 有虞:有虞氏,上古时代的部
落名。舜为该部落首领。

[22] 五伯:指春秋时期五个诸侯之
长。一说为齐桓公、晋文公、
秦穆公、楚庄王、宋襄公。

[23] 傅说:殷商时期著名贤臣,古

虞国人。

[24] 武丁:子姓,名昭,商王盘庚之
侄,商朝第二十三任君主。

[25] 奄有:包有。

[26] 东维:星宿名。泛指东方。
箕:星宿名。汉族神话中的
二十八宿之一。

四

南伯子葵问乎女偊曰[1]:"子之年长矣,而色若孺子[2],何也?"曰:"吾闻
道矣。"南伯子葵曰:"道可得学邪?"曰:"恶! 恶可! 子非其人也。夫卜梁倚
有圣人之才而无圣人之道[3],我有圣人之道而无圣人之才。吾欲以教之,庶
几其果为圣人乎[4]? 不然,以圣人之道告圣人之才,亦易矣。吾犹守而告
之,参日而后能外天下;已外天下矣,吾又守之,七日而后能外物[5];已外物
矣,吾又守之,九日而后能外生[6];已外生矣,而后能朝彻[7];朝彻,而后能见
独[8];见独,而后能无古今[9];无古今,而后能入于不死不生。杀生者不死,
生生者不生[10]。其为物,无不将也[11],无不迎也,无不毁也,无不成也。其
名为撄宁[12]。撄宁也者,撄而后成者也。"

【注释】

[1] 南伯子葵、女偊(yǔ):虚构的
人名。

[2] 孺子:孩童。

[3] 卜梁倚:虚构的人名。才:指
智慧,才能。道:指人的个性。

[4] 庶几:或许。果:果真。

[5] 外物:遗忘人事。

[6] 外生:忘我。

[7] 朝彻:即彻悟。

[8] 见独:窥见大道。

[9] 无古今:破除古今的观念。

[10] 杀生者不死,生生者不生:杀

生者和生生者皆指大道,这里
说的是大道不死不生。

[11] 将:送。

[12] 撄(yīng)宁:道家所追求的一
种修养境界,指心神宁静,不
被外界事物所扰。

　　南伯子葵曰:"子独恶乎闻之?"曰:"闻诸副墨之子[1],副墨之子闻诸洛诵之孙[2],洛诵之孙闻之瞻明[3],瞻明闻之聂许[4],聂许闻之需役[5],需役闻之於讴[6],於讴闻之玄冥[7],玄冥闻之参寥[8],参寥闻之疑始[9]。"

【注释】

[1] 诸:之于。副墨:文字。

[2] 洛诵:诵读,言语。

[3] 瞻(zhān)明:见解洞彻。

[4] 聂许:耳朵听到了言语,心里就认同了。

[5] 需役:等待有人行使让事物

形成。

[6] 於讴(ōu):咏叹。

[7] 玄冥:深远幽寂的样子。

[8] 参寥:参悟空旷。

[9] 疑始:指大道的原始样貌不能被推测。

五

　　子祀、子舆、子犁、子来四人相与语曰[1]:"孰能以无为首,以生为脊,以死为尻[2];孰知死生存亡之一体者,吾与之友矣!"四人相视而笑,莫逆于心,遂相与为友。俄而子舆有病[3],子祀往问之。曰:"伟哉,夫造物者,将以予为此拘拘也[4]!曲偻发背[5],上有五管[6],颐隐于齐[7],肩高于顶[8],句赘指天[9]。"阴阳之气有沴[10],其心闲而无事,胼𨇤而鉴于井[11],曰:"嗟乎!夫造物者又将以予为此拘拘也。"

【注释】

[1] 子祀、子舆、子犁、子来:虚构的人名。相与语:互相说。

[2] 尻(kāo):屁股。

[3] 俄而:不久。

[4] 拘拘:曲背的样子。

[5] 曲偻(lóu):驼背。发背:背骨

突出。

[6] 五管：五脏的穴位。

[7] 齐：肚脐。

[8] 顶：头顶。

[9] 句(gōu)赘(zhuì)：指驼背者突

起的脊骨，因状如赘疣，故称。

[10] 沴(lì)：凌乱。

[11] 胼躚(pián xiān)：走路艰难
的样子。鉴：照。

子祀曰："女恶之乎?"曰："亡[1]，予何恶! 浸假而化予之左臂以为鸡[2]，予因以求时夜;浸假而化予之右臂以为弹，予因以求鸮炙[3];浸假而化予之尻以为轮[4]，以神为马[5]，予因以乘之，岂更驾哉[6]! 且夫得者[7]，时也;失者[8]，顺也。安时而处顺，哀乐不能入也，此古之所谓县解也[9]，而不能自解者，物有结之[10]。且夫物不胜天久矣，吾又何恶焉!"

【注释】

[1] 亡：否。

[2] 浸：渐渐地。假：使。

[3] 鸮(xiāo)炙：烧烤鸟肉。

[4] 轮：车轮。

[5] 神：精神。

[6] 更驾：另外找车驾。

[7] 得：生。

[8] 失：死。

[9] 县解：悬解，使人从倒悬的状态
下解脱，即超越生死。

[10] 物：人力。结：束缚。

俄而子来有病，喘喘然将死[1]。其妻子环而泣之。子犁往问之，曰："叱! 避! 无怛化[2]!"倚其户与之语曰[3]："伟哉造化! 又将奚以汝为? 将奚以汝适? 以汝为鼠肝乎? 以汝为虫臂乎?"

【注释】

[1] 喘喘：呼吸急促，气息微弱的
样子。

[2] 叱：呵斥声。避：让哭的人去

一边。怛(dá)化：指人死乃自
然的变化，不要惊动他。

[3] 之：他，指子来。

子来曰："父母于子[1]，东西南北，唯命之从。阴阳于人[2]，不翅于父母^[3]。彼近吾死而我不听^[4]，我则悍矣^[5]，彼何罪焉？夫大块载我以形，劳我以生，佚我以老，息我以死^[6]。故善吾生者，乃所以善吾死也。今大冶铸金^[7]，金踊跃曰^[8]："我且必为镆铘^[9]！'大冶必以为不祥之金。今一犯人之形^[10]，而曰："人耳！人耳！'夫造化者必以为不祥之人。今一以天地为大炉，以造化为大冶，恶乎往而不可哉！"成然^[11]寐，蘧然^[12]觉。

【注释】

[1] 父母于子：即子于父母。子女对于父母而言。

[2] 阴阳于人：即人于阴阳。人对于阴阳而言。

[3] 不翅：不啻，无异于。

[4] 彼：造化。近：迫。

[5] 悍：逆违。

[6] 息：安息。

[7] 大冶：冶金工匠。

[8] 踊跃：跳跃。

[9] 镆铘(mò yé)：古代传说中的一把名剑。

[10] 一：乃。犯：通"范"，铸造。

[11] 成然：安然。

[12] 蘧然：自适的样子。

六

子桑户、孟子反、子琴张三人相与友，曰^[1]："孰能相与于无相与^[2]，相为于无相为^[3]；孰能登天游雾，挠挑无极^[4]，相忘以生，无所终穷？"三人相视而笑，莫逆于心，遂相与友。

【注释】

[1] 子桑户、孟子反、子琴张：虚构的人名。相与友：相交为朋友。

[2] 孰能相与于无相与：谁能在无

心中相交为友。

[3] 相为：相助。

[4] 挠挑：宛转。无极：太虚。

莫然有间^[1]，而子桑户死，未葬。孔子闻之，使子贡往侍事焉^[2]。或编曲^[3]，或鼓琴，相和而歌曰："嗟来桑户乎^[4]！嗟来桑户乎！而已反其真^[5]，而我犹为人猗[6]！"子贡趋而进曰："敢问临尸而歌，礼乎？"二人相视而笑曰："是恶知礼意！"子贡反，以告孔子曰："彼何人者邪？修行无有[7]，而外其形骸，临尸而歌，颜色不变，无以命之[8]。彼何人者邪？"

【注释】

[1] 莫然：淡漠无心的样子。

[2] 侍事：助办丧事。

[3] 编曲：编次歌曲。

[4] 来：语气助词。

[5] 而：你。反：通"返"，返回。

[6] 猗：叹词，相当于"啊"！

[7] 修行无有：无有修行，即不按照礼仪修行。

[8] 命：名称。

　　孔子曰："彼游方之外者也[1]，而丘游方之内者也。外内不相及，而丘使女往吊之[2]，丘则陋矣！彼方且与造物者为人[3]，而游乎天地之一气。彼以生为附赘县疣[4]，以死为决疣溃痈[5]。夫若然者，又恶知死生先后之所在！假于异物，托于同体[6]；忘其肝胆，遗其耳目；反覆终始[7]，不知端倪[8]；芒然仿徨乎尘垢之外[9]，逍遥乎无为之业[10]。彼又恶能愦愦然为世俗之礼[11]，以观众人之耳目哉[12]！"

【注释】

[1] 方：礼法。

[2] 女：通"汝"，你。

[3] 方且：正要。为人：为偶，为友。

[4] 附赘（zhuì）县疣（yóu）：肉瘤和瘊子，这里引申为多余无用的东西。附赘，附生于皮肤上的肉瘤；县疣，皮肤上突起的瘊子。

[5] 决疣（huàn）溃痈：坏的事物自然消散。决疣：肿块破裂。溃

痈：脓疮溃破。

[6] 托：聚合。

[7] 反覆：循环。

[8] 端倪：分际。

[9] 芒然：无所系累的样子。仿徨：即逍遥，自得的样子。

[10] 业：事业。

[11] 愦（kuì）愦然：烦闷的样子；忧愁的样子。

[12] 观：给人看。

141

子贡曰："然则夫子何方之依？"孔子曰："丘，天之戮民也[1]。虽然，吾与汝共之。"子贡曰："敢问其方？[2]"孔子曰："鱼相造乎水[3]，人相造乎道。相造乎水者，穿池而养给[4]；相造乎道者，无事而生定[5]。故曰：鱼相忘乎江湖，人相忘乎道术[6]。"子贡曰："敢问畸人[7]？"曰："畸人者，畸于人而侔于天[8]。故曰：天之小人，人之君子；人之君子，天之小人也。"

【注释】

[1] 天之戮民：受到礼仪束缚，就像被上天施与刑罚的人。

[2] 方：方法。

[3] 造：至，适。

[4] 穿池：掘地成池。

[5] 无事：无为。生定：心性安定。

[6] 道术：大道。

[7] 畸(jī)人：独特志行、不同流俗的人。

[8] 侔(móu)：相等，齐。

七

颜回问仲尼曰："孟孙才[1]，其母死，哭泣无涕[2]，中心不戚[3]，居丧不哀[4]。无是三者，以善处丧盖鲁国[5]，固有无其实而得其名者乎[6]？回壹怪之[7]。"

【注释】

[1] 孟孙才：虚构的人名。

[2] 涕：泪水。

[3] 中心：心中。戚：忧伤。

[4] 居丧：服丧。

[5] 盖：覆盖，即闻名。

[6] 固有：岂有。

[7] 壹：语气助词，表示强调。

仲尼曰："夫孟孙氏尽之矣[1]，进于知矣[2]，唯简之而不得[3]，夫已有所简矣。孟孙氏不知所以生，不知所以死。不知就先，不知就后。

若化为物[4]，以待其所不知之化已乎[5]！且方将化，恶知不化哉？方将不化，恶知已化哉？吾特与汝，其梦未始觉者邪[6]！且彼有骇形[7]而无损心，有旦宅而无情死[8]。孟孙氏特觉[9]，人哭亦哭，是自其所以乃[10]。且也相与'吾之'[11]耳矣，庸讵[12]知吾所谓'吾之'乎？且汝梦为鸟而厉[13]乎天，梦为鱼而没于渊。不识今之言者[14]，其觉者乎？其梦者乎？造适不及笑[15]，献笑不及排[16]，安排而去化，乃入于寥天一[17]。"

【注释】

[1] 尽之：尽处丧之道。

[2] 进：超过。

[3] 不得：无法做到。

[4] 若：顺。

[5] 已乎：如此而已。

[6] 其：恐怕。

[7] 彼：指孟孙才。骇：惊异的。

[8] 旦：每日变化。宅：指内心世界。情：精神。

[9] 特：独自。

[10] 乃：如此。

[11] 吾之：这是我。

[12] 庸讵：怎么。

[13] 厉：通"戾"，到达。

[14] 不识：不知道。

[15] 造：至。

[16] 献笑：突然发笑。排：安排。

[17] 寥天一：虚空寂寥的天道。

八

意而子见许由[1]，许由曰："尧何以资汝[2]？"意而子曰："尧谓我：'汝必躬服仁义而明言是非[3]。'"许由曰："而奚来为轵[4]？夫尧既已黥汝以仁义[5]，而劓汝以是非矣[6]。汝将何以游夫遥荡恣睢转徙之涂乎[7]？"

【注释】

[1] 意而子：虚构的人名。

[2] 资：教。

[3] 躬服：亲自实行。明言：辨清。

[4] 而：通"尔"，你。轵（zhǐ）：通"只"，语助词。

[5] 黥（qíng）：古代在人脸上刺字并涂墨的刑罚。

[6] 劓（yì）：古代割掉鼻子的刑罚。

[7] 遥荡：逍遥放荡。恣睢（zì suī）：放任自得。转徙：变化。涂：通"途"，道路。

意而子曰："虽然，吾愿游于其藩[1]。"许由曰："不然。夫盲者无以与乎眉目颜色之好[2]，聋者无以与乎青黄黼黻[3]之观。"意而子曰："夫无庄之失其美[4]，据梁[5]之失其力，黄帝之亡其知，皆在炉捶[6]之间耳。庸讵知夫造物者之不息我黥而补我劓[7]，使我乘成以随先生邪？"

【注释】

[1] 藩：边缘地带。

[2] 与：参与欣赏。

[3] 黼黻（fǔ fú）：泛指礼服上所绣的华美花纹。

[4] 无庄：虚构的美女名。

[5] 据梁：虚构的大力士名。

[6] 捶：通"锤"，锤炼。

[7] 乘：载。成：完整的身躯。

许由曰："噫！未可知也。我为汝言其大略[1]。吾师乎！吾师乎！齑万物而不为义[2]，泽及万世而不为仁[3]，长于上古而不为老，覆载天地、刻雕众形而不为巧。此所游已。"

【注释】

[1] 大略：大概。

[2] 齑（jī）：粉碎，引申为和、调和。

[3] 泽：恩泽。

九

颜回曰："回益矣。"仲尼曰："何谓也？"曰："回忘仁义矣。"曰："可矣，犹未也。"他日,复见,曰:"回益矣。"曰:"何谓也?"曰:"回忘礼乐矣!"曰:"可矣,犹未也。"他日,复见,曰:"回益矣!"曰:"何谓也?"曰:"回坐忘矣[1]。"仲尼蹴然曰[2]:"何谓坐忘?"颜回曰:"堕肢体[3],黜聪明[4],离形去知,同于大通[5],此谓坐忘。"仲尼曰:"同则无好也[6],化则无常也[7]。而果其贤乎[8]!丘也请从而后也[9]。"

【注释】

[1] 坐忘:端坐而忘记一切。

[2] 蹴(cù)然:因惊奇而神态突变的样子。

[3] 堕(huī)肢体:忘却自己的形体。

[4] 黜(chù):废除。

[5] 大通:大道。

[6] 同:与万物同一。无好:没有好恶之情。

[7] 常:滞执不变。

[8] 而:你。

[9] 从而后:跟在你后面。

+

子舆与子桑友[1]。而霖雨十日[2],子舆曰:"子桑殆病矣[3]!"裹饭而往食之[4]。至子桑之门,则若歌若哭,鼓琴曰:"父邪!母邪!天乎!人乎!"有不任其声而趋举其诗焉[5]。

子舆入,曰:"子之歌诗,何故若是?"曰:"吾思夫使我至此极者而弗得也。父母岂欲吾贫哉?天无私覆,地无私载,天地岂私贫我哉?求其为之者而不得也!然而至此极者[6],命也夫!"

【注释】

[1] 子舆、子桑:虚构的人名。

[2] 霖雨:绵绵细雨。

[3] 病:因饥而病。

[4] 裹:带。

[5] 不任其声:气力不足而声音微弱。

[6] 极:绝境。

 义理诠释

一、大宗师

何梦瑶曰:"大宗师,谓道也。道至大无外,故曰大;生天生地,万物资始,故曰宗;人当法道,故曰师。"[1]世人以真人为宗师,真人以大道为宗师。庄子在文中借许由之口称颂大道"吾师乎! 吾师乎!",明确了以道为师的态度。本篇除了描写古之真人外,也描绘了一些畸人。真人是一种理想人格,畸人则是活跃在现实生活中的道家人物。

二、古之真人

《大宗师》曰:"知天之所为,知人之所为者,至矣! 知天之所为者,天而生也;知人之所为者,以其知之所知以养其知之所不知,终其天年而不中道夭者,是知之盛也。……何谓真人? 古之真人,不逆寡,不雄成,不谟士。若然者,过而弗悔,当而不自得也。若然者,登高不栗,入水不濡,入火不热。是知之能登假于道者也若此。"释德清曰:"此一节乃一篇立言之主意,以一'知'字为眼目。"[2]孙嘉淦:"自起至此为一节,乃一篇之总冒。下文皆分疏'知天所为''知人所为',末乃归于天人之合一也。"[3]庄子开门见山地提出:重要的是认识天与人,分清天之所为与人之所为。然而,由于事物变动不居,要认清天与人的关系很难,唯有真人才能知天知人。"不逆寡、不雄成、不谟士"是真人有别于俗人的特质。真人能够做到"登高不栗,入水不濡,入火不热"。这段描述在道教徒眼里是对神仙的真实描写,在非道教徒看来是庄子为了说理而想象出的理想形象。

《大宗师》曰:"古之真人,其寝不梦,其觉无忧,其食不甘,其息深深。真人之息以踵,众人之息以喉。屈服者,其嗌言若哇。其耆欲深者,其天机

① 何梦瑶.庄子故[M].桂林:广西师范大学出版社,2019:143.
② 释德清.庄子内篇注[M].上海:华东师范大学出版社,2009:111.
③ 方勇.庄子纂要[M].北京:学苑出版社,2012:774.

浅。"郭象《庄子注》曰:"无意想也。当所遇而安也。理当食耳。乃在根本中来者也。气不平畅。深根宁极,然后反一无欲也。"①释德清曰:"此一节言真人妙悟自性,是为真知者。"②真人没有欲望,所以既没有梦境,也没有忧愁。真人的生存方式也异于常人,常人用喉咙呼吸,真人只需立足大地,便能用脚跟进行呼吸。

《大宗师》曰:"古之真人,不知说生,不知恶死。其出不䜣,其入不距。翛然而往,翛然而来而已矣。不忘其所始,不求其所终。受而喜之,忘而复之。是之谓不以心捐道,不以人助天,是之谓真人。"郭象《庄子注》曰:"物之感人无穷,人之逐欲无节,则天理灭矣。真人知用心则背道,助天则伤生,故不为也。"③释德清曰:"此一节言真人游世,不但忘利害,而且忘死生。故虽身寄人间,心超物表,意非真知妙悟,未易至此,欲人知其所养也。"④真人看淡生死,不以生死为怀。

《大宗师》曰:"若然者,其心志,其容寂,其颡颒。凄然似秋,暖然似春,喜怒通四时,与物有宜而莫知其极。"郭象《庄子注》曰:"夫体道合变者,与寒暑同其温严,而未尝有心也。然有温严之貌,生杀之节,故寄名于喜怒也。无心于物,故不夺物宜;无物不宜,故莫知其极。"⑤面对外物,真人也未尝代入自己的心绪。

《大宗师》曰:"古之真人,其状义而不朋,若不足而不承;与乎其觚而不坚也,张乎其虚而不华也;邴邴乎其似喜乎!崔乎其不得已乎!滀乎进我色也,与乎止我德也,厉乎其似世乎!謷乎其未可制也,连乎其似好闭也,悗乎忘其言也。……故其好之也一,其弗好之也一。其一也一,其不一也一。其一与天为徒,其不一与人为徒,天与人不相胜也,是之谓真人。"梅冲曰:"论道以'天与人不相胜'句为主,古今论道者,莫如此语最明白的当。"⑥释德清

① 郭庆藩.庄子集释[M].王孝鱼,点校.北京:中华书局,2018:209.
② 释德清.庄子内篇注[M].上海:华东师范大学出版社,2009:113.
③ 郭庆藩.庄子集释[M].王孝鱼,点校.北京:中华书局,2018:210.
④ 释德清.庄子内篇注[M].上海:华东师范大学出版社,2009:114.
⑤ 郭庆藩.庄子集释[M].王孝鱼,点校.北京:中华书局,2018:212.
⑥ 方勇.庄子纂要[M].北京:学苑出版社,2012:759-760.

曰:"此一节形容真人虚心游世之状貌如此之妙。……此一节总结前知天、知人工夫,做到浑然一体,天人一际,然后任其天真,则在天而天,在人而人,天地同根,万物一体。"①"天与人不相胜也"是庄子天人思想的高度概括,它是真人虚心以游世的原因,与荀子"人定胜天"的思想截然相反。

三、死生命也

《大宗师》曰:"死生,命也;其有夜旦之常,天也。人之有所不得与,皆物之情也。彼特以天为父,而身犹爱之,而况其卓乎!人特以有君为愈乎己,而身犹死之,而况其真乎!"郭象《庄子注》曰:"其有昼夜之常,天之道也。故知死生者命之极,非妄然也,若夜旦耳,奚所系哉!夫真人在昼得昼,在夜得夜。以死生为昼夜,岂有所不得!"②在庄子看来,死生属于天命,不可违背。

《大宗师》曰:"泉涸,鱼相与处于陆,相呴以湿,相濡以沫,不如相忘于江湖。与其誉尧而非桀也,不如两忘而化其道。"郭象《庄子注》曰:"与其不足而相爱,岂若有余而相忘!夫非誉皆生于不足。"③我们习惯用"相濡以沫"比喻夫妻朋友同甘苦共患难,但按照庄子的思想,在人间挣扎的常人与其"相濡以沫",不如在道的怀抱中各自畅游,互相忘记对方。

《大宗师》曰:"夫大块载我以形,劳我以生,佚我以老,息我以死。故善吾生者,乃所以善吾死也。夫藏舟于壑,藏山于泽,谓之固矣!然而夜半有力者负之而走,昧者不知也。藏小大有宜,犹有所遁。若夫藏天下于天下而不得所遁,是恒物之大情也。特犯人之形而犹喜之。若人之形者,万化而未始有极也,其为乐可胜计邪?故圣人将游于物之所不得遁而皆存。善妖善老,善始善终,人犹效之,又况万物之所系,而一化之所待乎!"郭象《庄子注》曰:"夫形生老死,皆我也。故形为我载,生为我劳,老为我佚,死为我息,四者虽变,未始非我,我奚惜哉!死与生,皆命也。"④李腾芳曰:"庄子学问全在

---

① 释德清.庄子内篇注[M].上海:华东师范大学出版社,2009:116-117.
② 郭庆藩.庄子集释[M].王孝鱼,点校.北京:中华书局,2018:220.
③ 郭庆藩.庄子集释[M].王孝鱼,点校.北京:中华书局,2018:221-222.
④ 郭庆藩.庄子集释[M].王孝鱼,点校.北京:中华书局,2018:222.

生死上勘得破,故每每以生死立论。上文既言古之真人,不知悦生,不知恶死,此又言死生命也,以下反复发明其意。"①生死观是《大宗师》要讨论的重要问题,庄子看待生死最为超脱。他认为自然"载我以形,劳我以生,佚我以老,息我以死",人与自然始终没有分开,死是回归自然的过程。天地是人类最值得敬仰和感恩的存在。

四、夫道有情有信

《大宗师》曰:"夫道,有情有信,无为无形;可传而不可受,可得而不可见;自本自根,未有天地,自古以固存;神鬼神帝,生天生地;在太极之先而不为高,在六极之下而不为深,先天地生而不为久,长于上古而不为老。"庄子认为,道是真实存在的,又是无为无形的,道"自本自根",自己产生自己。鬼和天帝都是因为有了道才能活跃起来。道在很久之前就已经产生了,大道无处不在,且永远不会过时。

《大宗师》曰:"狶韦氏得之,以挈天地;伏戏氏得之,以袭气母;维斗得之,终古不忒;日月得之,终古不息;堪坏得之,以袭昆仑;冯夷得之,以游大川;肩吾得之,以处大山;黄帝得之,以登云天;颛顼得之,以处玄宫;禺强得之,立乎北极;西王母得之,坐乎少广,莫知其始,莫知其终;彭祖得之,上及有虞,下及五伯;傅说得之,以相武丁,奄有天下,乘东维、骑箕尾而比于列星。"郭象《庄子注》曰:"有无情之情,故无为也;有无常之信,故无形也。古今传而宅之,莫能受而有之。咸得自容,而莫见其状。明无不待有而无也。"②释德清曰:"此明大宗师者,所宗者大道也。以大道乃天地、万物、神人之主,今人秉此大道而有生,处此形骸之中,为生之主者,所谓天然之性,以形假而性真,故称之曰'真宰'。"③以上所举皆为得道之人,得道使他们有了神奇的本领。

---

① 方勇.庄子纂要[M].北京:学苑出版社,2012:824.
② 郭庆藩.庄子集释[M].王孝鱼,点校.北京:中华书局,2018:226.
③ 释德清.庄子内篇注[M].上海:华东师范大学出版社,2009:122.

五、南伯子葵问乎女偊

《大宗师》曰:"南伯子葵问乎女偊曰:'子之年长矣,而色若孺子,何也?'曰:'吾闻道矣。'南伯子葵曰:'道可得学邪?'曰:'恶!恶可!子非其人也。夫卜梁倚有圣人之才而无圣人之道,我有圣人之道而无圣人之才。吾欲以教之,庶几其果为圣人乎?不然,以圣人之道告圣人之才,亦易矣。吾犹守而告之,参日而后能外天下;已外天下矣,吾又守之,七日而后能外物;已外物矣,吾又守之,九日而后能外生;已外生矣,而后能朝彻;朝彻,而后能见独;见独,而后能无古今;无古今,而后能入于不死不生。杀生者不死,生生者不生。其为物,无不将也,无不迎也,无不毁也,无不成也。其名为撄宁。撄宁也者,撄而后成者也。'"郭象《庄子注》曰:"遗生则不恶死,不恶死故所遇即安,豁然无滞,见机而作,斯朝彻也。"①释德清曰:"此前论大道虽是可宗可师,犹漫言无要。此一节方指出学道之方,意谓此道虽是人人本有,既无生知之圣,必要学而后成。今要学者,须要根器全美,方堪授受;授受之际,又非草率,须要耳提面命,守而教之;其教之之方,又不可速成,须有渐次而入,故使渐渐开悟。"②这一段讲学道的过程,道不是人人可以获得的,只有那些具有圣人之道和圣人之才的人才可能通过修炼得道。修道是一个漫长的过程,体道者要由外入内,由浅入深,最后才能豁然贯通。"撄宁"是得道之后内心进入的境界。

《大宗师》曰:"南伯子葵曰:'子独恶乎闻之?'曰:'闻诸副墨之子,副墨之子闻诸洛诵之孙,洛诵之孙闻之瞻明,瞻明闻之聂许,聂许闻之需役,需役闻之於讴,於讴闻之玄冥,玄冥闻之参寥,参寥闻之疑始。'"这一段强调玄妙之道只有经过很多曲折才能获得,更加体现出大道的特性。

六、子祀、子舆、子犁、子来

《大宗师》曰:"子祀、子舆、子犁、子来四人相与语曰:'孰能以无为首,以

---

① 郭庆藩.庄子集释[M].王孝鱼,点校.北京:中华书局,2018:232.
② 释德清.庄子内篇注[M].上海:华东师范大学出版社,2009:124-125.

生为脊,以死为尻;孰知死生存亡之一体者,吾与之友矣!'四人相视而笑,莫逆于心,遂相与为友。……子来曰:'父母于子,东西南北,唯命之从。阴阳于人,不翅于父母。彼近吾死而我不听,我则悍矣,彼何罪焉?夫大块载我以形,劳我以生,佚我以老,息我以死。故善吾生者,乃所以善吾死也。今大冶铸金,金踊跃曰:'我且必为镆铘!'大冶必以为不祥之金。今一犯人之形,而曰:'人耳!人耳!'夫造化者必以为不祥之人。今一以天地为大炉,以造化为大冶,恶乎往而不可哉!'成然寐,蘧然觉。"郭象《庄子注》曰:"寐寐自若,不以死生累心。"①李腾芳曰:"子祀、子舆、子犁、子来四子,皆与道有所闻者,故能一视生死,而快然自得有如此也。"②子祀、子舆、子犁、子来四人知道死生存亡实为一体,他们能够正视子来的病情,在生活中怡然自得,随遇而安。他们是现实中道教徒的一个缩影。

七、子桑户、孟子反、子琴张

《大宗师》曰:"子桑户、孟子反、子琴张三人相与友,曰:'孰能相与于无相与,相为于无相为;孰能登天游雾,挠挑无极,相忘以生,无所终穷!'三人相视而笑,莫逆于心,遂相与友。……孔子曰:'彼游方之外者也,而丘游方之内者也。外内不相及,而丘使女往吊之,丘则陋矣!彼方且与造物者为人,而游乎天地之一气。彼以生为附赘县疣,以死为决疣溃痈。夫若然者,又恶知死生先后之所在!假于异物,托于同体;忘其肝胆,遗其耳目;反覆终始,不知端倪;芒然仿徨乎尘垢之外,逍遥乎无为之业。彼又恶能愦愦然为世俗之礼,以观众人之耳目哉!'"郭象《庄子注》曰:"人哭亦哭,俗内之迹也。齐死生,忘哀乐,临尸能歌,方外之至也。"③李腾芳《说庄》曰:"子桑户、孟子反、子琴张,亦子祀、子舆之流也。设为子贡、孔子问答之言,亦皆至论。"④《大宗师》曰:"子贡曰:'然则夫子何方之依?'孔子曰:'丘,天之戮民也。虽

① 郭庆藩.庄子集释[M].王孝鱼,点校.北京:中华书局,2018:240.
② 方勇.庄子纂要[M].北京:学苑出版社,2012:873.
③ 郭庆藩.庄子集释[M].王孝鱼,点校.北京:中华书局,2018:243.
④ 方勇.庄子纂要[M].北京:学苑出版社,2012:891.

然,吾与汝共之。'子贡曰:'敢问其方?'孔子曰:'鱼相造乎水,人相造乎道。相造乎水者,穿池而养给;相造乎道者,无事而生定。故曰:鱼相忘乎江湖,人相忘乎道术。'子贡曰:'敢问畸人?'曰:'畸人者,畸于人而侔于天。故曰:天之小人,人之君子;人之君子,天之小人也。'"释德清曰:"此一节言孔子方内之圣人,亦能引进于方外之学。意谓世之拘拘者,亦可与造乎大道,故以子贡之才智尚去道远甚,况其他乎?"①庄子在本段提出了方内之人与方外之人两个新概念,孔子是方内之人,畸人则是方外之人。畸人领略了大道之美,行为不同于世俗之人。

八、颜回问仲尼

《大宗师》曰:"颜回问仲尼曰:'孟孙才,其母死,哭泣无涕,中心不戚,居丧不哀。无是三者,以善处丧盖鲁国,固有无其实而得其名者乎?回壹怪之。'仲尼曰:'夫孟孙氏尽之矣,进于知矣,唯简之而不得,夫已有所简矣。孟孙氏不知所以生,不知所以死。不知就先,不知就后。若化为物,以待其所不知之化已乎。且方将化,恶知不化哉?方将不化,恶知已化哉?吾特与汝,其梦未始觉者邪!且彼有骇形而无损心,有旦宅而无情死。孟孙氏特觉,人哭亦哭,是自其所以乃。且也相与'吾之'耳矣,庸讵知吾所谓'吾之'乎?且汝梦为鸟而厉乎天,梦为鱼而没于渊。不识今之言者,其觉者乎?其梦者乎?造适不及笑,献笑不及排,安排而去化,乃入于寥天一。'"释德清曰:"此一节言方外之学,方内亦有能之者。第在世俗之中,常情所不识,必有真人乃能知之。故借重颜子与圣人开觉之,此段最是惺悟世人真切处。上言了无生死,乃造道之极,要在顿悟。下言世人必欲学道,须将仁义、恭矜、智能夙习之事,一切屏绝,乃可入道。"②孟孙才也是一位畸人,常人难以理解他的行为,此节借孔子之口向读者展示了"安排而去化"的境界。

---

① 释德清.庄子内篇注[M].上海:华东师范大学出版社,2009:133.
② 释德清.庄子内篇注[M].上海:华东师范大学出版社,2009:135.

九、意而子见许由

《大宗师》曰："意而子见许由，许由曰：'尧何以资汝？'意而子曰：'尧谓我："汝必躬服仁义而明言是非。"'许由曰：'而奚来为轵？夫尧既已黥汝以仁义，而劓汝以是非矣。汝将何以游夫遥荡恣睢转徙之途乎？意而子曰：'虽然，吾愿游于其藩。'许由曰：'不然。夫盲者无以与乎眉目颜色之好，瞽者无以与乎青黄黼黻之观。'意而子曰：'夫无庄之失其美，据梁之失其力，黄帝之亡其知，皆在炉捶之间耳。庸讵知夫造物者之不息我黥而补我劓，使我乘成以随先生邪？'许由曰：'噫！未可知也。我为汝言其大略。吾师乎！吾师乎！齑万物而不为义，泽及万世而不为仁，长于上古而不为老，覆载天地、刻雕众形而不为巧。此所游已！'"郭象《庄子注》曰："皆自尔耳，亦无爱为于其间也，安所寄其仁义！日新也。自然，故非巧也。游于不为而师于无师也。"[1]释德清曰："此一节言欲学大道，必须屏绝有心要为仁义、恭矜、智能之事，方可超玄入妙，而逍遥乎大道之乡。"[2]庄子提醒读者，要学习道家的无为思想，首先要摒弃儒家的仁义是非学说。即使以前受到过儒家思想的影响，如果能够早日更正，也有可能体悟大道。

十、坐忘

《大宗师》曰："颜回曰：'回益矣。'仲尼曰：'何谓也？'曰：'回忘仁义矣。'曰：'可矣，犹未也。'他日，复见，曰：'回益矣。'曰：'何谓也？'曰：'回忘礼乐矣。'曰：'可矣，犹未也。'他日，复见，曰：'回益矣。'曰：'何谓也？'曰：'回坐忘矣。'仲尼蹴然曰：'何谓坐忘？'颜回曰：'堕肢体，黜聪明，离形去知，同于大通，此谓坐忘。'仲尼曰：'同则无好也，化则无常也。而果其贤乎！丘也请从而后也。'"林希逸曰："'坐忘'之说，乃庄子之说也……益者，言有所得也……先忘仁义而后至于忘礼乐，亦犹所谓外天下而后万物。至于坐忘，则

---

① 郭庆藩.庄子集释[M].王孝鱼，点校.北京：中华书局，2018：257.
② 释德清.庄子内篇注[M].上海：华东师范大学出版社，2009：137.

尽忘之矣,此有无俱遣之时……四肢耳目皆不自知,而同于大通之道也。与道为一……则化矣,化则无所住而生其心矣。"①与"心斋"一样,"坐忘"也是庄子到达"吾忘我"境界的途径。"坐忘"要求体道之人首先忘记仁义,其次忘记礼乐,仁义礼乐都是儒家的宝贝,要走近道家思想,首先要远离儒家观念,这样才有可能进入"坐忘"之境。

十一、子舆与子桑友

《大宗师》曰:"子舆与子桑友。……(子桑)曰:'吾思夫使我至此极者而弗得也。父母岂欲吾贫哉?天无私覆,地无私载,天地岂私贫我哉?求其为之者而不得也!然而至此极者,命也夫!'"郭象《庄子注》曰:"言物皆自然,无为之者也。"②孙嘉淦曰:"点出命字作结,万水归源,一滴不漏。"③又曰:"通篇以命字作主。天之所为则是命,人之所为,尽性以至命而已。人为之尽,乃与天合,其归一也。"④子桑贫病交加,他思索导致自己贫病的原因,最终得出结论:原因不在父母,不在天地,也不在自己,而在于命。这正与《德充符》中"安之若命"的思想相照应。

艺术探微

何为大宗师?或谓大宗师就是道,或谓大宗师是悟道之真人。两说皆通,且彼此联系。对于俗人来说,真人就是大宗师;对于真人来说,他们以道为宗师,在实践中效法大道、体现大道。刘凤苞曰:"《大宗师》一篇,是庄子勘破生死关头,见大道无形无象,一切有形有象者,皆受其陶镕,大道无始无终,一切成始成终者,皆归其运化,接续无穷。……其中俊语奥词,分呈互见,剖之为荆山之玉,屑之为丽水之金,缀之为长古之囊,割之为丘迟之锦。

---

① 方勇.庄子纂要[M].北京:学苑出版社,2012:891.
② 郭庆藩.庄子集释[M].王孝鱼,点校.北京:中华书局,2018:260.
③ 方勇.庄子纂要[M].北京:学苑出版社,2012:942.
④ 方勇.庄子纂要[M].北京:学苑出版社,2012:959.

沾其剩馥残膏,皆可涮肠换骨,化为脉望之仙。自有文章以来,空前绝后,无古无今,殆推庄生为独步矣。"①从艺术的角度看,《大宗师》具有以下特点:

一、总—分式的篇章结构

从说理内容来看,《大宗师》可被分为两部分。前半篇属于总论部分,该部分直接阐释庄子的道论思想、天人观、生死观,突出了古之真人的精神风貌。《大宗师》的核心思想都包括在这一部分中。后半篇属于分论部分,宣颖曰:"下面七大段文字,止是为前半篇作引证、发明耳。"②庄子用不同的寓言来形象描述道的内涵及其特征,对前文涉及的天人观和生死观进行了补充与展示。

庄子在前半篇中首先提出了他的天人观。庄子借真人发论,讨论自然与人的关系,提出了天人合一的思想。《大宗师》曰:"故其好之也一,其弗好之也一。其一也一,其不一也一。其一与天为徒,其不一与人为徒,天与人不相胜也,是之谓真人。"庄子认为,人与自然是一个整体,这表现了人对宇宙的认同感与融合度。真人乃是真善美的化身,是大道在人类社会的完美体现。"死生命也"一段,讨论庄子的生死观。吴默曰:"《庄子》此篇,精神命脉全在死生一事。亦不独此篇,三十二篇皆然。盖此老看破一世众生膏肓之病,顶门下针,要人猛于生死关头,一刀两段,成大解脱。知此,可以蔽《南华》全经之旨。"③庄子主张要忘掉死生,《大宗师》曰:"相呴以湿,相濡以沫,不如相忘于江湖。"人类与其彼此依托,苟且求生,不如把自己的一切托付给自然。死生是自然规律,人当与大化同流,大化才是人类安身立命的归宿地。周柬曰:"全篇在打破生死立义,又不直说出生死,一步深一步,直追入无生无死处,如大将斩阵褰旗,须看其追亡逐北,直捣黄龙窟痛饮处。游于物之所不得遁而皆存,是黄龙窟痛饮时也。"④"道有情有信"一段,是庄子道

① 刘凤苞.南华雪心编[M].北京:中华书局,2013:135-138.
② 宣颖.南华经解[M].广州:广东人民出版社,2008:48.
③ 方勇.庄子纂要[M].北京:学苑出版社,2012:757.
④ 方勇.庄子纂要[M].北京:学苑出版社,2012:772.

论的总纲。庄子道论是对老子道论的继承和发展。庄子认为道是绝对真实而又抽象的普遍自然规律。他阐述了道的本质和作用,道无形无迹、无穷无尽、无所不在,道的神威高于一切。在"豨韦氏"一段中,庄子列举诸多神仙、帝王、圣贤,力图证明自古以来得道的神灵便无处不在。从文学创作的角度看,这一段让文章显得更加形象生动。刘凤苞曰:"提出'道'字,为大宗师立竿见影,以起下闻道者许多真人。文势如赤城霞起,尺幅中气象万千,真足以开拓心胸,推倒豪杰。有情者,真宰之主乎中;有信者,盛德之符于外;无为者,顺物自然而无所作为;无形者,游于无有而立乎不测。传以天而非人力所能为,故不可受;得其神而非迹象所能拟,故不可见。欲穷其本根,则天地万物皆以道为根本。……'豨韦氏'以下,随手点缀,拉杂崩腾,势若飘风骤雨,不必规规于绳削,自有龙跳虎跃之奇。……文法错综入妙,笔亦苍秀绝伦。"[①]

后半篇以南伯子葵讨论修道方法为起点。庄子认为学道需要有"圣人之才"和"圣人之道"。女偊描述了学道的进程,说明修道深浅的不同功效。"子祀子舆""子桑户孟子反""子舆与子桑"三段内容相近,写的是三组畸人群像,是对前文庄子生死观的回应。子祀、子舆、子犁、子来四人之所以能够相结为友,就在于他们对生命有共同的认识。他们意识到死生存亡一体。人类必须"以天地为大炉,以造化为大冶",安时而处顺,听从造物者的安排。天地无私,道极无极。子桑户、孟子反、子琴张三人相与为友,子桑户死后,孟子反与子琴张临尸而歌。他们是志行独特、不同流俗的畸人,他们已经领悟大道,不以生死累其心。他们认为哭死以哀有悖大道。生来死归,安于所化。他们追求一种精神上的解放。子桑安于贫困,最后点出人生之寿夭、穷达,莫不属于天命,故须安命顺时。总之,欲修身安命,必以大道为宗师。孟孙才处丧 段是对总论中天人观的回应。孟孙才因为"哭泣无涕,中心不戚,居丧不哀"而获得了美名。由此说明得道者应该明白自然的变化,尊重俗情,去排安化。有所简是为了求合大道;人哭亦哭是为了不违人意。孟孙

---

① 刘凤苞.南华雪心编[M].北京:中华书局,2013:157-158.

才达到了"入于廖天一"的境界。"意而子"一段是对修道方法的补充。庄子
借许由之论对儒家传统的仁义道德提出了质疑。他提出欲以大道为宗师,
必须屏绝有意为仁义之心。颜回"坐忘"一段介绍了"坐忘"之法,这是对修
道方法的展开。在这段寓言中,孔、颜师徒同师天道。颜回忘仁义,忘礼乐,
终于进入了坐忘之境,从而能够与大道同游。庄子揶揄孔子虽为颜回之师,
在修道方面却远不如弟子,反而要以弟子为师。

概括地看,《大宗师》在结构上的主要特点是前半篇提出总论,后半篇展
开分论。前半篇铺陈直叙错综入妙,后半篇则采用寓言体、对话体回应前半
篇。前半篇集中描写真人形象,后半篇则多次塑造了畸人群像。

二、虚实并举的真人形象

在《大宗师》中,庄子塑造了真人形象。《大宗师》中的真人,与《逍遥游》
中的神人,《齐物论》中的至人一样,都是庄子理想人格的化身。不同的是,
《逍遥游》中藐姑射之山的神人是肩吾从接舆处听说的,《齐物论》中的至人
是王倪描述的,他们都没有直接出场,到了《大宗师》篇,真人不仅直接登场,
甚至多次被人提及介绍。《大宗师》曰:

> 古之真人,不逆寡,不雄成,不谟士。若然者,过而弗悔,当而不自
> 得也。若然者,登高不栗,入水不濡,入火不热,是知之能登假于道者也
> 若此。

刘凤苞曰:"以下连点真人,处处从真人勘透真知,全是天然体道工夫,
人事之知,一毫不用。'不逆寡'三句,正是物我相忘,屏去事为之迹。……
上三句是真人力量,下二层即是从上文推勘而出,写来倍有精神;'登高'三
层,又是真人效验。须分出层次界限,眉目方清。'登假于道',一笔锁住上
文,有铁链横江之势。"[1]庄子此段四次说"古之真人",意在强调真人曾在上

---

① 刘凤苞.南华雪心编[M].北京:中华书局,2013:140-141.

古时代存在过,但今天已经不复出现的一群得道者。真人脱离了世俗世界,对现实世界漠不关心。《大宗师》曰:

> 古之真人,其寝不梦,其觉无忧,其食不甘,其息深深。真人之息以踵,众人之息以喉。屈服者,其嗌言若哇。其嗜欲深者,其天机浅。

刘凤苞曰:"接手再提真人,一气磅礴,直贯到'莫知其极'句,笔力雄大,文心亦直凑单微。'寝不梦'以下,连用四个其字,抛砖落地,听之有声。……嗜欲深由于天机浅,反对'其息深深'句,精粹语,可当清夜钟声。"[1] 真人用脚呼吸,睡眠时不会做梦,正同一般人的身体状况有很大不同。《大宗师》曰:

> 古之真人,不知说生,不知恶死。其出不䜣,其入不距。翛然而往,翛然而来而已矣。不忘其所始,不求其所终。受而喜之,忘而复之。是之谓不以心捐道,不以人助天,是之谓真人。

胡文英曰:"一意分作六层,而不复叠,不枝叶,无声调,无衬贴,天荒地老,只容此一枝笔也。"[2] 刘凤苞曰:"再提真人,愈唱愈高,迥非寻常意境。……以上六句,续续相生,随用'真人'句一笔顿住,有砥柱中流之势。"[3] 这几句写真人的生死观,他们看淡了生命的始终,用平常之心看待生死之变。《大宗师》曰:

> 若然者,其心志,其容寂,其颡頯。凄然似秋,暖然似春,喜怒通四时,与物有宜而莫知其极。

---

① 刘凤苞.南华雪心编[M].北京:中华书局,2013:142.
② 方勇.庄子纂要[M].北京:学苑出版社,2012:781.
③ 刘凤苞.南华雪心编[M].北京:中华书局,2013:143.

刘凤苞曰:"承上文,就其内外浑融、德容发见处推论之。……以下皆就'心忘'句正面发挥,反面攻透,警快绝伦。"①这几句写真人的内心世界,真人忘记了世俗世界,他的心与四时相通,与物有宜。《大宗师》曰:

> 古之真人,其状义而不朋,若不足而不承;与乎其觚而不坚也,张乎其虚而不华也;邴邴乎其似喜乎! 崔崔乎其不得已乎! 滀乎进我色也,与乎止我德也,厉乎其似世乎! 謷乎其未可制也,连乎其似好闭也,悗乎忘其言也。……其一与天为徒,其不一与人为徒,天与人不相胜也,是之谓真人。

陈深曰:"似此章法,乃古文高品,但用字生奇、刺眼、不便书生。"②释德清曰:"此一节形容真人虚心游世之状貌,如此之妙。"③这数句采用虚写的手法描绘了真人的状貌。

总之,真人能够冲破世俗的牢笼,达到精神完全自由的境地。"真人"形象为后人打开了一片新的精神天地。"真人"遁世求真、追求生命的本然价值。归依自然、精神独立,反对人为的约束管教。刘凤苞曰:"以上数层,是真人意象精神,信手写来,与前后文境有虚实相生之妙。"④庄子的"真人"形象的诞生,迎合了士人内心深处对自由世界的向往。

二、现世可觅的畸人形象

《大宗师》中还描写了众多畸人。《大宗师》曰:"子贡曰:'敢问畸人?'曰:'畸人者,畸于人而侔于天。故曰:天之小人,人之君子;人之君子,天之小人也。'"成玄英疏:"人伦谓之君子,而天道谓之小人也。故知子反琴张,不偶于俗,乃曰畸人,实天之君子。"⑤所谓畸人,就是不偶于俗的天之君子。

---

① 刘凤苞.南华雪心编[M].北京:中华书局,2013:145.
② 方勇.庄子纂要[M].北京:学苑出版社,2012:800.
③ 释德清.庄子内篇注[M].上海:华东师范大学出版社,2009:116.
④ 刘凤苞.南华雪心编[M].北京:中华书局,2013:149.
⑤ 郭庆藩.庄子集释[M].王孝鱼,点校.北京:中华书局,2018:249.

他们生活在当代社会,在精神上却更接近于"古之真人"。例如《大宗师》中的子祀、子舆、子犁、子来四人,子桑户、孟子反、子琴张三人,子舆与子桑二人,还有孟孙才,都属于畸人。李胜芳曰:"子祀、子舆、子犁、子来四子,皆于道有所闻者,故能一视生死,而快然自得有如此也。相与语一段的话,甚说得痛快洒落。"①刘凤苞曰:"开手四人相与语,便浑涵下意在内,是一头两脚格局,文势则首尾中间,处处相应,又常山率然之形也。……'相视''莫逆'二句,写出拈花妙解,神气如生。……此段抉天人之奥,破生死之关,爽若哀梨,快若并剪,几于辩才无碍,独擅其长,绝不料后幅另有一番机杼,异曲同工也。……(成然寐,蘧然觉)六字如不经意而出,已结尽上面无数妙文,读者当为醒眼。"②这一段写四个畸人的活动,在没有真人的时代,他们的精神最接近真人。

《大宗师》曰:"子桑户、孟子反、子琴张三人相与友,曰:'孰能相与于无相与,相为于无相为;孰能登天游雾,挠挑无极,相忘以生,无所终穷!'三人相视而笑,莫逆于心,遂相与友。"陆树芝曰:"与造物者为人,意精而语奇。"③这一段的开始与上一段相同,都写了几位畸人"相视而笑,莫逆于心,遂相与友"的交往故事,但本篇重在写方外、方内之别。出世与入世各有门户,不能合为一家。文中借孔子之口说明方外和畸人的概念,措辞隽妙。

《大宗师》曰:"子舆与子桑友。……曰:'吾思夫使我至此极者而弗得也。父母岂欲吾贫哉?天无私覆,地无私载,天地岂私贫我哉?求其为之者而不得也!然而至此极者,命也夫!'"林纾《庄子浅说》曰:"《大宗师》一篇,说理深邃宏博,然浅人恒做不到。庄子似亦知其过于高远,故以'子桑安命'一节为结穴,大要教人安命而已。此由博反约,切近人情之言也。"④刘凤苞曰:"末段以子桑之安命归结起手天、人二意,而'大宗师'三字,亦如剑匣帷镫。……歌诗当不止二句,妙在以'不任其声'二句作省笔,极写其词旨悲

① 方勇.庄子纂要[M].北京:学苑出版社,2012:873.
② 刘凤苞.南华雪心编[M].北京:中华书局,2013:165-167.
③ 陆树芝.庄子雪[M].上海:华东师范大学出版社,2011:82.
④ 方勇.庄子纂要[M].北京:学苑出版社,2012:946.

凉,听者酸心,不可卒读,似闻三峡猿唬,声未终而泪已沾裳也。文法亦脱化入神,正如岭云欲起,忽被横风吹断,痕迹俱泯。……千里来龙,到此结穴。"①"安命"与"逍遥""齐物"并列,也是庄子哲学的重要范畴之一。

《大宗师》曰:"颜回问仲尼曰:'孟孙才,其母死,哭泣无涕,中心不戚,居丧不哀。无是三者,以善处丧盖鲁国,固有无其实而得其名者乎?回壹怪之。'仲尼曰:'夫孟孙氏尽之矣,进于知矣,唯简之而不得,夫已有所简矣。……造适不及笑,献笑不及排,安排而去化,乃入于寥天一。'"林云铭曰:"此段根上'天与人不相胜'意,词义曲折奇奥。"②刘凤苞曰:"第五段凭空撰出孟孙才一段议论,以见死生之无关于哀乐。"③又曰:"末以圣人赞叹作结,笔意轻松。彼此混同,故无好,变化不测,故无常,一部《南华》妙境,皆当作如是观。"④在《庄子》内篇中,最重要的角色往往不用自己亲自出场,自有孔子代替道家对他进行褒扬。孟孙才也享受了这样的待遇,所以他也是庄子心目中的重要人物。

真人是古代的,畸人是当代的;真人是理想的,畸人是现实的。庄子畸人形象的出现具有重要的现实意义,他借畸人向众人展示了天道之可得。

三、曲折奇妙的求道体验

庄子在前半篇中介绍了什么是道,但对于如何修道并没有展开,于是在后半篇中,庄子就修道之程序方法进行了补充论述。《大宗师》曰:"南伯子葵问乎女偊曰:'子之年长矣,而色若孺子,何也?'曰:'吾闻道矣。'南伯子葵曰:'道可得学邪?'曰:'恶!恶可!子非其人也。……其名为撄宁。撄宁也者,撄而后成者也。'"吴世尚曰:"上章言得道之人,此章言得道之序,一实一虚,互相发也。"⑤刘凤苞曰:"第二段以女偊之言,透出知人之所为实

① 刘凤苞.南华雪心编[M].北京:中华书局,2013:186.
② 林云铭.庄子因[M].张京华,点校.上海:华东师范大学出版社,2011:77.
③ 刘凤苞.南华雪心编[M].北京:中华书局,2013:177.
④ 刘凤苞.南华雪心编[M].北京:中华书局,2013:185.
⑤ 方勇.庄子纂要[M].北京:学苑出版社,2012:853.

际。……后段似乎以文为戏，而由浅入深，皆从体会而出。"①以文为戏是《庄子》的重要特征。文中对得道过程的描写萦回曲折，引人入胜。《大宗师》曰：

> 颜回曰："回益矣。"仲尼曰："何谓也?"曰："回忘仁义矣。"曰："可矣，犹未也。"他日，复见，曰："回益矣。"曰："何谓也?"曰："回忘礼乐矣。"曰："可矣，犹未也。"他日，复见，曰："回益矣。"曰："何谓也?"曰："回坐忘矣。"仲尼蹴然曰："何谓坐忘?"颜回曰："堕肢体，黜聪明，离形去知，同于大通，此谓坐忘。"仲尼曰："同则无好也，化则无常也。而果其贤乎! 丘也请从而后也。"

刘凤苞曰："第七段是颜回学圣希天工夫。……同于大通，彻上彻下，彻始彻终，皆元气浑沦气象。虽有形而与无形者俱化，虽无形而与有形者相通，方是坐忘本领。末以圣人赞叹作结，笔意轻松。彼此浑同，故无好，变化不测，故无常，一部《南华》妙境，皆当作如是观。"②又曰："颜回解'坐忘'四语，极精极透，妙处在一同字。"③孙嘉淦曰："同于大通，此四字概括尽一篇要义。"④"坐忘"和"心斋"一样，都是庄子齐物的方法。但他们又各有侧重。"心斋"强调通过对"气"的调适进入虚静之境；"坐忘"则侧重对形体和智慧的放置。

《大宗师》曰："意而子见许由。……许由曰：'噫! 未可知也。我为汝言其大略。吾师乎! 吾师乎! 鳌万物而不为义，泽及万世而不为仁，长于上古而不为老，覆载天地、刻雕众形而不为巧。此所游已!'"刘凤苞曰："第六段从许由生出黜剿妙论，又从意而生出炉锤妙解，文法字法，俱极奇创，前后篇

---

① 刘凤苞.南华雪心编[M].北京：中华书局，2013：161 - 162.
② 刘凤苞.南华雪心编[M].北京：中华书局，2013：184 - 185.
③ 刘凤苞.南华雪心编[M].北京：中华书局，2013：183.
④ 方勇.庄子纂要[M].北京：学苑出版社，2012：934.

法亦极浑成。……末四字,亲切指点,有挥弦送鸿之致。"①文中对儒家传统的仁义道德提出了质疑,按照庄子的思想,儒家的仁义道德其实是祸害天下的毒药,这里庄子用"黥汝以仁义,劓汝以是非"加以生动比喻。作者借许由之论指出,欲以大道为宗师,必须屏绝有意为仁义之心。许由两次深情高呼:"吾师乎!吾师乎!"表现了他对大道的无限崇敬。

概言之,《大宗师》情意绵邈,神传象外,韵溢毫端,文心灵妙。宣颖曰:"譬喻层层剥换,有树花争发、春水乱流之势。……如水中味,月中色,妙不可寻。"②刘凤苞曰:"细按此篇文法,首段已尽其妙。以下逐层逐段,分应上文,神龙嘘气成云,伸缩变化,全在首尾,若隐若显,令人不可捉摸。此外东云见鳞,西云见爪,作其之而,盘空掌攫,此其所以为灵也。"③宣、刘二氏对《庄子》写作手法的推崇,代表了历代文人的心声。《庄子》独特的艺术魅力永远不会随着时间的流逝而变得黯淡。

 思考题

1.《大宗师》中的真人与《逍遥游》中的至人神人圣人有没有区别?
2.《大宗师》中的畸人有什么特点?
3.庄子认为道是否可学?你怎样看待这个问题?

①　刘凤苞.南华雪心编[M].北京:中华书局,2013:181-182.
②　宣颖.南华经解[M].广州:广东人民出版社,2008:52.
③　刘凤苞.南华雪心编[M].北京:中华书局,2013:137.

第七章 应帝王

 原文及注释

一

　　齧缺问于王倪[1]，四问而四不知。齧缺因跃而大喜，行以告蒲衣子[2]。蒲衣子曰："而乃今知之乎？有虞氏不及泰氏[3]。有虞氏，犹藏仁以要人[4]；亦得人矣，而未始出于非人[5]。泰氏，其卧徐徐[6]，其觉于于[7]；一以己为马，一以己为牛；其知情信[8]，其德甚真，而未始入于非人。"

【注释】

[1] 齧缺、王倪：虚构的人名。

[2] 蒲衣子：虚构的人名。

[3] 有虞氏：上古时代的一个部落，舜是该部落的首领。泰氏：传说中的上古帝王。

[4] 藏仁：怀仁于心。要人：邀结人心。要，通"邀"，邀请。

[5] 未始：未曾。非人：欺伪之人。

[6] 徐徐：安稳的样子。

[7] 于于：自得的样子。

[8] 情：实。

二

　　肩吾见狂接舆。狂接舆曰："日中始何以语女[1]？"肩吾曰："告我君人者

164

以己出经式义度[2]，人孰敢不听而化诸[3]！"狂接舆曰："是欺德也[4]；其于治天下也，犹涉海凿河而使蚊负山也。夫圣人之治也，治外乎[5]？正而后行，确乎能其事者而已矣。且鸟高飞以避矰弋之害[6]，鼷鼠深穴乎神丘之下以避熏凿之患[7]，而曾二虫之无知[8]！"

【注释】

[1] 日中始：虚构的人名。

[2] 君人者：国君。经式义度：均指法度。

[3] 诸：语助词。

[4] 欺德：欺诳不实之德。

[5] 治外：用法度治理外物。

[6] 矰弋(zēng yì)：系有生丝绳以射飞鸟的短箭。

[7] 鼷(xī)鼠：小家鼠。神丘：社坛。熏凿：烟熏和挖掘。

[8] 而：汝。知：知道。

三

天根游于殷阳[1]，至蓼水之上[2]，适遭无名人而问焉[3]，曰："请问为天下。"无名人曰："去！汝鄙人也，何问之不豫也[4]！予方将与造物者为人[5]，厌[6]，则又乘夫莽眇之鸟[7]，以出六极之外，而游无何有之乡，以处圹埌之野[8]。汝又何帠以治天下感予之心为[9]？"又复问。无名人曰："汝游心于淡[10]，合气于漠[11]，顺物自然而无容私焉[12]，而天下治矣。"

【注释】

[1] 天根：虚构的人名。殷阳：殷山南面。

[2] 蓼(liǎo)水：河名，在赵国境内。

[3] 适遭：恰逢。无名人：虚构的人名。

[4] 不豫：使人不快。

[5] 为人：为友。

[6] 厌：厌烦了。

[7] 莽眇之鸟：清虚之气。

[8] 圹埌(kuàng làng)：空旷辽阔。

[9] 何帠(yì)：为什么。感：触动。

[10] 淡：恬淡之境。

[11] 漠：淡漠之境。

[12] 容：掺杂。私：私意。

四

　　阳子居见老聃[1]，曰："有人于此，向疾强梁[2]，物彻疏明[3]，学道不倦。如是者，可比明王乎?"老聃曰："是于圣人也，胥易技系[4]，劳形怵心者也[5]。且也虎豹之文来田[6]，猿狙之便执斄之狗来藉[7]。如是者，可比明王乎?"阳子居蹴然曰[8]："敢问明王之治。"老聃曰："明王之治，功盖天下而似不自己[9]，化贷万物而民弗恃[10]；有莫举名[11]，使物自喜；立乎不测，而游于无有者也。"

【注释】

[1] 阳子居：即杨朱，战国时期思想家。

[2] 向疾：敏捷，如声响之疾。强梁：强悍、果敢。

[3] 物彻：洞彻万物。疏明：疏通明达。

[4] 胥易：像小吏更换职事那样轮流做事。技系：像工匠那样为工巧所累。

[5] 怵(chù)心：扰乱人心。

[6] 文：花纹。田：田猎。

[7] 猿狙：猿猴。便：便捷。斄(lí)：狐狸。藉：拘系。

[8] 蹴然：脸色突然改变的样子。

[9] 不自己：不归于自己。

[10] 贷：施。恃：依赖。

[11] 莫：无。举：显。

五

郑有神巫曰季咸[1]，知人之死生存亡，祸福寿夭，期以岁月旬日[2]，若神。郑人见之，皆弃而走。列子见之而心醉[3]，归，以告壶子[4]，曰："始吾以夫子之道为至矣，则又有至焉者矣。"壶子曰："吾与汝既其文[5]，未既其实[6]。而固得道与[7]？众雌而无雄，而又奚卵焉！而以道与世亢[8]，必信[9]，夫故使人得而相汝。尝试与来，以予示之。"

【注释】

[1] 神巫：神灵的巫祝，是从事降神、祭祀、占卜活动的人。

[2] 期：预言。

[3] 心醉：其心醉服。

[4] 壶子：名林，郑国人。

[5] 与：授。既：尽。文：外表。

[6] 实：实质。

[7] 固：岂。

[8] 而：汝。亢：通抗，较量。

[9] 信：通"伸"，伸张。

明日，列子与之见壶子。出而谓列子曰："嘻！子之先生死矣！弗活矣！不以旬数矣！吾见怪焉[1]，见湿灰焉[2]。"列子入，泣涕沾襟以告壶子。壶子曰："乡吾示之以地文[3]，萌乎不震不正[4]。是殆见吾杜德机也[5]。尝又与来。"

【注释】

[1] 怪：怪异的症状。

[2] 湿灰：毫无生气，指绝症。

[3] 乡：往，往日。地文：大地阴静的气象，与下文的"天壤""太冲莫胜""未始出吾宗"皆表示运气的不同阶段。

[4] 萌乎：茫然，比喻昏昧的样子。不震：不动。不正：不止。正为"止"字之误。

[5] 杜：闭塞。德机：生机，生命力。

明日，又与之见壶子。出而谓列子曰："幸矣子之先生遇我也！有瘳

167

矣^[1]，全然有生矣！吾见其杜权矣^[2]。"列子入，以告壶子。壶子曰："乡吾示之以天壤^[3]，名实不入^[4]，而机发于踵^[5]。是殆见吾善者机也^[6]。尝又与来。"

【注释】

[1] 瘳：病愈。

[2] 杜权：闭塞之中的变化。权，一说当为"机"，即生机；一说为权变。

[3] 天壤：天地之间生长的气象。

[4] 不入：没有名利之心。

[5] 机：生机。踵：脚后跟。

[6] 善者机：生意萌动的几兆。

明日，又与之见壶子。出而谓列子曰："子之先生不齐^[1]，吾无得而相焉^[2]。试齐，且复相之。"列子入，以告壶子。壶子曰："吾乡示之以太冲莫胜^[3]。是殆见吾衡气机也^[4]。鲵桓之审为渊^[5]，止水之审为渊，流水之审为渊。渊有九名，此处三焉^[6]。尝又与来。"

【注释】

[1] 不齐：神色变化不定。

[2] 无得：没法。

[3] 太冲：太虚。莫胜：没有偏胜，即平衡。

[4] 衡气机：平心静气的机兆。

[5] 鲵桓：盘旋的大鱼。审：通"潘"，回旋的深水。

[6] 三：三渊。见上文的杜德机、善者机、衡气机。

明日，又与之见壶子。立未定，自失而走^[1]。壶子曰："追之！"列子追之不及。反^[2]，以报壶子曰："已灭矣^[3]，已失矣，吾弗及已。"壶子曰："乡吾示之以未始出吾宗^[4]。吾与之虚而委蛇^[5]，不知其谁何，因以为弟靡^[6]，因以为波流，故逃也。"

【注释】

[1] 自失：惊慌失措。

[2] 反：通"返"，返回。

[3] 灭：不见踪影。

[4] 出：显露。吾宗：我的根宗，这

里指天。

[5] 委蛇(yí)：对人虚情假意，敷衍
应酬。

[6] 弟靡：茅靡，谓如同茅草随风
起伏。

　　然后列子自以为未始学而归，三年不出。为其妻爨[1]，食豕如食人[2]。于事无与亲，雕琢复朴，块然独以其形立[3]。纷而封哉[4]，一以是终。

【注释】

[1] 爨(cuàn)：烧火做饭。

[2] 食（sì）豕：喂猪。食人：喂养人。

[3] 块然：像土块一样，无情无知的样子。

[4] 纷：世事纷纭。封：封闭自己的心窍。

六

　　无为名尸[1]，无为谋府[2]；无为事任[3]，无为知主[4]。体尽无穷，而游无朕[5]；尽其所受乎天，而无见得[6]，亦虚而已。至人之用心若镜，不将不迎[7]，应而不藏[8]，故能胜物而不伤。

【注释】

[1] 名尸：名誉之主。谓囿于名誉。

[2] 谋府：指聚焦谋虑的地方。

[3] 事任：承担事情。

[4] 知主：智慧的汇集者。

[5] 朕：迹象。

[6] 无见得：无意于性分之外的追求。

[7] 将：送。

[8] 藏：隐藏。

　　南海之帝为倏[1]，北海之帝为忽[2]，中央之帝为浑沌[3]。倏与忽时相与遇于浑沌之地，浑沌待之甚善。倏与忽谋报浑沌之德，曰："人皆有七窍以视

169

听食息,此独无有,尝试凿之。"日凿一窍,七日而浑沌死。

【注释】

[1] 儵(shū):虚构的人名,为南海之帝。

[2] 忽:虚构的人名,为北海之帝。

[3] 浑沌:虚构的人名,为中央之帝。

 义理诠释

一、应帝王

郭象《庄子注》曰:"夫无心而任乎自化者,应为帝王也。"①林希逸曰:"言帝王之道合应如此也。"②本篇讨论帝王之道,属于政治哲学范畴。释德清曰:"庄子之学,以内圣外王为体用。……此显无为之大用,故以名篇。"③在《庄子》内七篇中,前六篇都在讨论内圣问题,唯有《应帝王》篇讨论外王问题。当然,庄子思想的内圣外王之道都可以用无为自然来概括。

二、齧缺问于王倪

《应帝王》曰:"齧缺问于王倪,四问而四不知。齧缺因跃而大喜,行以告蒲衣子。蒲衣子曰:'而乃今知之乎? 有虞氏不及泰氏。有虞氏,犹藏仁以要人;亦得人矣,而未始出于非人。泰氏,其卧徐徐,其觉于于;一以己为马,一以己为牛;其知情信,其德甚真,而未始入于非人。'"郭象《庄子注》曰:"夫有虞氏之与泰氏,皆世事之迹耳,非所以迹者也。所以迹者,无迹也,世孰名之哉! 未之尝名,何胜负之有耶!"④陈景元曰:"圣人行不言之教,则四问四不知者乃《应帝王》之纲纽也。虞氏喻有知,泰氏喻无知。藏仁以要人,有善恶也。未始出于非人,谓趣同流俗。一以己为马,一以己为牛,无物我也。

① 郭庆藩.庄子集释[M].王孝鱼,点校.北京:中华书局,2018:261.

② 林希逸.庄子鬳斋口译校注[M].周启成,校注.北京:中华书局,1997:125.

③ 释德清.庄子内篇注[M].上海:华东师范大学出版社,2009:139-140.

④ 郭庆藩.庄子集释[M].王孝鱼,点校.北京:中华书局,2018:262.

知性不伪，故曰'情信'，所行不丧，故曰'德真'。未始入于非人，谓超出尘表也。"①齧缺与王倪之名已经在《齐物论》中出现过。由此可以看出《庄子》内篇七篇之间并不是互不相涉的。《齐物论》中的王倪三问三不知，到了《应帝王》中，更是四问而四不知。其实，不知之知乃是真知。为了向齧缺说明帝王之道，蒲衣子比较了有虞氏和泰氏统治下的两种社会形态。泰氏社会更接近于原始社会，人与自然混为一体。到了有虞氏时代，人们开始"藏仁以要人"，渐渐地远离了自然之道。

三、肩吾见狂接舆

《应帝王》曰："肩吾见狂接舆。狂接舆曰：'日中始何以语汝？'肩吾曰：'告我君人者以己出经式义度，人孰敢不听而化诸！'狂接舆曰：'是欺德也；其于治天下也，犹涉海凿河而使蚊负山也。夫圣人之治也，治外乎？正而后行，确乎能其事者而已矣。且鸟高飞以避矰弋之害，鼷鼠深穴乎神丘之下以避熏凿之患，而曾二虫之无知！'"郭象《庄子注》曰："禽兽犹各有以自存，故帝王任之而不为，则自成也。言汝曾不知此二虫之各存而不待教乎！"②林云铭曰："经常之法式，义理之制度，如三纲五常，皆所以正人也，病只在'以己出'三字。人必受治，病只在'孰敢不'三字。……全段言以我强人，不如人之自为正也。"③在道家看来，那些出自君王臆想的经式义度，才是让人脱离自然，陷入泥潭的罪魁祸首。圣人之治应该顺其自然，不做过多干涉。

四、天根游于殷阳

《应帝王》曰："天根游于殷阳，至蓼水之上，适遭无名人而问焉，曰：'请问为天下。'无名人曰：'去！汝鄙人也，何问之不豫也！予方将与造物者为人，厌，则又乘夫莽眇之鸟，以出六极之外，而游无何有之乡，以处圹埌之野。汝又何帠以治天下感予之心为？'又复问。无名人曰：'汝游心于淡，合气于

① 方勇.庄子纂要[M].北京：学苑出版社,2012：976.
② 郭庆藩.庄子集释[M].王孝鱼,点校.北京：中华书局,2018：265-266.
③ 林云铭.庄子因[M].张京华,点校.上海：华东师范大学出版社,2011：83-84.

漠,顺物自然而无容私焉,而天下治矣。'"郭象《庄子注》曰:"其任性而无所饰焉则淡矣。漠然静于性而止。任性自生,公也;心欲益之,私也;容私果不足以生生,而顺公乃全也。"①释德清曰:"此一节直示无为而化,治天下之妙。欲君人者,取法返乎上古无为之化也。"②与老子相比,庄子并不重视治理天下,他更看重士人的精神自由。表现在这则故事中,就是无名人对天根一再追问治理天下之法的不耐烦。无名人最终给出的回答说明他并不是不懂得如何治理天下,只是他把如何治理天下放在一个次要的位置。这也正是庄子的看法,他认为只要顺物自然,不夹杂私欲,就可以治好天下。

五、阳子居见老聃

《应帝王》曰:"阳子居见老聃,曰:'有人于此,向疾强梁,物彻疏明,学道不倦。如是者,可比明王乎?'老聃曰:'是于圣人也,胥易技系,劳形怵心者也。且也虎豹之文来田,猿狙之便执嫠之狗来藉。如是者,可比明王乎?'阳子居蹴然曰:'敢问明王之治。'老聃曰:'明王之治,功盖天下而似不自己,化贷万物而民弗恃;有莫举名,使物自喜;立乎不测,而游于无有者也。'"释德清曰:"此一节发挥明王之治,皆申明老子之意,以示所宗立言之本。极称大宗师应世而为圣帝明王,以行无为之化也。上言明王立乎不测,而游于无有,如此乃可应世,以治天下。"③本段讨论了什么样的人才能成为"明王",阳子居所理解的"明王",在老子眼里只是一些世俗之人,真正的"明王"会实行无为之治。此处"立乎不测"四字大有深意,是下一节"郑有神巫曰季咸"的主题。

六、郑有神巫曰季咸

《应帝王》曰:"郑有神巫曰季咸,知人之死生存亡,祸福寿夭,期以岁月旬日,若神。郑人见之,皆弃而走。列子见之而心醉,归,以告壶子,曰:'始

---

① 郭庆藩.庄子集释[M].王孝鱼,点校.北京:中华书局,2018:268.
② 释德清.庄子内篇注[M].上海:华东师范大学出版社,2009:142.
③ 释德清.庄子内篇注[M].上海:华东师范大学出版社,2009:143-144.

吾以夫子之道为至矣,则又有至焉者矣。'壶子曰:'吾与汝既其文,未既其实。而固得道与? 众雌而无雄,而又奚卵焉! 而以道与世亢,必信,夫故使人得而相汝。尝试与来,以予示之。'"郭象《庄子注》曰:"言列子之未怀道也。未怀道则有心,有心而亢其一方,以必信于世,故可得而相之。"①季咸看似能断定人的死生存亡和祸福寿夭,但他并没有得道。列子见季咸而动心,显然也是没有得道的表现。于是,壶子决定用事实向列子证明大道是深不可测的。

《应帝王》曰:"明日,列子与之见壶子。出而谓列子曰:'嘻! 子之先生死矣! 弗活矣! 不以旬数矣! 吾见怪焉,见湿灰焉。'列子入,泣涕沾襟以告壶子。壶子曰:'乡吾示之以地文,萌乎不震不正。是殆见吾杜德机也。尝又与来。'"郭象《庄子注》曰:"夫至人,其动也天,其静也地,其行也水流,其止也渊默。渊默之与水流,天行之与地止,其于不为而自尔,一也。今季咸见其尸居而坐忘,即谓之将死;睹其神动而天随,因谓之有生。"②壶子尸居而坐忘,展示出"杜德机"境界,季咸果然上当,以为壶子已没有生命征兆。

《应帝王》曰:"明日,又与之见壶子。出而谓列子曰:'幸矣子之先生遇我也! 有瘳矣,全然有生矣! 吾见其杜权矣。'列子入,以告壶子。壶子曰:'乡吾示之以天壤,名实不入,而机发于踵。是殆见吾善者机也。尝又与来。'"郭象《庄子注》曰:"任自然而覆载,则天机玄应,而名利之饰皆为弃物也。常在极上起。机发而善于彼,彼乃见之。"③壶子示季咸以天壤,季咸看见壶子的"善者机"之后,果然洋洋得意地说"幸矣子之先生遇我也",把壶子"疾病好转"的原因归功于自己。

《应帝王》曰:"明日,又与之见壶子。出而谓列子曰:'子之先生不齐,吾无得而相焉。试齐,且复相之。'列子入,以告壶子。壶子曰:'吾乡示之以太冲莫胜。是殆见吾衡气机也。鲵桓之审为渊,止水之审为渊,流水之审为渊。渊有九名,此处三焉。尝又与来。'"郭象《庄子注》曰:"居太冲之极,浩

---

① 郭庆藩.庄子集释[M].王孝鱼,点校.北京:中华书局,2018:271-272.
② 郭庆藩.庄子集释[M].王孝鱼,点校.北京:中华书局,2018:272.
③ 郭庆藩.庄子集释[M].王孝鱼,点校.北京:中华书局,2018:274.

然泊心而玄同万方,故胜负莫得厝其间也。无往不平,混然一之。以管窥天者,莫见其涯,故似不齐。渊者,静默之谓耳。夫水常无心,委顺外物,故虽流之与止,鲵桓之与龙跃,常渊然自若,未始失其静默也。夫至人用之则行,舍之则止,行止虽异而玄默一焉,故略举三异以明之。虽波流九变,治乱纷如,居其极者,常淡然自得,泊乎忘为也。"①这一次,壶子展示了第三种境界——衡气机,季咸面对这种境界束手无策,无法作出任何判断。

《应帝王》曰:"明日,又与之见壶子。立未定,自失而走。壶子曰:'追之!'列子追之不及。反,以报壶子曰:'已灭矣,已失矣,吾弗及已。'壶子曰:'乡吾示之以未始出吾宗。吾与之虚而委蛇,不知其谁何,因以为弟靡,因以为波流,故逃也。'"郭象《庄子注》曰:"虽变化无常,而常深根冥极也。无心而随物化。泛然无所系也。变化颓靡,世事波流,无往而不因也。夫至人一耳,然应世变而时动,故相者无所措其目,自失而走。此明应帝王者无方也。"②壶子向季咸虚与委蛇,致使季咸方寸大乱,不敢发一言,只好逃之夭夭。

《应帝王》曰:"然后列子自以为未始学而归,三年不出。为其妻爨,食豕如食人。于事无与亲,雕琢复朴,块然独以其形立。纷而封哉,一以是终。"郭象《庄子注》曰:"忘贵贱也。唯所遇耳。去华取实。外饰去也。虽动而真不散也。使物各自终。"③李士表曰:"庄子论应帝王而言此者,夫帝王之应世唯寂然不动。故感而遂通,唯退藏于密,故吉凶同患,一将出其宗。弊弊焉以天下为事,则人得而相之矣。古之帝王所以荡荡乎,民无能名焉者,以此。"④这件事深深刺激了列子,列子开始认识到大道的玄妙,从此之后"纷而封哉",回到了修炼的正道。庄子用这个故事告诉我们,帝王应该顺物自然,寂然不动,不能让他人随意猜测其内心世界,如此才能治理民众。春秋战国时期,楚地巫风盛行。庄子在此将大道与巫术做了一个对比,意在说明在大

① 郭庆藩.庄子集释[M].王孝鱼,点校.北京:中华书局,2018:275.
② 郭庆藩.庄子集释[M].王孝鱼,点校.北京:中华书局,2018:277.
③ 郭庆藩.庄子集释[M].王孝鱼,点校.北京:中华书局,2018:278-279.
④ 方勇.庄子纂要[M].北京:学苑出版社,2012:1016.

道面前,巫术是不值一提的。

七、无为名尸

《应帝王》曰:"无为名尸,无为谋府;无为事任,无为知主。体尽无穷,而游无朕;尽其所受乎天,而无见得,亦虚而已。至人之用心若镜,不将不迎,应而不藏,故能胜物而不伤。"开篇连用四个"无为",但此处的"无为"不同于"无为而无不为"句中的"无为",此处仅仅是"不要"的意思。四个不要连起来就是对无为思想的细化。郭象《庄子注》曰:"鉴物而无情。来即应,去即止。物来乃鉴,鉴不以心,故虽天下之广,而无劳神之累。"[①]释德清曰:"已前说了真人如多情状,许多工夫,末后直结归'至人'已下二十二字乃尽。庄子之学问功夫、效验作用,尽在此而已。其余种种撰出,皆蔓衍之辞也。内篇之意,已尽此矣。学者体认,亦不必多,只在此数语下手,则应物忘怀,一生受用不尽。此所谓逍遥游也。"[②]"至人"以下二十二字的核心是"用心若镜"。"用心若镜"是庄子德论思想的一个方面,另外一个方面是"与物为春"。只有把两者结合起来,才能构成庄子德论思想的两翼。

八、浑沌之死

《应帝王》曰:"南海之帝为儵,北海之帝为忽,中央之帝为浑沌。儵与忽时相与遇于浑沌之地,浑沌待之甚善。儵与忽谋报浑沌之德,曰:'人皆有七窍以视听食息,此独无有,尝试凿之。'日凿一窍,七日而浑沌死。"郭象《庄子注》曰:"为者败之。"[③]释德清曰:"此儵忽一章,不独结《应帝王》一篇,其实总结内七篇之大意。前言逍遥,则总归《大宗师》。前频言小知伤生、养形而忘生之主、以物伤生,种种不得逍遥,皆知巧之过。盖都为凿破混沌,丧失天真者。即古今宇宙两间之人,自尧舜以来,未有一人而不是凿破混沌之人也。此特寓言大地皆凡夫愚迷之人,概若此耳。以俗眼观之,似乎不经;其实所

---

①　郭庆藩.庄子集释[M].王孝鱼,点校.北京:中华书局,2018:280.
②　释德清.庄子内篇注[M].上海:华东师范大学出版社,2009:148.
③　郭庆藩.庄子集释[M].王孝鱼,点校.北京:中华书局,2018:281.

言，无一字不是救世愍迷之心也，岂可以文字视之哉！读者当见其心可也。"①"为者败之"四字是对浑沌之死的概括，也是对《应帝王》全篇的概括，甚至可以看作是对《庄子》内七篇的概括。不论是对于个人而言，还是对于社会而言，凿破混沌、丧失天真最终只会招致毁灭。

 艺术探微

　　《应帝王》开篇出现了齧缺，蒲衣子，王倪三位人物。庄子借助蒲衣子之口提出，泰氏纯任自然，有虞氏则藏仁以要人，有欺伪之心。有虞氏是儒家政治理想的象征，泰氏是庄子政治理想的象征。庄子否定了儒家以仁义治国的理念，主张帝王以无为君临天下，安闲自得，超然物外。胡文英曰："四问而四不知，不说明何事，下面著解，亦从对面落笔，嵌空玲珑之至。"②刘凤苞曰："此篇披除枝叶，独寻本根，妙在起手四问而四不知，不叙明所问何事，极鹘突，却极空灵。'跃而大喜'，化去问答痕迹，问者答者，相喻无言，偏从蒲衣子揭明正意。'而乃知之'句，正应四不知，传神写照在阿堵中。以下只用疏雨微云之笔，淡写轻描，自觉倏然尘外也。'未始出于非人'，见不能化去得人之迹而合于天；'未始入于非人'，见任天而动者之得人更神，而实超乎物之外。二句各有意境，著墨无多，已托出拈花妙谛。"③在出场的三人中，真正的幕后高人是王倪，"四问而四不知"的王倪虽然没有说话，但他的沉默并不出于无知，而是在顺其自然。"道可道，非常道"，蒲衣子不问自答，就比王倪低了一个层次。

　　"肩吾见狂接舆"一节借狂接舆之口对儒家政治提出了批评。庄子认为治国之道在于纯任百姓自为而化，不能凭借法度规矩来统治天下。圣人治理天下时，往往正而后行，而独裁者却以个人意志制订法律，难服人心。周

①　释德清.庄子内篇注[M].上海：华东师范大学出版社，2009：149.
②　胡文英.庄子独见[M].上海：华东师范大学出版社，2011：53.
③　刘凤苞.南华雪心编[M].北京：中华书局，2013：190.

案曰："就鱼鸟写出衰世民情,危栗苍凉。"①林仲懿曰："短幅须要辣,此文句句辣,字字辣,寸铁杀人。"②文中使用了四个比喻,以"涉海凿河"和"使蚊负山"比喻儒家政治的迂阔,以"鸟高飞以避矰弋之害"和"鼷鼠深穴乎神丘之下以避熏凿之患"比喻肩吾之辈的智短,庄子的讽刺辛辣而深刻。

"天根游于殷阳"一节中,天根向无名人询问治理天下的道理,无名人拒绝之后,天根再次发问,无名人不得已回应了他。治理天下的要点在于淡漠无为,顺物自然,不能以私意压制百姓。刘凤苞曰："逐层领略,大合元气,细入无间,治天下不外是矣。却一笔翻转,回应不豫意,正见治天下者,并无治天下之见存,不必规规于事为之迹也。……末句轻轻一绾,有风行水面,月点波心之致。"③天根的执着,无名人的超然物外,无不跃然纸上。

"阳子居见老聃"一节讨论何为明王之治。本节中借老子之口阐发明王之治。刘凤苞曰："前幅如听《渔阳三挝》,使人惊心动魄;后幅如奏钧天一曲,使人旷志神怡。……言简意赅,文心环节,有回风舞雪之姿。"④上结无为而治之意,下开立乎不测之境,此段乃全篇的关键所在。

季咸看相一节描写了神巫季咸给壶子看相的过程,通过壶子看相的故事暗示读者,君王的修身之道在于虚己若镜,使天下百姓不能窥测自己的意思。如此百姓才可以自安,天下才可以安定。天下百姓皆像季咸,时刻在观察统治者的一举一动,所以帝王一定要谨慎小心。最后写列子经历此事之后,回家以淡泊自然的方式求道。陈深曰："此章凡七节,字字千金。"⑤刘凤苞曰："五段是立乎不测本领,分作四层,极力翻腾,用笔层层转变,皆有实义可寻,总是道貌之呈露,不可端倪,非有意出奇作怪,使人惊犹鬼神也。……万象纷纭,一概封住,其所造者亦不可测。……只有皓月当空,照彻大千世界。道之化境,亦文之神境也。"⑥文章涉及了壶子、列子、季咸三个人物,季

---

① 方勇.庄子纂要[M].北京：学苑出版社,2012：983.
② 方勇.庄子纂要[M].北京：学苑出版社,2012：983.
③ 刘凤苞.南华雪心编[M].北京：中华书局,2013：193.
④ 刘凤苞.南华雪心编[M].北京：中华书局,2013：194-195.
⑤ 方勇.庄子纂要[M].北京：学苑出版社,2012：1011.
⑥ 刘凤苞.南华雪心编[M].北京：中华书局,2013：200-202.

咸由出场的"若神",到第四次见面时的落荒而逃,反映了一个江湖术士黔驴技穷的过程。壶子道行精深,深藏不露,常人难以窥测其奥,是道家的代表人物。列子对壶子从怀疑逐渐转变为敬佩,最终在壶子的影响下成为一个虔诚的修道者。三个人物都写得生动传神,整个故事如同一场精彩的戏剧表演,情节跌宕起伏,引人入胜。

《应帝王》曰:"至人之用心若镜,不将不迎,应而不藏,故能胜物而不伤。"帝王治世应该"用心若镜,不将不迎",游于无为,百姓就能够自任自化,自己也不会有所劳损。为政者应不自专,不独断,不用智巧算计人民。陆西星曰:"此段于长行中突起峰头,而过脉不断,看他文字起伏之妙。"[1]刘凤苞曰:"起四语壁立千仞,青嶂摩空,便在虚无缥缈中,飞行绝迹。……写镜写人,如日出扶桑,晕成五色;月明沧海,映出重轮。真为上乘慧业,绝妙文心。"[2]这一段没有采用对话体,而是庄子内心的独白。"用心若镜"容易让人联想到六祖慧能的偈语:"菩提本无树,明镜亦非台。"看来佛道两家都喜欢用镜子来比喻修身修道。

浑沌之死的寓言意在说明帝王治世,应当虚己无为,一任自然,积极入世只会给社会增添更多混乱,使天下不治。陆树芝曰:"借喻指点,从反面托出,清言隽味,一往而深,正妙在不找正意。"[3]宣颖曰:"末一喻奇绝。以凿空之文,写难明之义,使人读之意消。"[4]刘凤苞曰:"'七日而浑沌死',险语足以破鬼胆。奇文!妙文!"[5]由于该故事构思奇特,含义丰富,遂使"浑沌之死"成为《庄子》中影响最大的寓言之一。浑沌之死的寓言是对一篇《应帝王》的总结,也是对一部《庄子》思想的总结。

有人说本篇末尾以南海北海作结,与《逍遥游》开篇的北冥南冥遥相呼应。其实《应帝王》与内篇各章均有诸多呼应之处,本篇出现的人物大都在前文已经出现过。"啮缺问于王倪"中的啮缺、王倪出现在《齐物论》中;"肩

---

① 陆西星.南华真经副墨[M].北京:中华书局,2010:120.
② 刘凤苞.南华雪心编[M].北京:中华书局,2013:203-204.
③ 陆树芝.庄子雪[M].上海:华东师范大学出版社,2011:95-96.
④ 宣颖.南华经解[M].广州:广东人民出版社,2008:61.
⑤ 刘凤苞.南华雪心编[M].北京:中华书局,2013:205.

吾见狂接舆"中的肩吾、狂接舆出现在《逍遥游》中;"阳子居见老聃"中的老聃出现在《养生主》中;"郑有神巫曰季咸"中的列子出现在《逍遥游》中。如果把《庄子》内篇比作一部歌剧,那么作为最后一幕的《应帝王》,就是庄子让前面出现过的一些演员再次登场亮相,以便与观众再一次进行告别的返场表演。

林云铭曰:"篇中全以问答引证,末方说出本意作结,起伏过脉,迥异常体。"①刘凤苞曰:"细按此篇文法,首尾前后,一气相生,均是'立乎不测,游于无有',入神超妙工夫。……故其文凌虚独步,超以象外,得其环中。欲从其浑合处窥之,则虚空粉碎,诸天之花雨缤纷;欲从其琐屑处求之,则表里晶莹,大地之山河倒影,千变万化,莫测端倪。"②《应帝王》由七段文字构成,在结构上采用了先提问、再否定、后解说的模式。全文首尾连贯,脉络分明,一气流转,妙笔生花。在"七日而浑沌死"的悲歌中,《应帝王》缓缓落下了帷幕。浑沌之死,发人深省。

 思考题

1. 请结合《应帝王》谈谈庄子的政治思想。
2. "郑有神巫曰季咸"一节给了你怎样的启示?
3. 阅读"混沌之死"一节,谈谈你是如何理解人与自然的关系的。

----

① 林云铭.庄子因[M].张京华,点校.上海:华东师范大学出版社,2011:90.
② 刘凤苞.南华雪心编[M].北京:中华书局,2013:187.

第八章 秋 水

拓展阅读
《庄子·秋水》中的天人之思

原文及注释

一

秋水时至,百川灌河。泾流之大[1],两涘渚崖之间[2],不辩牛马。于是焉河伯欣然自喜[3],以天下之美为尽在己。顺流而东行,至于北海,东面而视,不见水端,于是焉河伯始旋其面目[4],望洋向若而叹曰[5]:"野语有之曰[6]:'闻道百以为莫己若者[7]',我之谓也[8]。且夫我尝闻少仲尼之闻而轻伯夷之义者[9],始吾弗信;今我睹子之难穷也[10],吾非至于子之门则殆矣,吾长见笑于大方之家[11]。"

【注释】

[1] 泾流:直涌的水流。

[2] 两涘(sì):两岸。渚崖:小洲的

沿岸。渚:水中的小块陆地。

[3] 河伯:传说中的黄河水神。

[4] 旋:改变。

[5] 若:传说中的海神,即北海若。

[6] 野语:俗语。

[7] 莫己若:没有谁比得上自己。

[8] 我之谓也:谓我也,说的就是我这种人。

[9] 尝闻:曾经听说。

[10] 子:您,这里借指大海。穷:尽。

[11] 长:长久地。见:被。大方:大道。

北海若曰:"井蛙不可以语于海者,拘与虚也[1];夏虫不可以语于冰者,笃于时也[2];曲士不可以语于道者[3],束于教也[4]。今尔出于崖涘[5],观于大海,乃知尔丑[6],尔将可语大理矣。天下之水,莫大于海,万川归之,不知何时止而不盈;尾闾泄之[7],不知何时已而不虚[8];春秋不变,水旱不知。此其过江河之流,不可为量数。而吾未尝以此自多者,自以比形于天地而受气于阴阳[9],吾在于天地之间,犹小石小木之在大山也,方存乎见少[10],又奚以自多!计四海之在天地之间也,不似礨空之在大泽乎[11]?计中国之在海内,不似稊米之在大仓乎[12]?号物之数谓之万,人处一焉;人卒九州[13],谷食之所生[14],舟车之所通[15],人处一焉;此其比万物也,不似豪末之在于马体乎[16]?五帝之所连[17],三王之所争,仁人之所忧,任士之所劳[18],尽此矣。伯夷辞之以为名,仲尼语之以为博,此其自多也,不似尔向之自多于水乎?"

【注释】

[1] 虚:通"墟",指居所。

[2] 笃:拘限。

[3] 曲士:孤陋寡闻之士。

[4] 教:俗教。

[5] 崖涘:指黄河。

[6] 丑:思想的浅陋。

[7] 尾闾:大海的排水处。

[8] 已:止。不虚:水流不尽。

[9] 比:庇,寄托。

[10] 方:正。

[11] 礨(lěi)空:石块的小空隙。

[12] 稊(tí)米:一种小米。

[13] 卒:萃,聚集。

[14] 所生:生长的地方。

[15] 所通:通行的地方。

[16] 豪末:毫毛的末梢。

[17] 连:禅让。

[18] 任士:贤能之士。

河伯曰："然则吾大天地而小豪末，可乎？"

北海若曰："否。夫物，量无穷[1]，时无止，分无常[2]，终始无故[3]。是故大知观于远近，故小而不寡，大而不多，知量无穷[4]；证向今故[5]，故遥而不闷[6]，掇而不跂[7]，知时无止；察乎盈虚，故得而不喜，失而不忧，知分之无常也；明乎坦途，故生而不说[8]，死而不祸，知终始之不可故也[9]。计人之所知[10]，不若其所不知；其生之时，不若未生之时；以其至小求穷其至大之域，是故迷乱而不能自得也。由此观之，又何以知豪末之足以定至细之倪[11]！又何以知天地之足以穷至大之域！"

【注释】

[1] 量：体积。

[2] 分：得失之分。

[3] 故：通"固"，固定。

[4] 量：物量。

[5] 向：察明。今故：今古，即古今。

[6] 闷：厌倦。

[7] 掇：拾取。跂：求。

[8] 说：通"悦"，喜悦。

[9] 终始：死生。

[10] 所知：所知道的事。

[11] 倪：尺度，标准。

河伯曰："世之议者皆曰：'至精无形，至大不可围。'是信情乎[1]？"

北海若曰："夫自细视大者不尽，自大视细者不明。夫精，小之微也；垺[2]，大之殷也[3]；故异便[4]。此势之有也。夫精粗者，期于有形者也[5]；无形者，数之所不能分也；不可围者，数之所不能穷也[6]。可以言论者，物之粗也；可以意致者[7]，物之精也；言之所不能论，意之所不能察致者，不期精粗焉。

【注释】

[1] 信情：实情，真相。

[2] 垺(fú)：通"郭"，外城。

[3] 殷：大。

[4] 异便：物不相同却各有所宜。

[5] 期：限于。

[6] 穷：穷尽。

[7] 意致：意识到的。

是故大人之行[1]，不出乎害人，不多仁恩[2]；动不为利，不贱门隶[3]；货财弗争，不多辞让；事焉不借人[4]，不多食乎力[5]，不贱贪污；行殊乎俗，不多辟异[6]；为在从众，不贱佞谄[7]；世之爵禄不足以为劝，戮耻不足以为辱[8]；知是非之不可为分，细大之不可为倪。闻曰：'道人不闻[9]，至德不得，大人无己。'约分之至也[10]。"

【注释】

[1] 大人：圣人，至人。

[2] 多：赞许。

[3] 门隶：家奴。

[4] 事：做事。借人：借助别人。

[5] 食乎力：自食其力。

[6] 辟异：怪僻奇异的行为。

[7] 佞（nìng）谄：谄媚奉承。

[8] 戮耻：刑戮与耻辱。

[9] 闻：闻名。

[10] 约分：取消分别。

河伯曰："若物之外[1]，若物之内，恶至而倪贵贱[2]？恶至而倪小大？"

北海若曰："以道观之，物无贵贱；以物观之，自贵而相贱；以俗观之，贵贱不在己。以差观之，因其所大而大之，则万物莫不大；因其所小而小之，则万物莫不小；知天地之为稊米也，知豪末之为丘山也，则差数睹矣[3]。以功观之，因其所有而有之，则万物莫不有，因其所无而无之，则万物莫不无；知东西之相反而不可以相无，则功分定矣[4]。以趣观之，因其所然而然之，则万物莫不然；因其所非而非之，则万物莫不非；知尧、桀之自然而相非，则趣操睹矣。

【注释】

[1] 若：此，这个。

[2] 恶至：如何，怎样。倪：端倪，区别。

[3] 差数：同一物体大小的等差之数。

[4] 功分：事物的功效与本分。

昔者，尧、舜让而帝，之、哙让而绝[1]；汤、武争而王，白公争而灭[2]。由此观之，争让之礼，尧、桀之行，贵贱有时，未可以为常也。梁丽可以冲城[3]，而不可以窒穴[4]，言殊器也；骐骥骅骝[5]，一日而驰千里，捕鼠不如狸狌[6]，言殊技也；鸱鸺夜撮蚤[7]，察毫末，昼出瞋目而不见丘山，言殊性也。故曰，盖师是而无非[8]，师治而无乱乎？是未明天地之理，万物之情者也。是犹师天而无地，师阴而无阳，其不可行明矣。然且语而不舍[9]，非愚则诬也。帝王殊禅，三代殊继。差其时，逆其俗者，谓之篡夫[10]；当其时，顺其俗者，谓之义之徒[11]。默默乎河伯！女恶知贵贱之门[12]，小大之家[13]！"

【注释】

[1] 之、哙让而绝：燕王哙把王位禅让给宰相子之，燕国几乎灭亡。

[2] 白公：楚平王之孙，因反楚被灭。

[3] 梁丽：栋梁。冲城：撞击城墙。

[4] 窒穴：堵塞老鼠洞。

[5] 骐骥、骅骝(huá liú)：古代良马。

[6] 狸狌：野猫和黄鼠狼。

[7] 鸱鸺(chī xiū)：猫头鹰。蚤：跳蚤。

[8] 盖：何不。师：效法。无：不要，抛弃。

[9] 舍：停止。

[10] 篡夫：篡夺帝位的人。

[11] 义之徒：拥有高义的伟人。

[12] 女：通"汝"，你。门：门径。

[13] 家：家门。

河伯曰："然则我何为乎，何不为乎？吾辞受趣舍[1]，吾终奈何？"

北海若曰："以道观之，何贵何贱，是谓反衍[2]；无拘而志，与道大蹇[3]。何少何多，是谓谢施[4]；无一而行，与道参差[5]。严乎若国之有君，其无私德；繇繇乎若祭之有社[6]，其无私福；泛泛乎其若四方之无穷，其无所畛域[7]。兼怀万物，其孰承翼[8]？是谓无方[9]。万物一齐，孰短孰长？道无终始，物有死生，不恃其成；一虚一满，不位乎其形。年不可举[10]，时不可止；消息盈虚[11]，终则有始[12]。是所以语大义之方[13]，论万物之理也。物之生也，若骤若驰[14]，无动而不变，无时而不移[15]。何为乎，何不为乎？夫固将自化[16]。"

【注释】

[1] 趣：通"取"，进取。

[2] 反衍：转化。

[3] 蹇(jiǎn)：违背。

[4] 谢施(yì)：代谢，延伸。

[5] 参差：不合，背离。

[6] 繇繇(yōu)乎：悠然自得的样子。

[7] 畛(zhěn)域：界限。

[8] 承翼:承接扶翼,指得到庇护。

[9] 无方:没有偏向。

[10] 举:追攀。

[11] 消息:消亡、生长。

[12] 有:又。

[13] 大义:大道。方:方向,这里引申为原则。

[14] 骤:马疾驰。驰:车马急行。

[15] 移:移动。

[16] 固将自化:本来就在自然变化。

河伯曰:"然则何贵于道邪?"

北海若曰:"知道者必达于理,达于理者必明于权[1],明于权者不以物害己。至德者,火弗能热,水弗能溺[2],寒暑弗能害,禽兽弗能贼。非谓其薄之也[3],言察乎安危,宁于祸福[4],谨于去就,莫之能害也。故曰:'天在内,人在外,德在乎天。'知天人之行,本乎天,位乎得[5];蹢躅而屈伸[6],反要而语极[7]。"

曰:"何谓天?何谓人?"

北海若曰:"牛马四足,是谓天;落马首[8],穿牛鼻,是谓人。故曰:'无以人灭天,无以故灭命[9],无以得殉名。谨守而勿失,是谓反其真。'"

【注释】

[1] 权:权变。

[2] 溺:使之溺水。

[3] 薄:迫近。

[4] 宁:安。祸福:困穷与通达。

[5] 位:处,居。得:自得。

[6] 蹢躅(dí zhú):同"踟蹰",进退

不定的样子。

[7] 反:通"返",返回。要:枢要。极:大道的极致。

[8] 落:通"络",羁络。

[9] 故:有心而为。命:自然本性。

二

夔怜蚿[1],蚿怜蛇,蛇怜风,风怜目,目怜心。

夔谓蚿曰:"吾以一足趻踔而行[2],予无如矣。今子之使万足,独奈何?"

蚿曰:"不然。子不见夫唾者乎? 喷则大者如珠,小者如雾,杂而下者不可胜数也。今予动吾天机[3],而不知其所以然。"

【注释】

[1] 夔(kuí):传说的中的一足兽。 　　[2] 趻踔(chěn chuō):跳跃前行。

怜:美慕。蚿(xián):百足虫。 　　[3] 天机:天然的本能。

蚿谓蛇曰:"吾以众足行,而不及子之无足,何也?"

蛇曰:"夫天机之所动,何可易邪[1]? 吾安用足哉!"

蛇谓风曰:"予动吾脊胁而行,则有似也[2]。今子蓬蓬然起于北海[3],蓬蓬然入于南海,而似无有,何也?"

风曰:"然。予蓬蓬然起于北海而入于南海也,然而指我则胜我[4],鳅我亦胜我[5]。虽然,夫折大木,蜚大屋者[6],唯我能也,故以众小不胜为大胜也。为大胜者,唯圣人能之。"

【注释】

[1] 易:变易。 　　[4] 胜:胜过。

[2] 有似:似有。谓有行迹可见。 　　[5] 鳅(qiū):逆踢。

[3] 蓬蓬然:象声词,风声。 　　[6] 蜚:同"飞",吹飞。

三

孔子游于匡[1],宋人围之数匝,而弦歌不惙[2]。子路入见,曰:"何夫子之娱也[3]?"

孔子曰:"来! 吾语女[4]。我讳穷久矣[5],而不免,命也;求通久矣,而不得,时也[6]。当尧、舜而天下无穷人[7],非知得也[8];当桀、纣而天下无通人,非知失也;时势适然[9]。夫水行不避蛟龙者,渔父之勇也;陆行不避兕虎者[10],猎夫之勇也;白刃交于前,视死若生者,烈士之勇也;知穷之有命,知通之有时,临大难而不惧者,圣人之勇也。由处矣[11],吾命有所制矣[12]。"

无几何,将甲者进[13],辞曰:"以为阳虎也[14],故围之。今非也,请辞而退。"

【注释】

[1] 匡:卫国地名。故下句"宋人"
当为"卫人"。

[2] 愀(chuò):通"辍",停止。

[3] 娱:快乐。

[4] 女:通"汝",你。

[5] 讳:忌讳。

[6] 时:时运。

[7] 穷:困窘。

[8] 知:智,指智慧超群。

[9] 时势:时代的形势。适然:
当然。

[10] 兕(sì):雌性犀牛。

[11] 由:子路,名由。

[12] 制:制约,限定。

[13] 将:率领。甲者:穿着盔甲的
士兵。

[14] 阳虎:人名,鲁国人,长相与孔
子相像。

四

公孙龙问于魏牟曰[1]:"龙少学先王之道,长而明仁义之行;合同异,离坚白;然不然,可不可;困百家之知,穷众口之辩;吾自以为至达已。今吾闻庄子之言,汒焉异之[2]。不知论之不及与[3],知之弗若与?今吾无所开吾喙[4],敢问其方。"

【注释】

[1] 公孙龙:战国时赵国人。魏牟:
魏国公子,名牟。

[2] 汒焉:自失的样子。汒:同"茫"。

[3] 论:言辩的水平。

[4] 喙(huì):鸟兽的嘴,此处指人
的嘴。

公子牟隐机大息[1],仰天而笑曰:"子独不闻夫埳井之蛙乎[2]?谓东海之鳖曰:'吾乐与!出跳梁乎井干之上[3],入休乎缺甃之崖[4];赴水则接腋持颐[5],蹶泥则没足灭跗[6];还虷蟹与科斗[7],莫吾能若也[8]。且夫擅一壑之

水[9]，而跨跱埳井之乐[10]，此亦至矣[11]，夫子奚不时来入观乎[12]！'东海之鳖左足未入，而右膝已絷矣[13]。于是逡巡而却[14]，告之海曰[15]：'夫千里之远，不足以举其大[16]；千仞之高，不足以极其深[17]。禹之时十年九潦[18]，而水弗为加益[19]；汤之时八年七旱，而崖不为加损[20]。夫不为顷久推移[21]，不以多少进退者[22]，此亦东海之大乐也。'于是埳井之蛙闻之，适适然惊，规规然自失也[23]。

【注释】

[1] 隐机：依靠几案。大息：叹息。

[2] 埳（kǎn）井：浅井。

[3] 跳梁：腾跃跳动。

[4] 缺甃（zhòu）：破砖的井壁。

[5] 接腋持颐：托着两腋和面颊。

[6] 蹶：踏。跗（fū）：脚背。

[7] 还：看向四周。虷（hán）蟹：小螃蟹。科斗：蝌蚪。

[8] 若：相比。

[9] 擅：独占。壑：坑。

[10] 跨跱（zhì）：盘踞。

[11] 至：最大的快乐。

[12] 入观：到井里来看。

[13] 絷（zhí）：卡住，绊住。

[14] 逡巡：小心地退却。

[15] 之：指代井蛙。

[16] 举：形容。

[17] 极：量尽。

[18] 潦（lǎo）：地面积水。

[19] 益：增多。

[20] 崖：海岸。损：水位下降。

[21] 顷：短暂。推移：改变。

[22] 多少：雨量的多少。进退：水位的升降。

[23] 规规然：自失的样子。

　　且夫知不知是非之竟[1]，而犹欲观于庄子之言，是犹使蚊负山，商蚷驰河也[2]，必不胜任矣。且夫知不知论极妙之言而自适一时之利者，是非埳井之蛙与？且彼方跐黄泉登大皇[3]，无南无北，奭然四解[4]，沦于不测[5]；无东无西，始于玄冥，反于大通。子乃规规然而求之以察，索之以辩，是直用管窥天，用锥指地也[6]，不亦小乎！子往矣！且子独不闻夫寿陵余子之学行于邯郸与[7]？未得国能[8]，又失其故行矣[9]，直匍匐而归耳[10]。今子不去，将忘子之故[11]，失子之业。"

公孙龙口呿而不合[12]，舌举而不下，乃逸而走。

【注释】

[1] 竟：通"境"，境界。

[2] 商蚷(jù)：虫名。即马蚿。

[3] 跐(cǐ)：踏。

[4] 㰤(shì)然：阻碍消散的样子。

[5] 沦：隐没。不测：不可测量。

[6] 用锥指地：用铁锥尖测量大地。

[7] 寿陵：燕国地名。邯郸：赵国

都城。馀子：少年。

[8] 国能：赵人走路的绝技。

[9] 故行：原来的步伐。

[10] 匍匐：爬行。

[11] 故：原来的学业。

[12] 呿(qū)：张口的样子。

五

庄子钓于濮水[1]，楚王使大夫二人往先焉[2]，曰："愿以境内累矣！"

庄子持竿不顾，曰："吾闻楚有神龟，死已三千岁矣，王巾笥而藏之庙堂之上[3]。此龟者，宁其死为留骨而贵乎[4]？宁其生而曳尾于涂中乎[5]？"

二大夫曰："宁生而曳尾涂中。"

庄子曰："往矣！吾将曳尾于涂中。"

【注释】

[1] 濮水：河名。

[2] 楚王：这里指楚威王，楚怀王之父。

往先：先派使者非正式地传达意图。

[3] 巾笥(sì)：装头巾的小箱子，即巾箱。

[4] 宁：宁肯。

[5] 宁：还是。曳尾：拖着尾巴。涂：泥。

六

　　惠子相梁，庄子往见之。或谓惠子曰："庄子来，欲代子相。"于是惠子恐，搜于国中三日三夜。

　　庄子往见之，曰："南方有鸟，其名曰鹓雏[1]，子知之乎？夫鹓雏，发于南海而飞于北海，非梧桐不止，非练实不食[2]，非醴泉不饮[3]。于是鸱得腐鼠[4]，鹓雏过之，仰而视之曰'吓[5]！'今子欲以子之梁国而吓我邪？"

【注释】

[1] 鹓（yuān）雏：和凤凰一类的鸟。

[2] 练实：竹实。

[3] 醴（lǐ）泉：甘美如醴的泉水。

[4] 鸱（chī）：猫头鹰。

[5] 吓：怒声。

七

　　庄子与惠子游于濠梁之上[1]。庄子曰："鲦鱼出游从容，是鱼之乐也。"

　　惠子曰："子非鱼，安知鱼之乐？"

　　庄子曰："子非我，安知我不知鱼之乐？"

　　惠子曰："我非子，固不知子矣[2]；子固非鱼也，子之不知鱼之乐，全矣。"

　　庄子曰："请循其本[3]。子曰'汝安知鱼乐'云者，既已知吾知之而问我，我知之濠上也。"

【注释】

[1] 濠梁：濠水的桥梁。

[2] 固：本来。

[3] 循：追溯。本：本来。

 **义理诠释**

一、秋水

《庄子·秋水》在义理和艺术两个方面并臻绝美之境。刘凤苞用"体大思精，文情恣肆"①八个字给予总评。林云铭曰："是篇大意自《内篇·齐物论》脱化出来。立解创辟，既踞绝顶山巅；运词变幻，复擅天然神斧。此千古有数文字，开后人无数法门。"②钟泰说："此篇河伯、海若问答一章，实摄内七篇之精蕴而熔炼以出之，且有发七篇所未发者，自是庄子经意之作。"③从义理的角度看，《秋水》的作者在思想上继承和发展了《庄子》内篇思想，文章以道论为中心，在理论上达到了"绝顶山巅"的高度，同时也对儒家思想进行了一定的抨击。以下对《秋水》中所涉及的主要义理进行解析，以就教于方家。

二、曲士不可语于道

《秋水》以"秋水时至，百川灌河"开篇，极写秋日黄河之壮美。河伯带着欣然自喜的心情来到北海，"东面而视，不见水端"，至此，河伯终于发现了自己的渺小，面对北海若发出"吾非至于子之门则殆矣"的感慨。北海若曰："井蛙不可以语于海者，拘于虚也；夏虫不可以语于冰者，笃于时也；曲士不可以语于道者，束于教也。今尔出于崖涘，观于大海，乃知尔丑，尔将可语大理矣。"他告诉河伯说："计四海之在天地之间也，不似礨空之在大泽乎？计中国之在海内，不似稊米之在大仓乎？号物之数谓之万，人处一焉；人卒九州，谷食之所生，舟车之所通，人处一焉；此其比万物也，不似豪末之在于马体乎？"宣颖曰："自此以下七段，俱借北海若登坛说法也。'语大'二字，是此一段主意。学者一念满足，此外再无入处矣。故必先与撤去，使胸中一片空

---

① 刘凤苞.南华雪心编[M].北京：中华书局，2013：360.
② 林云铭.庄子因[M].张京华，点校.上海：华东师范大学出版社，2011：183.
③ 钟泰.庄子发微[M].上海：上海古籍出版社，2002：361.

洞,乃进道之机也。要折河伯,并自己捺倒,正是现身说法。"①人们通常被自己的生活环境和生活阅历所局限,容易故步自封,无法理解未知的知识和世界。人要对事物形成正确的认知,首先就要走出狭小的生活空间,打破惯性思维,突破那个自以为是的小我。同时,世间所谓的大小,都是相对而言的。视小而以为大,视少而以为多者,只是眼界狭小的曲士,曲士无法理解真正的大道。

三、大天地而小豪末

第二番问答中,河伯提出:"然则吾大天地而小豪末,可乎?"北海若回答说:"否。夫物,量无穷,时无止,分无常,终始无故。是故大知观于远近,故小而不寡,大而不多,知量无穷;证向今故,故遥而不闷,掇而不跂,知时无止;察乎盈虚,故得而不喜,失而不忧,知分之无常也;明乎坦途,故生而不说,死而不祸,知终始之不可故也。计人之所知,不若其所不知;其生之时,不若未生之时;以其至小求穷其至大之域,是故迷乱而不能自得也。由此观之,又何以知豪末之足以定至细之倪!又何以知天地之足以穷至大之域!"成玄英疏曰:"夫物之禀分,各自不同,大小虽殊,而咸得称适。若以小企大则迷乱失性,各安其分则逍遥一也,故毫末虽小,性足可以称大;二仪虽大,无余可以称小。由此视之,至小之倪,何必定在于毫末?至大之域,岂独理穷于天地?"②陈深曰:"前言海之极大,此言天地间无小无大。量无穷谓享受有多寡,时无止谓食报有久近,分无常谓遭遇有得失,终始无故谓死生如循环日新也。天所分予受享有多寡,知量之不可概也。"③事物的大小是相对的,天地并非至大,毫末也并非至小。作者讨论天地间无小无大的问题时,着眼点还是在人。由于事物的数量是无穷的,时间是不会停止的,个人遭遇难以预测,死死生生循环不息,因此作为个体的人,不能以小企大,妄图扭转客观规律,人只能安于本分,顺应自然。

---

① 宣颖.南华经解[M].广州:广东人民出版社,2008:117.
② 郭庆藩.庄子集释[M].王孝鱼,点校.北京:中华书局,2018:508.
③ 方勇.庄子纂要[M].北京:学苑出版社,2012:685.

四、精粗者期于有形者也

第三番问答,河伯提出关于"至精无形"的问题。北海若回答说:"夫自细视大者不尽,自大视细者不明。夫精,小之微也;垺,大之殷也;故异便。此势之有也。夫精粗者,期于有形者也;无形者,数之所不能分也;不可围者,数之所不能穷也。可以言论者,物之粗也;可以意致者,物之精也;言之所不能论,意之所不能察致者,不期精粗焉。……闻曰:'道人不闻,至德不得,大人无己。'约分之至也。"郭象《庄子注》曰:"唯无而已,何精粗之有哉!夫言意者,有也;而所言所意者,无也。故求之于言意之表,而入乎无言无意之域而后至焉。"①陈治安曰:"此段言论物者,极大小之致,犹不足以尽大小,而唯大人通神达化,则是非大小俱泯于无。"②精、粗是对有形之物的描述,当我们面对无形之物时是无法用这个标准来衡量的。无迹可寻的道难以用精粗去描述,至德并不以德的面目呈现在外,以德的面目示人的"德"并不是真正的"德"。"大人无己"一句是《逍遥游》中"至人无己"的再现。无己的境界也就是"约分之至"。刘凤苞评"约分之至"曰:"约分之至,见性命之真,非言思拟议所至。约之则合漠通微,游于无有,而何小大之琐琐焉为之穷究哉?"③"约分之至"者能够逍遥地游于道的境界,此处与《逍遥游》之义理并无二致。

五、以道观之物无贵贱

第四番问答,河伯曰:"若物之外,若物之内,恶至而倪贵贱?恶至而倪小大?"北海若回答道:"以道观之,物无贵贱;以物观之,自贵而相贱;以俗观之,贵贱不在己。以差观之,因其所大而大之,则万物莫不大;因其所小而小之,则万物莫不小;知天地之为稊米也,知豪末之为丘山也,则差数睹矣。以功观之,因其所有而有之,则万物莫不有,因其所无而无之,则万物莫不无;

---

① 郭庆藩.庄子集释[M].王孝鱼,点校.北京:中华书局,2018:509.
② 方勇.庄子纂要[M].北京:学苑出版社,2012:695.
③ 刘凤苞.南华雪心编[M].北京:中华书局,2013:370.

知东西之相反而不可以相无,则功分定矣。以趣观之,因其所然而然之,则万物莫不然;因其所非而非之,则万物莫不非。"陈治安曰:"此段言贵贱大小,道之所无,而俗之所有。时俗趣向,初无一定,故贵贱大小,亦无一定,但当冥心于道,不容纷竞于世俗之中,以争其所贵,而规其为大。"①在进行价值判断时,人们会因所站角度的不同得出不同的结论。作者把判断的角度依次分为"以道观之""以物观之""以俗观之""以差观之""以功观之"和"以趣观之"六个方面。对比《齐物论》一篇,尚没有做这样多角度的划分。如此多角度的观察,给我们提供了多种透视方法。当然,在一心向道之人的心目中,相对于其他五种角度,他们强调的仍然是"以道观之"。从道的角度去观察,结论自然是"物无贵贱",即所有的贵贱之说都不符合大道的原理。

六、固将自化

第五番问答,河伯在无可奈何之际发出了"我何为乎? 何不为乎"的疑问。北海若曰:"以道观之,何贵何贱,是谓反衍;无拘而志,与道大蹇。何少何多,是谓谢施;无一而行,与道参差。严乎若国之有君,其无私德;繇繇乎若祭之有社,其无私福;泛泛乎其若四方之无穷,其无所畛域。兼怀万物,其孰承翼? 是谓无方。万物一齐,孰短孰长? 道无终始,物有死生,不恃其成。一虚一满,不位乎其形。年不可举,时不可止;消息盈虚,终则有始。是所以语大义之方,论万物之理也。物之生也,若骤若驰。无动而不变,无时而不移。何为乎,何不为乎? 夫固将自化。"成玄英疏曰:"万物纷乱,同禀天然,安而任之,必自变化,何劳措意为与不为!"②陈治安曰:"此段言贵贱大小,既无可分,则人之自为趋向安在? 道无不在,正不欲人之自为趋向,随造化为循环,是人之真趋向也。"③借助北海若对河伯的解惑,作者再次强调了道家的基本思想:摒弃人为,破除滞见,安而任之,随造化为循环,无方之方乃是大方。

---

① 方勇.庄子纂要[M].北京:学苑出版社,2012:707.
② 郭庆藩.庄子集释[M].王孝鱼,点校.北京:中华书局,2018:522.
③ 方勇.庄子纂要[M].北京:学苑出版社,2012:716.

七、达理明权

北海若曰:"知道者必达于理,达于理者必明于权,明于权者不以物害己。至德者,火弗能热,水弗能溺,寒暑弗能害,禽兽弗能贼。非谓其薄之也,言察乎安危,宁于祸福,谨于去就,莫之能害也。故曰:'天在内,人在外,德在乎天。'知天人之行,本乎天,位乎得,蹢躅而屈伸,反要而语极。"宣颖曰:"知道,则达理明权,超然自全于物表。纯是天机妙用,何言道不足贵邪?此正明上所云无方自化之妙,惟知道者能之。落到天字上,是绝顶议论。"①相比于《庄子》内篇,这一段当中包含着庄子后学的创见。"达于理者必明于权",强调了权变的重要性,在坚持理的前提下,允许人使用权宜之计。在面临安危与祸福之时,应当"谨于去就",不能贸然前往,伤害生命。面对熊熊大火不能像飞蛾一样靠近;面对滔天巨浪不能舍身投入其中;明知山中有虎,不能偏向山中行。作者的这种说法,一方面否定了内篇中神人、圣人、真人们直面水火猛兽而不为所动的叙述,另一方面提出面对危难之时,可以明智地选择去就,防止让自己陷入危险境地。此说突破了《荀子·解蔽》对庄子"蔽于天而不知人"②的批评,充分考虑到了人的主观能动性,对于"至德者"的描写也更加理性、务实。

八、反其真

河伯问:"何谓天? 何谓人?"北海若答曰:"牛马四足,是谓天;落马首,穿牛鼻,是谓人。故曰:'无以人灭天,无以故灭命,无以得殉名。谨守而勿失,是谓反其真。'"成玄英疏曰:"夫愚智夭寿,穷通荣辱,禀之自然,各有其分。唯当谨固守持,不逐于物,得于分内而不丧于道者,谓反本还源,复于真性者也。此一句总结前玄妙之理也。"③林云铭曰:"此段言入道之法,不可安

---

① 宣颖.南华经解[M].广州:广东人民出版社,2008:120.
② 王先谦.荀子集解[M].北京:中华书局,2012:380.
③ 郭庆藩.庄子集释[M].王孝鱼,点校.北京:中华书局,2018:525.

排造作,以人胜天也。"①宣颖曰:"命即天理,得即天德,故即是人心,名即是人事。特递递之致戒耳。"②这一段是对北海若与河伯问答的总结,也是作者对《秋水》篇主题的总结。天和人是中国古代哲学中一对重要的概念,更是庄子学派哲学思想的核心概念。"无以人灭天,无以故灭命,无以得殉名"三句并列,以"无以人灭天"为主,人应当顺应万物之理、天道自然。只有谨守无为,才能返其真。

九、天机之所动

"夔怜蚿,蚿怜蛇,蛇怜风,风怜目,目怜心。"郭象《庄子注》曰:"至人知天机之不可易也,故捐聪明,弃知虑,魄然忘其所为而任其自动,故万物无动而不逍遥也。"③成玄英疏曰:"天然机关,有此动用,迟速有无,不可改易。无心任运,何用足哉!"④林云铭曰:"此段言天机所动,各有自然,彼之所难,此之所易,则难易不在于多少有无之间也。"⑤本段重申"无以人灭天"。"动吾天机而不知其所以然"一句概括了道家思想的精髓。对于物而言,天机不可变易;对于人而言,放弃聪明知虑,做到无心任运,就可以逍遥自在。

十、命有所制

孔子游于匡,宋人围之数匝,孔子弦歌不惙。他告诉子路曰:"吾命有所制矣!"郭象《庄子注》曰:"命非己制,故无所用其心也。夫安于命者,无往而非逍遥矣。故虽匡陈羑里,无异于紫极间堂也。"⑥林云铭曰:"此段言圣人能以小不胜为大胜也,承上面'物不能害'来。"⑦故事中的孔子知穷通之命,临大难而不惧,不生求救之心,完全是道家高士的形象。此节重申了"无以故

① 林云铭.庄子因[M].张京华,点校.上海:华东师范大学出版社,2011:177-178.
② 宣颖.南华经解[M].广州:广东人民出版社,2008:120.
③ 郭庆藩.庄子集释[M].王孝鱼,点校.北京:中华书局,2018:527.
④ 郭庆藩.庄子集释[M].王孝鱼,点校.北京:中华书局,2018:527.
⑤ 林云铭.庄子因[M].张京华,点校.上海:华东师范大学出版社,2011:178-179.
⑥ 郭庆藩.庄子集释[M].王孝鱼,点校.北京:中华书局,2018:530.
⑦ 林云铭.庄子因[M].张京华,点校.上海:华东师范大学出版社,2011:179.

灭命"的道理。

十一、埳井之蛙

公子牟把公孙龙比喻为埳井之蛙,埳井之蛙在听到东海之鳖的高论之后,"适适然惊,规规然自失也。"成玄英疏曰:"蛙擅埳井之美,自言天下无过,忽闻海鳖之谈,茫然丧其所谓,是以适适规规,惊而自失也。而公孙龙学先王之道,笃仁义之行,困百家之知,穷众口之辩,忽闻庄子之言,亦犹井蛙之逢海鳖也。"① 林云铭曰:"此段言小胜者不能为大胜也,无甚深旨,庄叟亦无贬人自誉至此,恐为后人赝笔。"② 井底之蛙与东海之鳖的寓言,与前文"井蛙不可以语于海"的文意相接,可以看作对河伯和北海若对话的回应。公孙龙如同埳井之蛙,只是一介曲士,难以真正理解庄子的思想。这当是庄子后学对师长学识的炫耀之词。

十二、曳尾涂中

两位楚大夫奉命邀请庄子前往楚国担任宰相。庄子持竿不顾,表示自己愿意像龟一样曳尾于涂中。郭象《庄子注》"宁生而曳尾涂中"曰:"性各有所安也。"③ 成玄英疏曰:"庄子保高尚之遐志,贵山海之逸心,类泽雉之养性,同泥龟之曳尾,是以令使命之速往,庶全我之无为也。"④ 林云铭曰:"此段言知道者安于贱而不知有贵,然即于贱而自得其贵也。"⑤ 庄子坚定地选择隐居不仕,遂能享受生命的自由。

十三、鸱得腐鼠

惠子相梁之时,有人对惠子说:"庄子来,欲代子相。"于是惠子很恐慌,到处搜寻庄子。三天之后,庄子突然出现在惠子面前,对他说:"南方有鸟,

① 郭庆藩.庄子集释[M].王孝鱼,点校.北京:中华书局,2018:534.
② 林云铭.庄子因[M].张京华,点校.上海:华东师范大学出版社,2011:181.
③ 郭庆藩.庄子集释[M].王孝鱼,点校.北京:中华书局,2018:537.
④ 郭庆藩.庄子集释[M].王孝鱼,点校.北京:中华书局,2018:537.
⑤ 林云铭.庄子因[M].张京华,点校.上海:华东师范大学出版社,2011:181.

其名为鹓雏,子知之乎？夫鹓雏发于南海而飞于北海,非梧桐不止,非练实不食,非醴泉不饮。于是鸱得腐鼠,鹓雏过之,仰而视之曰:'吓!'今子欲以子之梁国而吓我邪?"林云铭曰:"此段言贵者有贵之贱,而贱者有贱之贵,趣操不同,愿各有极也。"①故事中的庄子视功名富贵如腐鼠,他心中自有高洁的追求;而惠子却贪恋权位、小肚鸡肠,害怕庄子抢走了自己的相位。这个故事重申了"无以得殉名"的思想。

十四、鱼游之乐

庄子与惠子游于濠梁之时,庄子看见倏鱼出游从容,于是断定此为鱼之乐,惠子则以"子非鱼,安知鱼之乐"提出回应。两人就人是否可以知鱼之乐展开了争论。林云铭曰:"此段言人情物理,自可相推,鱼遂其乐,亦自得其天者,故鱼相忘江湖,人忘道术,其致一也。"②在庄子的心目中,人情与物理之间可以相通互感。站在今天读者的立场上看,惠子说得有理有据,而庄子似乎在偷换概念,胡搅蛮缠。其实惠子的"知"接近我们今天所说的科学和理性;庄子的"知"接近审美移情之"知",各有其价值。

十五、少仲尼之闻,轻伯夷之义

在展开道家义理的同时,作者也对儒家思想进行了讽刺抨击。《秋水》载河伯之语曰:"且夫我尝闻少仲尼之闻而轻伯夷之义者,始吾弗信。今我睹子之难穷也,吾非至于子之门则殆矣。"这里只是提及仲尼之闻,并没有展开论说。在后文中又借北海若之口曰:"五帝之所连,三王之所争,仁人之所忧,任士之所劳,尽此矣!伯夷辞之以为名,仲尼语之以为博。此其自多也,不似尔向之自多于水乎?""昔者尧、舜让而帝,之、哙让而绝;汤、武争而王,白公争而灭。由此观之,争让之礼,尧、桀之行,贵贱有时,未可以为常也。……故曰,盖师是而无非,师治而无乱乎?是未明天地之理,万物之

---

① 林云铭.庄子因[M].张京华,点校.上海:华东师范大学出版社,2011:182.
② 林云铭.庄子因[M].张京华,点校.上海:华东师范大学出版社,2011:182.

情者也。"成玄英疏曰:"伯夷让五等以成名,仲尼论六经以为博,用斯轻物,持此自多,亦何异乎向之河伯自多于水! 此通合前喻,并释前事'少仲尼之闻、轻伯夷之义'也。"①宣颖曰:"更将古今帝王圣贤,同付之一笑。学者须具如此眼光。"②在作者眼里,那些活跃在政治舞台上的历史人物,包括儒家的圣人伯夷和孔子在内,尚且未明天地之理和万物之情。常常自以为是的孔子,与未睹大海之前的河伯没有什么两样。

《秋水》探讨玄妙之理,涉及空间的相对性、时间的相对性、事物性质规定性的相对性、认识的无穷的相对性等一系列哲学问题。程以宁曰:"此篇以形有大小喻道无大小,以物有精粗贵贱喻道无精粗贵贱,以物有短长终始喻道无短长终始,必达理明权者方为知道之人。又曰无以人灭天,以小不胜为大胜,化穷通,一四方,出死生,齐物我,不惟识见大,而学问亦精微,可谓玄之又玄,而大道为我有矣。"③作者的长篇大论意在彰显道家的无为自然学说。在《庄子》外、杂篇中,《秋水》达到了理论之巅,其哲学深度足以媲美内篇中的《齐物论》。同时,它又发展了庄子内篇中的思想,明确提出了达理明权的思想观念,是一篇不可多得的先秦哲理散文。

艺术探微

方人杰曰:"昔人评文者,曰'潘江陆海',又曰'韩潮苏海'。读《庄子·秋水》,真有潮海之势,浩浩荡荡,不见水端,而诸君瞠乎其后者矣! 胡可及哉! 胡可及哉! 能以隽思逸笔写深微之理,能以恒情俗态作奇幻之文,其中位置天然,节奏妙合,从来文章之家,并未有此手笔。"④《秋水》篇高妙的哲理性和高超的艺术性交相辉映、彼此渗透,文章采用问答体和寓言体构成,想象奇幻,意境优美,语言生动,体现了《庄子》散文汪洋恣肆、雄奇奔放的艺术风格。

① 郭庆藩.庄子集释[M].王孝鱼,点校.北京:中华书局,2018:505.
② 宣颖.南华经解[M].广州:广东人民出版社,2008:117.
③ 方勇.庄子纂要[M].北京:学苑出版社,2012:662.
④ 方人杰.庄子读本[M]//方勇.子藏:第97册.北京:国家图书馆出版社,2011:180.

一、逐层递进的玄妙之理

《秋水》可分为主体和附属两个部分。主体部分由河伯与北海若的七次问答构成,是一篇完整的哲学经典。吴世尚曰:"此篇七问七答,文法则层层剥入,义理则曲曲传出,一转一境,愈细愈灵,且处处皆以韵语出之,真是奇绝。"①这七次问答仿佛构建了一个瑰丽缤纷的七宝楼台,一层高于一层,呈螺旋式上升之势,演绎出玄妙之理。

作者先写物无大小。当河伯在大海面前终于意识到自己的渺小之时,北海若告诉他:"吾在于天地之间,犹小石小木之在大山也,方存乎见少,又奚以自多!计四海之在天地之间也,不似礨空之在大泽乎?计中国之在海内,不似稊米之在大仓乎?号物之数谓之万,人处一焉;人卒九州,谷食之所生,舟车之所通,人处一焉;此其比万物也,不似豪末之在于马体乎?"宣颖曰:"第一番问答,开拓心胸。"②刘凤苞曰:"第一番问答,从'大'字生意,为入道之阶梯。读此段,须放开眼界,见道之大无穷。惟不以道自多者,乃可语大。"③文章先写黄河之大,继而把它与大海比较,使黄河失其大;再写大海之大,继而将大海与天地比较,使大海失其大。在有形的天地之间,唯有道才是无穷无尽的。同时,由于量无穷、时无止、分无常、终始无故,毫末并不能作为"小"的标准单位,是故既不能大天地也不能小毫末。

在讨论完大小问题之后,河伯又向北海若提出如何看待贵贱。北海若曰:"以道观之,物无贵贱;以物观之,自贵而相贱;以俗观之,贵贱不在己。以差观之,因其所大而大之,则万物莫不大;因其所小而小之,则万物莫不小。"成玄英疏曰:"夫物皆自是,故无不是;物皆相非,故无不非。无不非则天下无是矣,无不是则天下无非矣。"④因为俗人有不同的观察角度,才会形成贵贱的差别,如果从道的角度观察,则物无贵贱之分。既然物无贵贱,那

---

① 吴世尚.庄子解十二卷[M]//方勇.子藏:第 99 册.北京:国家图书馆出版社,2011:258.
② 宣颖.南华经解[M].广州:广东人民出版社,2008:117.
③ 刘凤苞.南华雪心编[M].北京:中华书局,2013:363.
④ 郭庆藩.庄子集释[M].王孝鱼,点校.北京:中华书局,2018:514.

么人无贵贱的道理也就不言而明了。

河伯又提出如何看待"精粗"的问题,北海若曰:"夫自细视大者不尽,自大视细者不明。夫精,小之微也;垺,大之殷也;故异便。此势之有也。夫精粗者,期于有形者也;无形者,数之所不能分也;不可围者,数之所不能穷也。可以言论者,物之粗也;可以意致者,物之精也;言之所不能论,意之所不能察致者,不期精粗焉。"在庄子学派看来,精粗也不是一个重要问题。精粗仅仅在言意范围之内才有意义,一旦超出言与意的范围,精粗就不再是一个问题了。

刘凤苞曰:"上段从小大生出精粗二意,随用'不期精粗'句扫除痕迹,言精粗而小大已在其中;此段从小大增出贵贱二层,随用'物无贵贱'句泯去端倪,言贵贱而小大分配在内,文法变化错综,有移步换形之妙。"①如此这般,作者一边提出了大小、贵贱、精粗等问题,一边又扫除外物的痕迹,使问题的抽象度不断提升,最后一步步进入到至高无上的大道境界。在大道境界中,作者率先提出一个"固将自化"的概念。北海若曰:"万物一齐,孰短孰长?道无终始,物有死生,不恃其成。一虚一满,不位乎其形。年不可举,时不可止。消息盈虚,终则有始。是所以语大义之方,论万物之理也。物之生也,若骤若驰。无动而不变,无时而不移。何为乎,何不为乎?夫固将自化。"成玄英疏曰:"万物纷乱,同禀天然,安而任之,必自变化,何劳措意为与不为!"②刘凤苞曰:"破除他为不为之见,而示以无方自化,正如洪炉点雪,融化无痕。"③物质的世界是一个不断变化移动的世界,包括人在内的万物只能安而任之、无方自化,这是不以人的意志为转移的。与之违背者,皆不符合自然之道。

随后,作者又提出了达理明权的处世方式。北海若曰:"知道者必达于理,达于理者必明于权,明于权者不以物害己。至德者,火弗能热,水弗能溺,寒暑弗能害,禽兽弗能贼。非谓其薄之也,言察乎安危,宁于祸福,谨于

① 刘凤苞.南华雪心编[M].北京:中华书局,2013:375.
② 郭庆藩.庄子集释[M].王孝鱼,点校.北京:中华书局,2018:522.
③ 刘凤苞.南华雪心编[M].北京:中华书局,2013:378.

去就,莫之能害也。故曰:天在内,人在外,德在乎天。知天人之行,本乎天,位乎得,蹢躅而屈伸,反要而语极。"宣颖曰:"此正明上所云无方自化之妙,惟知道者能之。落到天字上,是绝顶议论。"又曰:"第六番问答,造极之言。"①刘凤苞曰:"'理'字紧从'道'字勘出,达理则胸中方有把握;'权'字又是道之化境,明权则入世全无滞机。"②如果说庄子的逍遥境界在一定程度上忽视了人的作用和价值,那么到了庄子后学时代,这一问题已经有了根本的扭转。《秋水》的作者提出人要在面对危险时谋求权变,有力凸显了人作为宇宙灵长的价值和意义。

最后,作者以"反其真"三字归结核心思想。北海若曰:"牛马四足,是谓天;落马首,穿牛鼻,是谓人。故曰,无以人灭天,无以故灭命,无以得殉名。谨守而勿失,是谓反其真。"成玄英疏曰:"夫愚智夭寿,穷通荣辱,禀之自然,各有其分。唯当谨固守持,不逐于物,得于分内而不丧于道者,谓反本还源,复于真性者也。此一句总结前玄妙之理也。"③刘凤苞曰:"承上天人分际而申明之,以浅形深,使愚者皆能醒眼。'无以人灭天,'归重德在乎天,即末句反真之意;'无以故灭命''无以得殉名',皆发明上句之义,文法不平。'是谓反其真'只一语结住通篇,云去苍梧,水还江汉,可以悟其文境矣。"④《秋水》的关注点和内篇的《大宗师》一样,都是天人关系。在天人关系中,最根本的是"无以人灭天",反本还源,复于自然。

二、灵活多样的表述方式

虽然《秋水》中的七次对答皆以说理为中心,但这七节文字的表述方式并不重复雷同,充分显示出作者灵活多样的行文方式。文中比喻、说理交错,韵文、散文间杂,穿插使用了首尾呼应法、省文法、总分法、列举法、归结法等不同手法,呈现出多彩多姿的艺术风格。

---

① 宣颖.南华经解[M].广州:广东人民出版社,2008:120.
② 刘凤苞.南华雪心编[M].北京:中华书局,2013:381.
③ 郭庆藩.庄子集释[M].王孝鱼,点校.北京:中华书局,2018:525.
④ 刘凤苞.南华雪心编[M].北京:中华书局,2013:382.

第一节用文学手法先写黄河之大和河伯的自得之情："秋水时至,百川灌河,泾流之大,两涘渚崖之间,不辩牛马。"这是文学史上第一次对黄河加以俯瞰式的整体性描写。文章塑造了一个自傲自大、洋洋得意的河伯形象,但在看见无边无际的大海之后,他马上意识到自己的无知。相比于"曲士"河伯,北海若则见多识广,俨然是一位得道的高士。只见他居高临下,登坛说法,讲出了一番玄妙之理："井蛙不可以语于海者,拘于虚也;夏虫不可以语于冰者,笃于时也;曲士不可以语于道者,束于教也。今尔出于崖涘,观于大海,乃知尔丑,尔将可与语大理矣。"文章通过井蛙拘于虚与夏虫笃于时,衬托出"曲士"内心世界的狭隘。北海若曰："计四海之在天地之间也,不似礨空之在大泽乎?计中国之在海内,不似稊米之在大仓乎?号物之数谓之万,人处一焉;人卒九州,谷食之所生,舟车之所通,人处一焉;此其比万物也,不似豪末之在于马体乎?"这些比喻句生动形象,把巨大的事物予以夸张性浓缩,用形象化的手法说明了大小之别。

第二节采用先总后分之法展开论述。北海若先提出："夫物,量无穷,时无止,分无常,终始无故。"此后就以上四条要点分开来给予说明："是故大知观于远近,故小而不寡,大而不多,知量无穷;证向今故,故遥而不闷,掇而不跂,知时无止;察乎盈虚,故得而不喜,失而不忧,知分之无常也;明乎坦途,故生而不说,死而不祸,知终始之不可故也。"最后得出结论："计人之所知,不若其所不知;其生之时,不若未生之时;以其至小求穷其至大之域,是故迷乱而不能自得也。"刘凤苞曰："'计人之所知'四句,忽然掷笔空中,高一层腾跃而下,有龙跳虎卧之奇,神妙不可思议。然后用反掉之笔,见穷大者必遗其小,而道亦不全也。收处忽作反诘语,与首句'大天地而小毫末',针锋相对。"[①]作者的论述井井有条,文法整齐。

第三节化具体为抽象。北海若曰："夫自细视大者不尽,自大视细者不明。夫精,小之微也;垺,大之殷也;故异便。此势之有也。夫精粗者,期于有形者也;无形者,数之所不能分也;不可围者,数之所不能穷也。可以言论

---

① 刘凤苞.南华雪心编[M].北京:中华书局,2013:366.

者,物之粗也;可以意致者,物之精也;言之所不能论,意之所不能察致者,不期精粗焉。是故大人之行,不出乎害人,不多仁恩;动不为利,不贱门隶;货财弗争,不多辞让,事焉不借人,不多食乎力,不贱贪污;行殊乎俗,不多辟异;为在从众,不贱佞谄;世之爵禄不足以为劝,戮耻不足以为辱;知是非之不可为分,细大之不可为倪。闻曰:'道人不闻,至德不得,大人无己。'约分之至也。"刘凤苞曰:"透彻晶莹,如玻璃中映丝映发,洞见纤毫,真理境上乘文字。"[①]谭元春曰:"惟其文浩而肆,又默默入人。读至'不出乎害人,不多仁恩'六语,坦然可以居心,可以行世。又读至'无私德,无私福,无畛域'三语,拓开意识,为拘志一行人,放顿宽安,引入逍遥,令人如买桃源一区耳。"[②]无论是小之微还是大之殷,皆是有形之物。作者将两边俱扫,最后归结为"约分之至"。

第四节采用了列举法。北海若曰:"以道观之,物无贵贱;以物观之,自贵而相贱;以俗观之,贵贱不在己。以差观之,因其所大而大之,则万物莫不大;因其所小而小之,则万物莫不小。知天地之为稊米也,知豪末之为丘山也,则差数睹矣。以功观之,因其所有而有之,则万物莫不有;因其所无而无之,则万物莫不无。知东西之相反而不可以相无,则功分定矣。以趣观之,因其所然而然之,则万物莫不然;因其所非而非之,则万物莫不非;知尧、桀之自然而相非,则趣操睹矣。"林云铭曰:"此段总言物之内外、贵贱、大小,原无定属。笔笔生动,有生龙活虎之势。"[③]文章论述无方、自化的道理,一气卷舒,自成机杼。其中插入的三层比喻,甚为精彩。

第五节采用了归结法。北海若曰:"以道观之,何贵何贱,是谓反衍;无拘而志,与道大蹇。何少何多,是谓谢施;无一而行,与道参差。严乎若国之有君,其无私德;繇繇乎若祭之有社,其无私福;泛泛乎其若四方之无穷,其无所畛域。兼怀万物,其孰承翼?是谓无方。万物一齐,孰短孰长?道无终始,物有死生,不恃其成。一虚一满,不位乎其形。年不可举,时不可止。消

① 刘凤苞.南华雪心编[M].北京:中华书局,2013:370.
② 方勇.庄子纂要[M].北京:学苑出版社,2012:764.
③ 林云铭.庄子因[M].张京华,点校.上海:华东师范大学出版社,2011:174.

息盈虚，终则有始。是所以语大义之方，论万物之理也。物之生也，若骤若驰。无动而不变，无时而不移。何为乎，何不为乎？夫固将自化。""固将自化"是这一段的结论。在经过一番论析之后，北海若把结论放在段落的最后，其义自见。

第六节提出"达理明权"概念。褚伯秀曰："自篇首至此，凡六问答，如风驱远浪，渐近渐激，至是而雪涛喷薄，使人应接不暇。须臾澄静，则波光万顷，一碧涵天，人之息伪还真，中扃虚湛者，有类于此。"①刘凤苞曰："第六番问答，揭出达理明权。从'化'字又转出一解，正恐扫却他为不为之见，要他空所依傍，又不免堕入虚无也。……反要语极，归结达理而与天合德意，著墨无多，元气浑然，文法亦极周币。"②本节开篇提出达理明权，此后便把重心集中在明权上，具体解析了明权的含义。

第七节是结语，简短有力，刀刀见血。作者首先对天和人下了一个定义，此定义也极具文学色彩，"牛马四足，是谓天；落马首，穿牛鼻，是谓人。"以牛马来说明天人，把非常复杂的问题说得清晰而生动。"无以人灭天，无以故灭命，无以得殉名"三句并列，以"无以人灭天"为重点。文章以"是谓反其真"作结，刘凤苞评曰："如此一大篇文字，洋洋洒洒，有气蒸云梦、波撼岳阳之势，几疑难于收拾矣，却只用'是谓反其真'五字归结全篇，何等笔力！"③

三、奇异生动的寓言故事

附属部分由六则寓言构成，它们从不同的侧面回应了主体部分的思想。每一则寓言故事也都各具文学色彩。

"夔怜蚿"一节采用夔、蚿、蛇、风、目、心等新奇的比喻，夔谓蚿、蚿谓蛇、蛇谓风的情景亦出人意表。作者写了夔、蚿、蛇、风之后，采用省文之法，没有写目心问答。林云铭曰："心、目二语，不着疏解，文如半身美人图，正于未

---

①　褚伯秀.南华真经义海纂微［M］.北京：中华书局，2018：731.
②　刘凤苞.南华雪心编［M］.北京：中华书局，2013：380－381.
③　刘凤苞.南华雪心编［M］.北京：中华书局，2013：382.

画处传神。奇绝！奇绝！"①胡文英曰："风之境已至于圣人，则心目之用，其妙亦可以想见也。"②又曰："就风之身分收住，目与心光景令人自思，最有余味。"③省略心、目之用，并非作者在文法上的疏漏，而是有意为之，反而使文章与众不同，新颖别致。

"孔子游于匡"一节。"孔子游于匡，宋人围之数匝，而弦歌不惙。子路入见，曰：'何夫子之娱也？'孔子曰：'……由处矣，吾命有所制矣。'"林云铭曰："其中孔子游匡、公孙龙问魏牟二段，意颇浅肤，疑为赝作。"④这两段应该是庄子后学所作，从思想内容上看，这两段没有什么深意，但从文学角度看，也有一定的艺术特色。此段中的孔子宣讲命的重要性，俨然是一位道家高士。

"公孙龙问于魏牟"一节，刘凤苞曰："'跳梁井干'四句，极写拘墟形状，却先用'吾乐与'三字作凌空宕漾之笔，最有神姿。回顾蚿、蟹、科斗，谓莫吾若，见解卑陋如此；乃欲邀东海之鳖以观其所乐，沾沾自喜，神情令人绝倒。随写东海之鳖缩足逡巡，一见便窥其底蕴，逮语以东海之大乐，而坎井之蛙始而惊，徐而自失，亦犹观海者之自旋其面目，望洋向若而叹也。……末以公孙龙自失作结，回应前幅'适适然惊'二句，明镜彩虹，天然妙境。"⑤埳井之蛙与东海之鳖形成了鲜明对照，文章写活了坐井观天者的狭隘心胸。本段中还出现了使蚊负山、商蚷驰河、用管窥天、用锥指地、邯郸学步等成语。

"庄子钓于濮水"一节，胡文英曰："一问一答一应，不加一语，'从政殆而'之意隐然言外。不激不亢，古来辞聘之语，谁复能如此者？"⑥一切只是平平道来，隐士风范自在其中。前人对最后一句评价甚高。林云铭曰："结韵

① 林云铭.庄子因[M].张京华,点校.上海：华东师范大学出版社,2011：179.
② 方勇.庄子纂要[M].北京：学苑出版社,2012：730.
③ 胡文英.庄子独见[M].上海：华东师范大学出版社,2011：123.
④ 林云铭.庄子因[M].张京华,点校.上海：华东师范大学出版社,2011：183.
⑤ 刘凤苞.南华雪心编[M].北京：中华书局,2013：389.
⑥ 方勇.庄子纂要[M].北京：学苑出版社,2012：752.

悠然有致。"①刘凤苞《南华雪心编》曰:"结得冷峭,尤妙在含蓄不尽。"②无限情和意,尽在不言中。

"惠子相梁"一节,陆西星曰:"世道交情,观此可以发一长笑!庄生直为千古写出鄙夫鄙吝之态,只以一字形之。妙哉!妙哉!"③刘凤苞曰:"一'吓'字且护且拒,如见其状,如闻其声,真传神之极笔。结句径以'吓'字坐梁相,看得自己身份绝高。孰为腐鼠?孰为鹓雏?可以想见其胸中寄托。"④庄子自比鹓雏,把惠子比为猫头鹰,形象生动,状高洁之士与贪婪之人如在目前。有趣的是,寓言部分中出现了许多动物,例如夔、蚿、蛇、蛙、鳖、龟、鸱、鼠、鹓雏、鯈鱼等等,宛如一个小型动物园。可以看到庄子学派对自然界的喜好。

"庄子与惠子游于濠梁之上"一节,林云铭曰:"两人机锋绝唱,异样辩才,真一时之胜事,难得!难得!"⑤宣颖曰:"接连四折,妙在止就来词下一转,语及至煞处,乃是一体融澈,即此便是园通大智也。"⑥刘凤苞曰:"此段归结反真意。濠梁观鱼,知鱼之乐,即以濠上之乐印证得之,活泼泼地,物我同此真机。至惠庄问答,止就本词捩转机关,愈转愈灵,愈折愈醒,绝妙机锋,全身解数,真飞行绝迹之文。"⑦虽然两人"机锋绝唱,异样辩才",但我们今天看到的辩论,每一次都是以庄子取胜而告终。如以《秋水》篇作比《庄子》的记载,那么庄子就宛如北海若,惠子宛如河伯,是故庄子能够达到"目击而道存"的高度也就并不奇怪了。

概言之,《秋水》一文不仅表现了深微精妙之理,并且呈现出浪漫奇幻之色,其艺术性在《庄子》一书中别具一格,熠熠生辉,对后世散文创作产生了巨大影响。

① 林云铭.庄子因[M].张京华,点校.上海:华东师范大学出版社,2011:181.
② 刘凤苞.南华雪心编[M].北京:中华书局,2013:390.
③ 陆西星.南华真经副墨.北京:中华书局,2010:252.
④ 刘凤苞.南华雪心编[M].北京:中华书局,2013:391.
⑤ 林云铭.庄子因[M].张京华,点校.上海:华东师范大学出版社,2011:182.
⑥ 宣颖.南华经解[M].广州:广东人民出版社,2008:123.
⑦ 刘凤苞.南华雪心编[M].北京:中华书局,2013:382.

思考题

1. 庄子的思想属于消极无为的哲学吗？

2. 你是怎样理解庄惠濠梁观鱼时的论辩的？

后　记

　　自 1995 年夏天以来,我一直在清华大学人文学院中文系讲授魏晋南北朝文学。在我 55 岁时,因有老师调离清华大学,一时缺乏教"老庄研读"课程的人选。负责教学的副院长问我是不是可以开设这门课,我愉快地接受了这一教学任务。我从 2018 年起讲授该课,至今已经开设 5 年了。按照学校的人事制度,我将在 65 岁退休,还可以再教 5 年。在我教学生涯的最后十年里能够为学生讲授《庄子》,这是一件值得庆幸的事。

　　在我接手"老庄研读"课程之初,每次都是怀着忐忑不安的心情走向课堂。感觉自己如同一个老年新手,驾驶着一辆快散架的大型破车,飞驰在盘山公路上。后来读到牟宗三先生的话:"《齐物论》我讲了十八遍,开头并不是全部都能讲明白,有些文句彷彷佛佛的大体地了解一下。要多讲,反覆讲,反覆诵读,慢慢来的,不能急,急也没用。有几段重要的文句很难讲的。"我才略微放下心来。为了备课,我首先在学习前人相关研究的基础上编写了一本教材《老庄读本》(人民出版社,2019 年),对《老子》《庄子》原文进行了注释和点评。其后又撰写一些赏析性的文字,先后发表在《名作欣赏》和《文史知识》上,也就是呈现在读者朋友面前的这本小书。与此同时,也写作并发表了一些庄子研究方面的学术论文,计划将来结集为《庄子思想及其影响》一书。

　　庄子思想对我而言,是一座神秘的大山,山中有无尽的宝藏,我所写作的只是我眼前捕捉到的一点点风景。"不识庐山真面目,只缘身在此山中。"

纵然怀有一颗虔诚的心，但因为学养不足，老眼昏花，所看见的风景也未必真切。《应帝王》中"季咸看相"故事的结尾处说："然后列子自以为未始学而归，三年不出。为其妻爨，食豕如食人。于事无与亲，雕琢复朴，块然独以其形立。纷而封哉，一以是终。"在疫情严峻的日子里，我也曾"纷而封哉"。好在我的世界中因为有《庄子》的陪伴，便不太感觉孤寂和焦虑。再扩大了说，我这一生幸亏有《庄子》的陪伴，于是便不觉得有过多的孤寂和焦虑。经常看见某报在采访某人时问，如果要去一座孤岛，只能随身带三本书，你会选择什么书？如果有人会这样采访我，我会回答说，我只带一本书，它就是《庄子》。

感谢高等教育出版社张晶晶女史，几年前在她的帮助下我出版过一本《中国古典诗歌品鉴》，这本《〈庄子〉品鉴》是我与她及高等教育出版社的第二次合作。感谢清华大学日新书院资助本书出版！部分文章发表前，博士生张弛同学和硕士生张敏凡同学帮我校对过引文；全书完成之后，已经录取为清华大学博士生的陈慧同学帮我做了一次全面校对。再次感谢三位同学的辛勤劳动。

孙明君

2022 年 12 月 30 日于清华园

教学资源服务指南

扫描下方二维码，关注微信公众号"高教社极简通识"，学生可学习名校通识课，教师可学习教师培训课程、免费申请课件和样书、观看直播回放等。

名校通识课

点击导航栏中的"名校通识"，点击子菜单中的"课程专栏"，即可选择相应课程进行学习。

教师培训

点击导航栏中的"教师培训"，点击子菜单中的"培训课程"，即可选择相应课程进行学习。

教学资源服务指南

 课件申请

点击导航栏中的"教学服务"，点击子菜单中的"课件申请"，填写相关信息即可申请课件。

 样书申请

点击导航栏中的"教学服务"，点击子菜单中的"免费样书"，填写相关信息即可免费申请样书。